海南自由贸易港
经典项目实证研究

EMPIRICAL STUDY ON CLASSIC PROJECTS OF
HAINAN FREE TRADE PORT

郑远强　于澄清　赵　刘　著

社会科学文献出版社
SOCIAL SCIENCES ACADEMIC PRESS (CHINA)

前　言

海南自由贸易港（以下简称海南自贸港）是按照中央部署，在海南全岛建设的自由贸易试验区和中国特色自由贸易港，是党中央着眼于国际国内发展大局，深入研究、统筹考虑、科学谋划作出的重大决策。

海南自贸港政策对国内外企业来说非常有吸引力，尤其是贸易自由便利、投资自由便利、跨境资金流动自由便利、人员进出自由便利等方面。政策实行以后，意味着海南对标全球最高水平的开放，这也是全球投资者所看重的。

海南自贸港建设发展迅速，但也面临不少盲区。虽然我国学者对海南自贸港相关问题进行了一些研究，但起点低、起步晚、研究总量少、层次不高及不够深入，对海南自贸港建设过程仍缺乏深入理解，海南自贸港建设实证研究不够深入，已经严重滞后于海南自贸港经济发展的实践。

在此背景之下，加强海南自贸港产业项目实证研究显得尤为必要，笔者在对海南自贸港经典项目进行深入研究的基础上，撰写了《海南自由贸易港经典项目实证研究》一书。本书共分为十章，重点围绕海南自贸港仓储商品交易市场、国际文旅城、进口牛肉加工、跨境电商服务平台、岛内进口免税居民日用消费品、现代农业冷链物流加工基地、年产50万吨麦芽厂、现代化渔光休闲产业园、智能医学产业园、国际法律服务中心等典型项目进行了深入研究，分别论证了其产业背景、必要性及可行性、功能定位、项目建设方案、项目实施进度、开发投资测算、经济效益测算、社会效益测算等。本书旨在深入探讨海南自贸港产业经济发展规律，为政府制定科学的海南自贸港产业政策，为企业做出科学的海南自贸港经营建设项目决策提供参考。

海南大学

郑远强

2023 年 7 月

目　录

第一章　海南洋浦港源仓储商品交易市场项目研究 ⋯⋯⋯⋯ 001

　　第一节　项目概述 ⋯⋯⋯⋯⋯⋯⋯⋯⋯⋯⋯⋯⋯⋯⋯⋯ 001

　　第二节　项目建设背景、必要性及可行性 ⋯⋯⋯⋯⋯⋯⋯ 005

　　第三节　项目实施进度 ⋯⋯⋯⋯⋯⋯⋯⋯⋯⋯⋯⋯⋯⋯ 010

　　第四节　投资估算及资金筹措 ⋯⋯⋯⋯⋯⋯⋯⋯⋯⋯⋯ 011

　　第五节　财务评估 ⋯⋯⋯⋯⋯⋯⋯⋯⋯⋯⋯⋯⋯⋯⋯⋯ 015

　　第六节　社会经济效益分析 ⋯⋯⋯⋯⋯⋯⋯⋯⋯⋯⋯⋯ 024

　　第七节　研究结论 ⋯⋯⋯⋯⋯⋯⋯⋯⋯⋯⋯⋯⋯⋯⋯⋯ 025

第二章　海南自贸区[港]南海国际文旅城项目研究 ⋯⋯⋯⋯ 027

　　第一节　项目概述 ⋯⋯⋯⋯⋯⋯⋯⋯⋯⋯⋯⋯⋯⋯⋯⋯ 027

　　第二节　项目背景 ⋯⋯⋯⋯⋯⋯⋯⋯⋯⋯⋯⋯⋯⋯⋯⋯ 030

　　第三节　项目的必要性 ⋯⋯⋯⋯⋯⋯⋯⋯⋯⋯⋯⋯⋯⋯ 037

　　第四节　项目建设的可行性 ⋯⋯⋯⋯⋯⋯⋯⋯⋯⋯⋯⋯ 041

　　第五节　建设地址区位分析 ⋯⋯⋯⋯⋯⋯⋯⋯⋯⋯⋯⋯ 045

　　第六节　项目组团 ⋯⋯⋯⋯⋯⋯⋯⋯⋯⋯⋯⋯⋯⋯⋯⋯ 046

　　第七节　项目实施进度 ⋯⋯⋯⋯⋯⋯⋯⋯⋯⋯⋯⋯⋯⋯ 047

　　第八节　劳动定员及开发 ⋯⋯⋯⋯⋯⋯⋯⋯⋯⋯⋯⋯⋯ 048

　　第九节　投资估算及资金筹措 ⋯⋯⋯⋯⋯⋯⋯⋯⋯⋯⋯ 051

第十节　财务评估……054
　　第十一节　社会经济效益分析……063
　　第十二节　研究结论……067

第三章　海南进口牛肉加工项目研究……070
　　第一节　项目概述……070
　　第二节　项目背景、必要性及可行性……073
　　第三节　建设地址区位分析……079
　　第四节　项目实施进度……080
　　第五节　劳动定员及开发……082
　　第六节　财务评估……085
　　第七节　社会经济效益分析……092
　　第八节　风险及应对措施……093
　　第九节　研究结论与建议……096

第四章　海南跨境电商服务平台项目研究……098
　　第一节　项目概述……098
　　第二节　项目建设的背景……099
　　第三节　项目建设的可行性……100
　　第四节　项目建设内容及功能定位……103
　　第五节　项目经济社会效益……106
　　第六节　政策建议……108
　　第七节　研究结论……109

第五章　海垦国际岛内进口免税居民日用消费品项目研究……110
　　第一节　项目概述……110
　　第二节　项目建设背景分析……114
　　第三节　项目建设的必要性分析……119

第四节	项目建设的可行性分析	122
第五节	劳动定员及开发	125
第六节	财务测算	129
第七节	项目社会效益和经济效益	137
第八节	研究结论与建议	139

第六章 海南省定安县现代农业冷链物流加工基地项目研究 142

第一节	项目概述	142
第二节	项目建设的背景、必要性及可行性	147
第三节	建设地址区位分析	155
第四节	项目实施进度	156
第五节	劳动定员及开发	157
第六节	投资估算及资金筹措	160
第七节	财务评估	163
第八节	社会经济效益分析	169
第九节	研究结论	172

第七章 洋浦年产50万吨麦芽厂（一期）项目研究 174

第一节	项目概述	174
第二节	项目背景、必要性及可行性	179
第三节	建设地址区位分析	186
第四节	项目实施进度	188
第五节	劳动定员及开发	189
第六节	投资估算及资金筹措	191
第七节	财务评估	194
第八节	社会经济效益分析	200
第九节	研究结论与建议	202

第八章　临高县东英镇现代化渔光休闲产业园项目研究 …………… 205

第一节　项目概述……………………………………………………… 205
第二节　项目背景……………………………………………………… 211
第三节　项目建设的必要性…………………………………………… 219
第四节　项目区位分析………………………………………………… 222
第五节　项目实施进度………………………………………………… 223
第六节　劳动定员及开发……………………………………………… 224
第七节　投资估算及资金筹措………………………………………… 226
第八节　财务评估……………………………………………………… 228
第九节　社会经济生态效益分析……………………………………… 232
第十节　研究结论……………………………………………………… 236

第九章　海南智能医学产业园项目研究 …………………………… 239

第一节　项目概述……………………………………………………… 239
第二节　项目建设背景、必要性及可行性…………………………… 246
第三节　建设地址区位分析…………………………………………… 254
第四节　项目实施进度………………………………………………… 255
第五节　劳动定员及开发……………………………………………… 257
第六节　投资估算及资金筹措………………………………………… 259
第七节　财务评估……………………………………………………… 261
第八节　社会经济效益分析…………………………………………… 268
第九节　研究结论……………………………………………………… 271

第十章　海南（海口）国际法律服务中心项目研究 ……………… 273

第一节　项目概述……………………………………………………… 273
第二节　项目背景、建设必要性及可行性…………………………… 279
第三节　建设地址区位分析…………………………………………… 286
第四节　项目实施进度………………………………………………… 288

第五节　投资估算及资金筹措⋯⋯⋯⋯⋯⋯⋯⋯⋯⋯⋯⋯⋯⋯⋯ 289

第六节　财务评估及还款计划⋯⋯⋯⋯⋯⋯⋯⋯⋯⋯⋯⋯⋯⋯⋯ 292

第七节　社会经济效益分析⋯⋯⋯⋯⋯⋯⋯⋯⋯⋯⋯⋯⋯⋯⋯⋯ 300

第八节　研究结论⋯⋯⋯⋯⋯⋯⋯⋯⋯⋯⋯⋯⋯⋯⋯⋯⋯⋯⋯⋯ 303

后　记 ⋯⋯⋯⋯⋯⋯⋯⋯⋯⋯⋯⋯⋯⋯⋯⋯⋯⋯⋯⋯⋯⋯⋯⋯⋯ 306

第一章
海南洋浦港源仓储商品交易市场项目研究

第一节　项目概述

一　项目概况

项目名称：海南洋浦港源仓储商品交易市场

建设地点：海南省洋浦港附近

建设规模：180亩

建设总投资：3.7亿元

项目功能定位

海南洋浦港源仓储商品交易市场定位：高标准建设集国际商贸集散展示与交易、进出口商贸咨询与技术支持、商品加工与存储、旅游购物及特色美食为一体的仓储商品交易市场项目，使之成为海南自贸港洋浦港区国际商贸配套服务中心和旅游消费中心。

（1）国际商贸功能：面向全球招商，为全球（特别是海上丝路国家）及国内外贸企业提供从洋浦港进出口商品自由展示与交易、进出口商贸咨询与技术支持、加工与储存、转口贸易等配套服务。使之成为海南自贸港洋浦港区重要的进出口产品国际商贸中心。

（2）旅游购物及特色美食：在园区建设一条美食商贸中心街，让国内外游客可以在此购买世界各地旅游产品及品尝世界各地特色美食。打造新的区域旅游消费中心，使之成为洋浦旅游又一重要的旅游目的地，进而繁荣旅游经济。

二 研究工作依据和范围

（一）研究工作依据

《国务院关于印发中国（海南）自由贸易试验区总体方案的通知》（国发〔2018〕34号）

《国务院关于同意设立中国（海南）自由贸易试验区的批复》（国函〔2018〕119号）

《海南省建设国际旅游消费中心的实施方案》（发改社会〔2018〕1826号）

《中共中央 国务院关于支持海南全面深化改革开放的指导意见》（中发〔2018〕12号）

《中华人民共和国国民经济和社会发展第十三个五年规划纲要》

《推动共建丝绸之路经济带和21世纪海上丝绸之路的愿景与行动》（2015）

《国务院关于印发"十三五"国家战略性新兴产业发展规划的通知》（国发〔2016〕67号）

《海南省人民政府关于支持产业项目发展规划和用地保障的意见（试行）》（琼府〔2019〕13号）

《百万人才进海南行动计划（2018—2025年）》（琼发〔2018〕8号）

《中共海南省委关于以创新为引领推进供给侧结构性改革的实施意见》

《海南省鼓励和支持战略性新兴产业和高新技术产业发展的若干政策（暂行）》（琼府〔2011〕52号）

《建设项目经济评价方法与参数及使用手册》（第三版）

项目建设相关现行国家、行业标准

项目公司提供的有关材料及相关数据

（二）研究工作范围

本报告按照科学性、经济性、可操作性和实事求是的原则，并以国家和地方的现行有关法规、政策、标准和规范及委托方提供的相关资料为依据，从区域社会、经济发展原则、态势、定位等，对"海南洋浦港源仓储商品交易市场"建设的背景、必要性、市场前景、项目区位分析、建设方案、环境评价、节能分析、实施进度、工程招标、投资估算、财务评估、社会经济效益评价等多方面进行研究，提出关于项目投资建设是否可行的评价。

三 主要经济技术指标

项目主要经济技术指标包括总用地面积、总建筑面积、容积率、绿地率等；工程费用、工程建设其他费用、预备费等；计算期总收入、计算期总成本、计算期总税费、计算期总净利润、静态投资回收期等（详见表1-1）。

表1-1 主要经济技术一览表

序号	项目	单位	数量	备注
一	建设相关			
1	总用地面积	m²	120000	180亩
2	总建筑面积	m²	162000	
2.1	1#、2#冻品展销楼	m²	32400	
2.2	1#-8#展销楼	m²	129600	
3	容积率	—	1.35	
4	建筑密度	%	45	
5	绿地率	%	20	
6	机动车停车位	个	1350	
7	绿化面积	m²	24000	
8	道路及场地硬化面积	m²	42000	
二	投资相关			
1	工程费用	亿元	2.792	75.47%
2	工程建设其他费用	亿元	0.727	19.65%
3	预备费	亿元	0.106	2.85%
4	财务费用	亿元	0.075	2.03%
	合计	亿元	3.700	100.00%

003

续表

序号	项 目	单位	数量	备注
三	财务相关			
1	计算期总收入	亿元	16.876	年均1.875亿元
2	计算期总成本	亿元	4.213	年均0.468亿元
3	计算期总税费	亿元	4.456	年均0.495亿元
3.1	增值税	亿元	1.046	
3.2	房产税	亿元	1.858	
3.3	城市建设维护税	亿元	0.052	
3.4	教育税附加	亿元	0.031	
3.5	地方教育税附加	亿元	0.021	
3.6	企业所得税	亿元	1.448	
4	计算期总净利润	亿元	8.207	年均0.912亿元
5	静态投资回收期(含建设期)	年	4.9	
6	经营利润率	%	48.63	
7	经营利税率	%	57.21	
8	投资收益率	%	15.84	
9	投资利税率	%	18.64	
10	财务净现值	亿元	1.58	
11	内部收益率	%	16.65	
12	盈亏平衡点	%	20.82	
四	提供就业人数			
1	园区管理就业人数	个人	25	
2	园区工作就业人数	个人	3000	

四　初步结论

项目符合《中共中央 国务院关于支持海南全面深化改革开放的指导意见》《中国（海南）自由贸易试验区总体方案》等政策以及海南洋浦经济开发区总体发展规划和产业支持的要求，高标准建设集国际商贸集散展示与交易、进出口商贸咨询与技术支持、商品加工与存储、旅游购物及特色美食为一体的仓储商品交易市场项目，使之成为海南自贸港洋浦港区国际商贸配套服务中心和旅游消费中心。

海南洋浦港源仓储商品交易市场用地面积 180 亩，总建筑面积 162000 平方米，总投资 3.7 亿元。项目收入来源稳定，项目盈利能力较好，计算期总收入 16.876 亿元（年均 1.875 亿元）。项目税收效益明显，计算期为政府创造税收总计 4.456 亿元（年均 0.495 亿元）。项目经济拉动及带动就业效益明显，通过项目实施，预计新增就业岗位 3000 多人。

通过分析，海南洋浦港源仓储商品交易市场投资风险较小，效益好，可以形成多方共赢的局面。同时，项目各项收入稳定，经营收益率较高，具有稳定的现金流。项目落地是必要的，投资建设经营是可行的，建议政府批准立项，并提供积极支持。

第二节　项目建设背景、必要性及可行性

一　项目建设背景

（一）党中央支持海南建设中国特色自由贸易港的背景

2018 年 4 月 13 日，习近平总书记在庆祝海南建省办经济特区 30 周年大会上宣布，党中央决定支持海南全岛建设自由贸易试验区，支持海南逐步探索、稳步推进中国特色自由贸易港建设，分步骤、分阶段建立自由贸易港政策和制度体系。这是党中央着眼于国际国内发展大局，深入研究、统筹考虑、科学谋划作出的重大决策，是彰显我国扩大对外开放、积极推动经济全球化决心的重大举措。海南推进中国特色自由贸易港建设成为海南当前最鲜明的时代主题和工作重心。

当前我国正迈向更高层次的开放型经济，自贸港在促进国内经济与国际市场接轨上担当着重要的角色。海南地理位置特殊，连接南海贸易通道，是"一带一路"和海上丝绸之路中的战略性支点，地理位置非常重要。海南自贸区与自贸港的建设，既有利于推动"一带一路"区域合作和联动发展，也有利于推动我国贸易和投资的自由化，扩大国内市场的对外开放程度。

自贸港建设有助于海南将放宽服务产业等领域的外资准入限制，而以发

展旅游业、现代服务业和高新技术产业为主导。同时，通过适度有序地与国际市场融合，让市场力量充分发挥资源配置的效力，积极引入先进技术和高素质人才，加快落后产业转型升级以及高新技术产业的创新发展，促进经济转向更高质量发展。

海南洋浦港源仓储商品交易市场积极服务于自贸港建设。

（二）新时代要求经济高质量发展的时代背景

改革开放40多年来，中国发展取得举世瞩目的成就，日益走近世界舞台中央。目前，我国国内生产总值（GDP）稳居世界第二，贸易规模全球第一，对世界经济增长贡献率连续六年超过30%。但与此同时，中国所面临的国际政治经济形势日趋复杂，挑战也前所未有。正如党的十九大报告指出："我国经济已由高速增长阶段转向高质量发展阶段，正处在转变发展方式、优化经济结构、转换增长动力的攻关期，建设现代化经济体系是跨越关口的迫切要求和我国发展的战略目标。"特别是我国高速发展过程中积累了许多矛盾，进一步改革进入深水区。我国的改革开放需要"再出发"，需要在更高起点、更高层次上进行谋划、推进和探索。通过开放促进国内改革成为中国经济发展进入新常态后全面深化改革的内在要求。

在促进经济高质量发展方面，海南以供给侧结构性改革为主线，围绕三大领域、依托五大平台，培育发展十二个重点产业，打造现代产业体系，发展动能积蓄增强。在服务贸易方面，海南对标国际高标准，加快推进服务业市场全面开放，打造以服务贸易为重点的对外开放新高地。在消费方面，打造"具有世界影响力的国际旅游消费中心"比国际购物中心目标要求更高、内涵更丰富，是高质量发展要求在海南的具体体现，不断突破现有的体制机制障碍，形成消费主导的经济格局。在开放门户建设上，从服务"把海南打造成为我国面向太平洋和印度洋的重要对外开放门户"这个大局出发，以自贸港为平台，建设"泛南海经济合作圈"，形成泛南海自由贸易大网络。

（三）21世纪海上丝绸之路建设为海南港口经济带来机遇

21世纪海上丝绸之路主要是通过我国沿海港口加强我国与东南亚、南亚、非洲和欧洲等国家之间的经济合作与交流，主要集中在经济贸易和旅游两个方面。2015年3月28日，国家发展改革委、外交部、商务部联合发布的《推动共建丝绸之路经济带和21世纪海上丝绸之路的愿景与行动》中指出，基础设施互联互通是"一带一路"建设的优先领域。抓住交通基础设施的关键通道、关键节点和重点工程，优先打通缺失路段，畅通瓶颈路段，配套完善道路安全防护设施和交通管理设施设备，提升道路通达水平。21世纪海上丝绸之路的海上设施建设主要以重点港口为节点，共同建设畅通安全高效的运输大通道。

海南拥有的独特地理和区位优势，使之在我国改革开放大局中具有战略地位和特殊作用。海南作为地处中国最南端的省份，周边环海，拥有200多万平方公里的海域面积，再加上得天独厚的地理位置及区位优势，使海南的未来具有很大的发展潜力和空间。海南省借助21世纪海上丝绸之路的海上基础设施的建设以及我国政府给予的"一带一路"优惠政策，将会加大吸引亚欧非国家在海南经济贸易、旅游业的投资以及合作项目。同时，大批投资商在海南经济贸易和旅游等领域的投资以及合作会形成产业集聚，产业集聚的形成又会带动海南相关产业如服务业、金融业、交通运输业等的发展，带来集聚效应。产业集聚的形成也会拉动内需，促进消费，加快海南产业结构的升级以及调整，形成以旅游业为主导，其他产业为辅助，共同发展的产业结构格局，为海南区域经济的可持续发展带来新的生机和机遇。

（四）洋浦经济开发区促进先进制造业发展优惠政策十条

为促进洋浦经济开发区先进制造业快速发展，进一步优化开发区产业结构，培育形成高质量发展、高经济增长的产业集群，中共洋浦工委、洋浦经济开发区管委会发布《洋浦经济开发区促进先进制造业发展优惠政策十条（试行）》《洋浦经济开发区促进先进制造业发展优惠政策十条（试行）实施细则》。优惠政策十条包括：第一条 重点企业落户奖励；第二条 具有国际竞争力的财税支持；第三条 固定资产投资奖励；第四条 土地供给扶持；第五条 厂房租赁扶持；第六条 物流扶持；第七条 外贸奖励；第八条 保税加工及维修扶持；第九条 创新奖励；第十条 融资扶持。

二 项目建设的必要性

（一）为港口做国际贸易配套平台，提升自贸港水平的需要

中国特色的自由贸易港，将打造开放层次更高、营商环境更优、辐射作用更强的开放新高地，对于促进开放型经济创新发展具有重要意义。自由贸易港区内可实现商品的"自由中转、自由存放、自由加工、自由转让"，允许自由开展中转、集拼业务，无需办理海关手续。允许自由存储，允许制造加工、研发设计、检测维修、保税展示等业务。

海南自贸港建设起步较晚，现有自贸港基础设施及其配套服务功能达不到自由贸易港要求。因此建设海南洋浦港源仓储商品交易市场，对于为港口做国际贸易配套平台，提升自贸港水平具有积极的作用。凭借其区位优势，充分发挥其综合作用，在发展国际商贸展示交易加工的同时，适应国际贸易、金融、航运、物流发展需求，逐步形成区域国际商贸中心和旅游消费中心，并带动港口周边的经济发展。

（二）为百万人才引进搭建服务平台的需要

海南自贸区建设及海南省发布《百万人才进海南行动计划（2018—2025年）》，实施积极的人才引进政策，必将吸引大量的国内外企业和人才到海南来创业就业。因此如何完善人才配套，为人才提供优质的服务，是非常有必要的。

海南洋浦港源仓储商品交易市场为国内外人才创业就业创造一流的服务环境，吸引人才到此工作。由此，项目也进一步为海南推进百万人才引进计划搭建了重要平台，可吸引和留住更多优秀人才。

（三）提供就业岗位解决就业问题的需要

就业是民生之本，是社会民生的重要一环，海南洋浦港源仓储商品交易市场打造自贸港洋浦港区国际商贸配套服务中心和旅游消费中心，将吸引大量企业和创业者入驻，可提供就业岗位3000多个，大量的就业岗位将由当地供应，这将有效地增加就业岗位供给，解决就业问题。

（四）增加当地税收的需要

政府需要增加财政收入来促进社会发展，而税收是财政收入中最为重要的组成部分之一。因此，通过开展项目，增加税收收入尤为必要。

海南洋浦港源仓储商品交易市场构成的收入稳定，能创造大量的税收收入，项目在计算期直接为政府创造税收总计4.456亿元（年均0.495亿元）。同时，项目打造洋浦港区国际商贸配套服务中心和旅游消费中心，间接带来的税收效益将更大。

三 建设的可行性

（一）政策的可行性

海南洋浦港源仓储商品交易市场项目高标准建设集国际商贸集散展示与交易、进出口商贸咨询与技术支持、商品加工与存储、旅游购物及特色美食于一体的仓储商品交易市场项目，使之成为海南自贸港洋浦港区国际商贸配套服务中心和旅游消费中心。项目符合国家和海南多项政策的要求。

海南洋浦港源仓储商品交易市场项目建设自贸港洋浦港区国际商贸配套服务中心符合《中共中央、国务院关于支持海南全面深化改革开放的指导意见》《中国（海南）自由贸易试验区总体方案》的政策要求。海南洋浦港源仓储商品交易市场项目建设旅游消费中心，符合《海南省建设国际旅游消费中心的实施方案》政策的要求。

通过以上的分析可知，海南港源仓储有限公司将要打造的海南洋浦港源仓储商品交易市场完全符合海南战略规划和产业发展等各项政策的要求，是政府鼓励发展的项目，从政策角度看具备建设可行性。

（二）产业项目发展用地保障

《海南省人民政府关于支持产业项目发展规划和用地保障的意见（试行）》中强调要保障海南自由贸易试验区和中国特色自由贸易港（以下简称自贸区［港］）产业项目落地，推进自贸区［港］产业转型升级和高质量发展，进一步提高土地节约集约利用水平，为自贸区［港］建设提供有力的规划和用地保障。鼓励规划用途混合弹性利用。优化控制性详细规划编制，综合考虑空间、布局、产业融合等因素，鼓励工业、仓储、研发、办公、商业等规划用途混合布局、空间设施共享。优先保障以旅游业、现代服务业和高新技术产业为主导的产业、全省十二个重点产业（商品住宅项目除外）、重点产业园区产业项目用地以及省招商工作联席会议审议通过的招商项目用地。

海南洋浦港源仓储商品交易市场的建设，属于海南省人民政府关于支持产业项目发展规划和用地保障的意见中优先保障建设用地的项目，具有用地保障和可行性。

（三）项目基础条件好

海南洋浦港源仓储商品交易市场所在地位于海南洋浦经济开发区洋浦港附近。用地面积宽广，目前还未入驻其他类似产业，所在空间的可塑性强，现有设施条件完好，用地充足，道路、给排水、供电、信息配套等公用工程条件完善。此项目的建设单位有健全的财务会计核算制度，社会信誉及财务状况良好，运营规范。相关产业的基地选址考察专业科学，产品开发技术高，管理制度健全，建设单位有较强的经营能力、市场竞争力和较高的服务水平，可以达到项目建设的各项要求。

第三节　项目实施进度

建设周期：12个月（主体工程8个月），2021年1月初至2021年12月底

2021年前，完成项目前期工作。包括项目可行性研究、项目立项审批、详规、环评、招标、勘探设计、施工手续报批等。

建设期2021年1月初至2021年12月底主要建设内容：土地平整及道路工程、地基工程、1# 2#冻品展销楼、1#-8#展销楼、绿化工程、停车位工程和项目验收等。

表 1-2 项目建设进度一览表

序号	项目	2021年前	2021年											
			1月	2月	3月	4月	5月	6月	7月	8月	9月	10月	11月	12月
1	前期工作													
2	平整土地													
3	道路工程													
4	地基工程													
5	1#、2#冻品展销楼													
6	1#-8#展销楼													
7	绿化工程													
8	停车位工程													
9	验收													

第四节 投资估算及资金筹措

一 投资估算依据

项目建设投资估算是指投资项目从建设前期的准备工作到项目全部建成验收为止所发生的全部投资费用估算。按照项目建设方案和建设内容，分别对项目投资内容按有关标准和实际情况逐一估算。投资估算依据如下：

《中华人民共和国国家计划委员会计价格》（2002）

《建设工程监理与相关服务收费管理规定》（发改价格〔2007〕670号）

《基本建设项目建设成本管理规定》（财建〔2016〕504号）

《工程建设监理收费标准》（发改价格〔2007〕670号）

《工程勘察设计收费管理规定》（计价格〔2002〕10号）

《关于调整防空地下室易地建设费收费标准的通知》（琼价费管〔2010〕329号）

《海南省园林绿化与仿古建筑工程综合定额》（2013）

《海南省市政工程计价定额》（2011）

《海南省房屋建筑与装饰工程综合定额》（2017）

《海南省物价局关于降低部分招标代理服务收费标准的通知》（琼价费管〔2011〕225号）

《关于规范工程造价咨询服务收费的指导意见》（琼价协〔2016〕004号）

《海南省安装工程综合定额》（2017）

《市政工程投资估算编制办法》（建标〔2007〕164号）

《建筑工程建设项目可行性研究报告编制办法》

《海南工程造价信息》（2020年第1期）

二 投资估算

（一）工程费用

项目工程费用，包括1#2#冻品展销楼工程、1#-8#展销楼工程、公用与辅助工程及其他工程等。项目各部分施工费用按照近期价格水平进行测算。参考《海南工程造价信息》（2020年第1期）。

（二）工程其他费用

根据国家有关部门对其他工程费用取费率规定计取。

项目建设管理费依据财建〔2016〕504号规定计取；工程监理费依据发改价格〔2007〕670号规定计取；勘测费依据计价格〔2002〕10号规定计取；设计费依据计价格〔2002〕10号规定计取；工程保险费依据按工程费用0.3%计取；招标代理费依据琼价费管〔2011〕225号规定计取；工程量清单及招标预算控制价编制费依据琼价协〔2016〕004号规定计取；工程量清单及招标预算控制价审核费依据琼价协〔2016〕004号规定计取；施工阶段全过程工程造价控制服务依据琼价协〔2016〕004号规定计取；工程概算编制依据琼价协〔2016〕004号规定计取；竣工结算审核费依据琼价协〔2016〕004号规定计取；标底审核依据琼价协〔2016〕004号规定计取；场地准备费及临时设施费依

据计标（85）352号规定计取；可研报告编制费依据计价格〔1999〕1283号规定计取；可研报告评估费依据计价格〔1999〕1283号规定计取；编制环境影响报告书依据琼价费管〔2011〕214号规定计取；评估环境影响报告书依据琼价费管〔2011〕214号规定计取；铝合金门窗检测费依据琼发改收费〔2004〕1301号规定计取；建筑节能检测费依据琼建科〔2013〕104号规定计取；防雷检测费依据琼发改收费〔2007〕150号规定计取；雷击风险检测费依据琼价审批〔2009〕39号规定计取；消防检测费依据琼计价管〔2002〕424号规定计取；初步设计文件及概算评审费依据琼发改招概审〔2015〕1722号规定计取；室内空气检测费依据琼价费管〔2013〕504号规定计取；白蚁防治费依据海房字〔2006〕（2元/m^{2}计）；地质灾害危险性评估费依据发改办价格〔2006〕745号规定计取。

土地成本=180亩×30万元/亩

（三）基本预备费

按工程费与工程建设其他费之和的3%计取。

（四）财务费用

财务费用=银行贷款×年利率×贷款年数

银行贷款2.3亿元，年利率4.9%，建设期贷款8个月。

综上，项目总投资估算为3.7亿元（详见表1-3）。

表1-3 项目投资估算表

序号	项目	金额（亿元）	备注	占比（%）
1	工程费用	2.7923		75.47
2	工程建设其他费用	0.7270		19.65
3	预备费	0.1056	（工程费用+工程建设其他费用）×3%	2.85
4	财务费用	0.0751		2.03
	合计	3.7000		100.00

表1-4 项目工程建设费一览表

序号	项目	金额（万元）	工程量 单位	工程量 数量	单价（元）	占比（%）
一	土建工程	21708.00				77.74
1.1	1#、2#冻品展销楼	6156.00	m²	32400	1900	22.05
1.2	1#-8#展销楼	15552.00	m²	129600	1200	55.70
二	公用与辅助工程	4082.40				14.62
1	电气工程	1652.40	m²	162000	102	5.92
2	给排水工程	1458.00	m²	162000	90	5.22
3	消防工程	972.00	m²	162000	60	3.48
三	其他工程	2133.00				7.64
1	道路及场地硬化	1428.00	m²	42000	340	5.11
2	绿化工程	624.00	m²	24000	260	2.23
3	停车位工程	81.00	个	1350	600	0.29
	总计	27923.40				100.00

三 资金使用计划与资金筹措

（一）资金使用计划

项目建设投资估算为3.7亿元。其中包括：（1）工程费用2.7923亿元；（2）工程建设其他费用0.7270亿元；（3）预备费0.1056亿元；（4）建设期贷款利息0.0751亿元。

（二）资金筹措

资金来源包括自有资金和银行贷款（详见表1-5）。

表1-5 项目资金来源一览表

资金来源	金额（亿元）	占比（%）
自有资金	1.40	37.84
银行贷款	2.30	62.16
合计	3.70	100.00

第五节　财务评估

本报告依据国家颁布的《建设项目经济评价方法与参数》及国家现行的财会税务制度，对项目进行财务评价。财务分析按盈利性项目的模式进行，主要包括分析项目的收入、税金和成本费用，项目利润估算，项目盈利能力评估等。考察项目各项综合效益指标。计算期拟定为10年（建设期1年，运营期9年）。

一　项目收入、成本和税费测算

（一）项目收入

项目收入主要为：第一层商铺租金收入、第二层商铺租金收入和第三层办公室租金收入等。详见表1-6。

表1-6　项目收入一览表

序号	项目	数量（m²）	初始月单价（元/m²）	初始年出租率（%）	初始年收入（亿元）	计算期收入（亿元）
1	第一层商铺租金收入	54000.00	150	90	0.875	8.764
2	第二层商铺租金收入	54000.00	70	85	0.386	4.126
3	第三层办公室租金收入	54000.00	70	80	0.363	3.985
	合　计				1.623	16.876

注：（1）出租率按一定涨幅增加。
　　（2）租金每五年增长一次。

（1）第一层商铺租金收入：54000.00平方米，经营初始年（计算期第2年）出租率按90%计算，出租率每年有一定涨幅。出租价格按150元/m²计算，每5年有一定涨幅。

（2）第二层商铺租金收入：54000.00平方米，经营初始年（计算期第2年）出租率按85%计算。出租价格按70元/m²计算，每5年有一定涨幅。

（3）第三层办公室租金收入：54000.00平方米，经营初始年（计算期第2年）出租率按80%计算，出租率每年有一定涨幅。出租价格按70元/m²计算，租金每5年有一定涨幅。

（二）项目成本

（1）销售费用：按总收入×5%计取。

（2）管理费用：按总收入×3%计取。

（3）财务费用：按年利率4.9%计取。

（4）员工薪酬及福利

项目职工共25人，包含高级管理人员1人，按人均工资1.5万元/月计算，管理人员6名，按人均工资0.55万元/月计算；技术人员3人，按人均工资0.5万元/月计算；普通员工15人，按人均工资0.35万元/月计算，福利费及其他待遇等按工资的一定比例估算。

（5）折旧费：对固定资产计提折旧，残值率5%，按20年直线折旧。

（6）维修费用：按折旧费用40%计算。

表1-7 项目营运期财务费用一览表

单位：亿元

项 目	建设期（1年）	营运期（年）			
		2	3	4	5
财务费用	8个月贷款利息计入建设成本	0.1150	0.0975	0.0725	0.0400

表1-8 项目员工工资及福利费一览表（每年）

序号	岗 位	人数	月工资（元）	工资及福利系数	月份（月）	合计（万元）
1	高 管	1	15000	2.5	12	63
2	管理人员	6	5500	1.9	12	114.84

续表

序号	岗位	人数	月工资（元）	工资及福利系数	月份（月）	合计（万元）
3	技术人员	3	5000	1.5	12	45
4	普通工人	15	3300	1.3	12	136.62
	总计	25				359.46

表1-9 项目成本一览表

单位：亿元

序号	项目	初始年成本	计算期成本	备注
1	营销费用	0.081	0.844	收入×5%
2	管理费用	0.049	0.506	收入×3%
3	人力成本	0.036	0.324	
4	折旧费用	0.176	1.582	固定资产，残值率5%，20年直线折旧
5	修理费用	0.070	0.633	折旧费用×40%
6	财务费用	0.115	0.325	
7	总成本费用	0.527	4.213	
7.1	固定成本	0.282	2.538	财务成本+人力成本+折旧费用+修理费用
7.2	变动成本	0.245	1.675	总成本－固定成本
7.3	经营成本	0.351	2.631	总成本－折旧成本

（三）项目税费

（1）增值税＝销项增值税－进项增值税

销项增值税：计税收入／（1+9%）×9%。

进项增值税：计税成本／（1+9%）×9%。

（2）房产税＝不含增值税租金×12%。

（3）城市建设维护税＝增值税×5%。

（4）教育税附加＝增值税×3%。

（5）地方教育税附加＝增值税×2%。

（6）企业所得税＝税前利润×企业所得税率15%。

表 1-10　项目税费一览表

单位：亿元

序号	项目	初始年税费	计算期税费	备注
1	增值税	0.091	1.046	
1.1	增值税销项	0.134	1.393	计税收入/（1+9%）×9%
1.2	增值税进项	0.044	0.348	计税成本/（1+9%）×9%
2	房产税	0.179	1.858	不含增值税租金×12%
3	城市建设维护税	0.005	0.052	增值税×5%
4	教育税附加	0.003	0.031	增值税×3%
5	地方教育税附加	0.002	0.021	增值税×2%
6	企业所得税	0.123	1.448	
	合计	0.401	4.456	

（四）利润测算

税前利润＝收入-经营成本-增值税及附加税

项目缴纳企业所得税，税率按照15%计算。企业所得税＝税前利润×15%。

税后利润＝利润总额（年）-所得税。

表 1-11　项目利润一览表

单位：亿元

序号	项目	初始年	计算期	备注
1	收入	1.62	16.88	
2	总成本	0.53	4.21	
3	营业税金	0.28	3.01	
4	税前利润	0.82	9.65	收入-经营成本-经营税金
5	企业所得税	0.12	1.45	税前利润×15%
6	净利润	0.70	8.21	税前利润-企业所得税

（五）项目盈利能力评估指标

项目盈利能力评估指标主要包括内部收益率（FIRR）、财务净现值（FNPV）等，详见表1-12。

第一章 海南洋浦港源仓储商品交易市场项目研究

表1-12 盈利能力评估指标分析表

序号	项目	单位	数值	计算方法
1	内部收益率(FIRR)	%	16.65%	$\sum_{t=1}^{n}(CI-CO)_t(1+FIRR)^{-t}=0$
2	财务净现值(FNPV)	亿元	1.580	$FNPV=\sum_{t=1}^{n}(CI-CO)_t(1+i_c)^{-t}$
3	项目投资回收期(含建设期)	年	4.9	$Pt=T-1+\dfrac{\left|\sum_{i=1}^{T-1}(CI-CO)_i\right|}{(CI-CO)_T}$
4	总投资收益率(ROI)	%	15.84%	$ROI=\dfrac{NP}{TI}\times 100\%$
5	投资利税率	%	18.64%	投资利税率 $=\dfrac{EBIT}{TI}\times 100\%$
6	经营净利润率	%	48.63%	经营税前利润/总收入
7	经营利税率	%	57.21%	经营净利润/总收入

注：指标解释及计算方法如下文。

内部收益率（FIRR）：

内部收益率（FIRR）系指能使项目在计算期内净现金流量现值累计等于零时的折现率，即FIRR作为折现率使下式成立：

$$\sum_{t=1}^{n}(CI-CO)_t(1+FIRR)^{-t}=0$$

式中：CI 为现金流入量；CO 为现金流出量；$(CI-CO)_t$ 为第t年的净现金流量；n 为计算期。

财务净现值（FNPV）：

财务净现值系指按设定的折现率（一般采用基准收益率 $i_c=8\%$）计算的项目计算期内净现金流量的现值之和，可按下式计算：

$$FNPV=\sum_{t=1}^{n}(CI-CO)_t(1+i_c)^{-t}$$

式中：i_c 为设定的折现率（同基准收益率），本项目设定行业基本折现率为 8%。

项目投资回收期：

项目投资回收期系指以项目的净收益回收项目投资所需要的时间，一般以年为单位。项目投资回收期从项目建设开始年算起。项目投资回收期可采用下式计算：

$$Pt = T - 1 + \frac{\left|\sum_{i=1}^{T-1}(CI-CO)_i\right|}{(CI-CO)_T}$$

式中：T 为各年累计净现金流量首次为正值或零的年数。

总投资收益率（ROI）：

总投资收益率表示总投资的盈利水平，系指项目达到设计能力后正常年份的年净利润或运营期内年平均息税前利润（NP）与项目总投资（TI）的比率，总投资收益率按下式计算：

$$ROI = \frac{NP}{TI} \times 100\%$$

式中：EBIT 为项目正常年份的年息税前利润或运营期内年平均息税前利润；TI 为项目总投资。

投资利税率：

年息税前利润与投资总额的比率。投资利税率按下式计算：

$$投资利税率 = \frac{EBIT}{TI} \times 100\%$$

二 盈亏平衡分析

盈亏平衡分析系指通过计算项目达产年的盈亏平衡点（BEP），分析项目成本与收入的平衡关系，判断项目的适应能力和抗风险能力。以营业收入水平比表示的盈亏平衡点（BEP）计算公式为：

$$BEP = \frac{固定成本}{营业收入 - 营业税金及附加 - 可变成本} \times 100\%$$

计算结果表明，只要销售额达到设计的 20.82%，项目就可保本。

三 银行贷款偿还分析

（一）项目资金筹措

项目总投资预估：3.7 亿元。其中自有资金 1.4 亿元，占比 37.84%；银行贷款 2.3 亿元，占比 62.16%。项目贷款比例合理。

（二）银行贷款还款分析

1. 贷款偿还计划

在我国现行财务制度下，贷款偿还期是指固定资产投资贷款偿还期，在国家财政规定及项目具体条件下，项目投产后可用作还款的利润、折旧以及其他收益额偿还固定资产投资贷款本息所需的时间。

该项目计算期 10 年（含建设期 1 年），贷款期 4.5 年（含建设期 0.5 年）还清所有固定资产投资银行贷款本金及利息，即计算期第 5 年还完所有本息。建设期：为计算期第一年，建设期贷款 0.5 年产生利息计入建设成本。计算期第 2 年开始偿还本金，根据营业收益计划每年按照一定的额度偿还本金和利息。详见表 1-13。

表 1-13 项目银行贷款本息偿还计划一览表

序号	项目	建设期（1年）	经营期（年） 2	3	4	5	总计（亿元）
1	期初应还贷款余额		2.3	2.0	1.5	0.8	
2	当期应计利息		0.1150	0.0975	0.0725	0.0400	0.3250
3	当期本金偿还		0.35	0.50	0.65	0.80	2.30
4	当期财务费用		0.115	0.098	0.073	0.040	0.325
5	期末应还本息余额		1.95	1.45	0.80	0.00	

由上表，可得：

（1）计算期第 2 年：偿还本金 0.35 亿元，利息 0.115 亿元。

（2）计算期第 3 年：偿还本金 0.5 亿元，利息 0.0975 亿元。

（3）计算期第 4 年：偿还本金 0.65 亿元，利息 0.725 亿元。

（4）计算期第 5 年：偿还本金 0.8 亿元，利息 0.04 亿元。

2. 还款能力分析

项目收入来源主要为：第一层商铺租金收入、第二层商铺租金收入和第三层办公室租金收入等。项目收入构成及占比详见表 1-14。

表 1-14　项目计算期总收入构成及占比一览表

序号	收入构成	数量（亿元）	年均收入（亿元）	占比（%）
1	第一层商铺租金收入	8.764	0.974	51.93
2	第二层商铺租金收入	4.126	0.458	24.45
3	第三层办公室租金收入	3.985	0.443	23.61
	合　　计	16.876	1.875	100.00

项目市场分析：项目临近海南洋浦港，作为洋浦港重要的国际商贸及旅游消费配套平台，可面向全球招商，商铺出租率必然很高。

同时项目将建设旅游美食商贸中心街，汇聚世界各国旅游产品及美食，将带来大量的游客前来消费，将创造新的消费群体和市场，促进旅游经济发展，进一步带动园区发展，提升园区功能影响力。

同时，项目定价采用前期相对保守、后期稳步增长的策略，前期定价低于目前同业的平均价格，这样可以确保项目具有较强的市场价格竞争力，吸引企业及创业者入驻，快速提升出租率，进而保证项目能稳定回款。

项目收入来源稳定，经营收益率较好，具有稳定的净现金流用于银行贷款的本金和利息偿还。每期可用于银行贷款的偿还资金大于每期本金及利息的偿还计划金额。该项目的银行贷款偿还能力较优。

表 1-15 项目银行贷款偿还能力分析表

单位：亿元

序号	项　目	建设期 (1年)	经营期(年)			
			2	3	4	5
一	本期银行贷款本息偿还额		0.4650	0.5975	0.7225	0.8400
1	本金偿还计划		0.3500	0.5000	0.6500	0.8000
2	银行利息偿还		0.1150	0.0975	0.0725	0.0400
二	可用于偿还的资金		0.9861	1.0224	1.0569	1.0897
1	财务费用		0.1150	0.0975	0.0725	0.0400
2	净利润		0.6954	0.7491	0.8086	0.8740
3	固定资产折旧		0.1758	0.1758	0.1758	0.1758
三	偿还能力分析					
1	本期偿还结余：本期可用于偿还资金－本期偿还计划		0.5211	0.4249	0.3344	0.2497

由表 1-15 分析可得：项目营运期可用于偿还银行贷款的资金充足，每期当期可用于偿还资金大于银行贷款本息偿还额，说明项目偿还银行贷款的能力强。通过分析，项目的营运期银行贷款偿还能力较强，有足够的资金用于偿还银行贷款的本金与利息。

四　财务评估小结

该项目的建设符合国家宏观经济政策和产业政策，符合海南省及项目所在地发展总体规划和相关政策，从财务盈利能力分析看，总投资收益率较理想，财务内部收益率大于行业基准收益率，财务净现值大于零，表明项目具有较强的盈利能力；从清偿能力分析来看，项目具有较强的清偿能力；从财务不确定性分析看，项目具有很强的抗风险能力。因此，该项目的建设从财务层面上分析，可知项目建设具有较好的效益，对整个行业的发展具有积极意义，所以从财务上看，该项目是可行的。

第六节　社会经济效益分析

一　打造自贸港洋浦商贸配套，引领形成经济新增长点

中国特色的自由贸易港，将打造开放层次更高、营商环境更优、辐射作用更强的开放新高地，对于促进开放型经济创新发展具有重要意义。自由贸易港区内可实现商品的"自由中转、自由存放、自由加工、自由转让"，允许自由开展中转、集拼业务，无需办理海关手续。允许自由存储，允许制造加工、研发设计、检测维修、保税展示等业务。

建设海南洋浦港源仓储商品交易市场，对于为港口做国际贸易配套平台，提升自贸港水平具有积极的作用。凭借其区位优势，充分发挥其综合作用，在发展国际商贸展示交易加工的同时，适应国际贸易、金融、航运、物流发展需求，逐步形成区域国际商贸中心和旅游消费中心，并带动港口周边的经济发展，进而引领形成经济新增长点。

二　汇聚世界跨国商贸企业，形成人才聚集效应

海南洋浦港源仓储商品交易市场面向全球招商，为全球（特别是海上丝路国家）及国内外贸企业提供从洋浦港进出口商品自由展示与交易、进出口商贸咨询与技术支持、加工与储存、转口贸易等配套服务。使之成为海南自贸港洋浦港区重要的进出口产品国际商贸中心。

海南洋浦港源仓储商品交易市场将吸引世界多个跨国商贸企业入驻园区，将形成国际贸易、金融、航运、物流等专业人才的汇集，形成人才聚集效应，响应海南百万人才引进政策，积极为当地经济建设发展提供智力支撑。促进当地人才结构优化，激发人才红利。

三　推进"众创"效益，带动就业明显

海南洋浦港源仓储商品交易市场建设区域国际商贸中心和旅游消费中

心，将吸引大量企业和人才到此发展，激发"大众创业、万众创新"的"众创效益"。同时，海南洋浦港源仓储商品交易市场在建设过程中能增加大量工程建设就业人员工作机会。项目在运营期，增加的就业机会更多，预计直接带动就业人数 3000 人以上。

随着经营规模的不断扩大，海南洋浦港源仓储商品交易市场外在间接带动就业创业人数更多，这将有利于缓解当地居民就业路子窄、就业机会少等系列就业难题，将会为项目所在地广大群众提供更多的就业创业机会，帮助更多的当地居民解决就业问题，增加当地居民的收入。

四 税收效益明显

政府需要增加财政收入来促进社会发展，而税收是财政收入中最为重要的组成部分之一。海南洋浦港源仓储商品交易市场财务内部收益率大于行业基准收益率，项目盈利能力较强，经济效益好，计算期内创造税费约 4.456 亿元，包含增值税 1.046 亿元，房产税 1.858 亿元，城市维护建设税 0.052 亿元，教育费附加税 0.031 亿元，地方教育费附加税 0.021 亿元，企业所得税 1.448 亿元。同时，项目打造洋浦港区国际商贸配套服务中心和旅游消费中心，随着产业带动效应的逐步显现，园区间接所带来的税收效益将更大。

第七节 研究结论

海南洋浦港源仓储商品交易市场符合《中共中央 国务院关于支持海南全面深化改革开放的指导意见》《中国（海南）自由贸易试验区总体方案》等政策和海南洋浦经济开发区总体发展规划和产业支持的要求，高标准建设集国际商贸集散展示与交易、进出口商贸咨询与技术支持、商品加工与存储、旅游购物及特色美食于一体的仓储商品交易市场项目，使之成为海南自贸港洋浦港区国际商贸配套服务中心和旅游消费中心。

海南洋浦港源仓储商品交易市场凭借其区位优势，充分发挥其综合作用，在发展国际商贸展示交易加工的同时，适应国际贸易、金融、航运、物流发展需求，带动港口周边的经济发展。海南洋浦港源仓储商品交易市场具有良好的经济社会效益，项目打造自贸港洋浦商贸配套，引领形成经济新增长点。项目汇聚世界跨国商贸企业，形成人才聚集效应，以及推进"众创"效益，带动就业明显，园区直接带动就业 3000 多人。同时，项目盈利能力较强，经济效益好，计算期内能给政府创造上亿元的税收，项目间接创造的税收将更多。

项目将创造新的利益增长点，促进海南自贸港国际商贸产业集约集群化发展，带动相关产业的发展，促进当地经济增长，具有十分重要的意义。同时，项目建设的资源供给可靠，运营理念科学合理，财务评价指标理想，社会拉动效益好，投资回报率高。项目占地面积 180 亩，总建筑面积 162000 平方米，总投资 3.7 亿元，计算期营业收入 16.876 亿元（年均 1.875 亿元），计算期纳税总额 4.456 亿元（年均 0.495 亿元），计算期总净利润达 8.207 亿元，项目盈利能力较好。同时，项目能显著吸收国际贸易、航运等相关行业的高层次技术、管理人才在此创业及就业，以及显著带动当地居民就业。

通过分析，海南洋浦港源仓储商品交易市场投资风险较小，效益好，可以形成多方共赢的局面。项目收入来源稳定，经营收益率较高，具有稳定的净现金流。同时，项目可创造大量就业机会和可观的税收。因此，项目建设是必要的，立项开发是可行的，建议政府批准立项，并提供积极支持。

第二章
海南自贸区[港]南海国际文旅城项目研究

第一节 项目概述

一 项目概况

项目名称：海南自贸区［港］南海国际文旅城

建设地点：海南省海口市羊山地区（观澜湖以北、湿地公园以南区域）

建设性质：新建项目

建设周期：规划建设期为5年，分两期实施。

规模：用地面积2500亩

投资总额：项目总投资估算为99.70亿元，其中工程费用49.93亿元，工程建设其他费用32.59亿元（含土地费用），预备费2.48亿元，财务费用14.7亿元。

二 项目功能定位

海南自贸区［港］南海国际文旅城项目符合国家及海南省宏观经济发展政策和文化旅游产业政策的要求，项目依托良好的政策、交通、区位、生态等优势及条件，以构建世界文化旅游目的地为视角，建成以文化旅游产业为核心的，集旅游、文化、创意、美食、旅居、出行、购物、商务、投资、娱乐于一体的国际文旅城，打造中国南海世界级文化窗口及直接对话世界文化艺术的千年文化之城，使之成为海南自贸区［港］文化旅游胜地、国家文化产业示范园区及具有世界文化融合属性的文化交流大平台。

项目以艺术文旅全产业链经营为核心，以深度体验式文化旅游为主体，将整合国内外著名艺术文化企业入驻产业基地，深化"品牌化、特色化、产业化、高端化"艺术文化旅游城理念，通过打造具有世界顶级水准的艺术建筑吸引国内外消费者和旅行者前往欣赏与体验，融合发展拓展消费新空间，推进文化产业和旅游产业融合发展示范区建设，培育具有文旅特色、兼具品质和效益、精准对接群众需求的文化和旅游业态产品，形成具有浓厚文学艺术氛围的南海新地标。

该项目始终坚持以打造出中国之最的文化旅游胜地为最高目标，集文化、艺术、科技、旅游产业于一体，以文化为引领，形成旅游新风尚；以产业为载体，实现多主体经济效益最大化；以传承为核心，展现出世界文化的深厚底蕴；以创新为动力，加快促进海南自贸区［港］的经济高质量可持续发展。项目各功能建筑深度融合文化创意、艺术文化体验、智能模拟技术、生活、购物、休闲、娱乐、主题商业、时尚平台、办公、酒店等多种元素，坚持新发展理念，深化体制机制改革，挖掘整合优势资源，打造培育特色品牌，统筹推进文化旅游在公共服务、产业发展、科技创新、对外交流等领域的深度融合，全力打造文化旅游产业领军旗舰。

三 项目战略定位

该项目站在文化旅游发展生态化和旅游体验深度化的高度，总揽旅游发展现阶段的实践成功经验和发展研究，建设具有浓厚的艺术文化韵味的海南自贸区［港］南海国际文旅城。使之成为"一带一路"支点城市（海口市）的一块新地标，打造融合艺术鉴赏、文化传承、科技体验、文化创意、宜旅宜居于一体的世界级南海艺术文旅千年之城。

（1）始终坚持因地制宜的建设原则，依据当地的自然资源优势及地理状况建造特色化的自然景观及艺术景观,以"文化+旅游""艺术+旅游""科技+旅游"为发展主体,使游人远离竞争激烈、喧哗嘈杂的都市,尽享回归文化熏陶、体验艺术与技术、返璞归真之乐。

(2)艺术设计,优质展品与服务的开发中心、展示中心、体验中心与销售中心,被文化创意、艺术熏陶的"世界级文化艺术城"。

(3)集文化、艺术、科技、旅游、康养于一体的深度复合型文旅体验度假基地,将文化传播与传承、艺术创作与欣赏、科技体验与运用、旅游赏玩与生产表现得淋漓尽致,使之成为现代与传统二合一的文旅艺术创意、运营及体验综合体。

四 初步结论

海南自贸区[港]南海国际文旅城项目准确把握海南建设自由贸易区[港]鼓励发展旅游业和打造国际旅游消费中心带来的产业转型升级机遇,坚持以高端定位、前瞻性规划为出发点,以打造出中国之最的文化旅游胜地为最高目标,遵循高标准定位、高水准建设、高质量运营的开放式发展原则,以艺术文旅全产业链经营为核心,将科技、旅游、康养产业融合于一体,建设由南海国际大教堂、丝绸之路、万人世纪露天广场、秦盛之源、奇异经典酒店、奇异文化方舟六大特色组团构成的南海国际旅游城。该项目将以文化为引领,形成旅游新风尚;以产业为载体,实现多主体经济效益最大化;以传承为核心,展现出世界文化的深厚底蕴;以创新为动力,加快促进海南自贸区[港]的经济高质量可持续发展,旨在打造出吸世界之元素,纳全球之客流,实现文化艺术与旅游的融合、现实与虚拟的碰撞、传统与现代的交锋,集艺术鉴赏、文化传承、科技体验、文化创意、宜旅宜居于一体的世界级南海艺术文旅千年文化之城。

项目总投资99.70亿元,社会、经济效益显著。项目创造就业岗位数千个,将有效增加当地居民收入。项目计算期总经营收入552.10亿元(年均收入36.81亿元),净利润总计183.94亿元(年均利润12.26亿元),为政府创造税收共计119.12亿元(年均税收7.94亿元),间接拉动的经济效益及税收效益更将数倍增长。

通过上述分析，海南自贸区［港］南海国际文旅城投资风险较小，效益好，可以形成多方共赢的局面。因此，该项目建设是必要的，立项开发是可行的，建议尽早立项建设。

第二节　项目背景

一　坚定文化自信，建设社会主义文化强国

2019年6月16日出版的第12期《求是》杂志发表了中共中央总书记、国家主席、中央军委主席习近平的重要文章《坚定文化自信，建设社会主义文化强国》。习近平总书记强调文化是一个国家、一个民族的灵魂。文化兴则国运兴，文化强则民族强。没有高度的文化自信，没有文化的繁荣兴盛，就没有中华民族伟大复兴。要坚持中国特色社会主义文化发展道路，激发全民族文化创新创造活力，建设社会主义文化强国。发展面向现代化、面向世界、面向未来的，民族的科学的大众的社会主义文化，推动社会主义精神文明和物质文明协调发展。要坚持为人民服务、为社会主义服务，坚持百花齐放、百家争鸣，坚持创造性转化、创新性发展，不断铸就中华文化新辉煌。

海南自贸区［港］南海国际文旅城项目积极响应习近平总书记关于建设文化强国的号召，以文化旅游产业为核心，建成集旅游、文化、创意、美食、旅居、出行、购物、商务、投资、康养、娱乐于一体的国际文旅城，打造中国南海世界级文化窗口及直接对话世界文化艺术的千年文化之城，使之成为海南自贸区［港］文化旅游胜地、国家文化产业示范园区及具有世界文化融合属性的文化交流大平台，进而显著提升我国文化的世界影响力。

二　国务院强调进一步激发文化和旅游消费潜力

为顺应文化和旅游消费提质转型升级新趋势，深化文化和旅游领域供给

侧结构性改革，从供需两端发力，不断激发文化和旅游消费潜力。努力使我国文化和旅游消费设施更加完善，消费结构更加合理，消费环境更加优化，文化和旅游产品、服务供给更加丰富。2019年8月国务院办公厅发布了《关于进一步激发文化和旅游消费潜力的意见》（以下简称《意见》），鼓励提升文化和旅游消费质量水平，增强居民消费意愿，以高质量文化和旅游供给增强人民群众的获得感、幸福感。

《意见》提倡嵌入文化消费，提高消费便捷程度。鼓励把文化消费嵌入各类消费场所，依托社区生活综合服务中心、城乡便民消费服务中心等打造群众身边的文化消费网点。鼓励依法依规对传统演出场所和博物馆进行设施改造提升，合理配套餐饮区、观众休息区、文创产品展示售卖区、书店等，营造更优质的消费环境。引导演出、文化娱乐、景区景点等场所广泛应用互联网售票、二维码验票。提升文化和旅游消费场所宽带移动通信网络覆盖水平，在具备条件且用户需求较强的地方，优先部署第五代移动通信（5G）网络。优化旅游交通服务，科学规划线路、站点设置，提供智能化出行信息服务。

《意见》鼓励提升入境旅游环境。整合已有资源，提升入境旅游统一宣介平台（含App、小程序等移动端）水平。鼓励各地开发一批适应外国游客需求的旅游线路、目的地、旅游演艺及特色商品，并在宣介平台上推荐。提升景区景点、餐饮住宿、购物娱乐、机场车站等场所多语种服务水平。鼓励银行业金融机构依法依规在文化和旅游消费集中区域设立分支机构。完善入境游客移动支付解决方案，提高游客消费便利性。

《意见》强调推进消费试点示范和着力丰富产品供给。一方面，要求总结推广引导城乡居民扩大文化消费试点工作的经验模式，新确定一批国家文化和旅游消费试点城市（以下简称试点城市）。在试点城市基础上，择优确定国家文化和旅游消费示范城市（以下简称示范城市）并动态考核。推动试点城市、示范城市建设国际消费中心城市。鼓励建设集合文创商店、特色书店、小剧场、文化娱乐场所等多种业态的消费集聚地。另一方面，鼓励打造中小型、主题性、特色类的文化旅游演艺产品。促进演艺、娱乐、动漫、创意设计、网络文化、工艺美术等行业创新发展，引导文化和旅游场所增加参与式、体验式消费项目，鼓励发展与自驾游、休闲度假相适应的租赁式公寓、汽车租赁等服务。积极拓展文化消费广度和深度，注重利用新技术发掘中华文化宝贵资源，为广大人民群众提供更加丰富多样的广播电视消费产品。规范旅游民宿市场，推动星级旅游民宿品牌化发展。提升国家级文化产业示范园区和国家文化产业示范基地的供给能力。鼓励文创产品开发与经营，拓宽文创产品展示和销售渠道。积极发展休闲农业，大力发展乡村旅游，实施休闲农业和乡村旅游精品工程，培育一批美丽休闲乡村，推出一批休闲农业示范县和乡村旅游重点村。推进国家全域旅游示范区建设，着力开发商务会展旅游、海洋海岛旅游、自驾车旅居车旅游、体育旅游、森林旅游、康养旅游等产品。支持红色旅游创新、融合发展。打造一批具有文旅特色的高品位休闲街区和度假产品。

海南自贸区［港］南海国际文旅城符合《意见》的要求，是独具特色非常重要的文化旅游消费试点及产品供给点之一，将文化深度嵌入消费当中，不仅有利于提高消费便捷程度，而且能明显提升入境旅游接待设施及服务水平。

三　旅游业是海南自贸港鼓励发展的三大产业之一

习近平总书记"4·13"重要讲话和中央12号文件明确指出，党中央支持海南全岛建设自由贸易试验区，逐步探索、稳步推进中国特色自由贸易港建设，分步骤、分阶段建立自由贸易港政策和制度体系。海南自贸区建设要求以旅游业、现代服务业、高新技术产业为主导产业。海南旅游业迎来重大历史机遇。

作为中国第二大岛，完全位于热带的海南自然环境得天独厚，拥有发展旅游业的先天优势；而已经跃居世界第一工业大国、第一出口大国的中国也不需要海南与长三角、珠三角等地一样挤上发展制造业的赛车道，反而是随着中国居民收入水平提高、消费不断升级，对高品质旅游服务的消费需求与日俱增。在海南这块自然环境优良的地方发展旅游业，无论是为了整个国家可持续发展，还是为了满足国民不断上升的物质文化需求，都是必然选择。

海口市不仅是国际旅游岛的重要城市，还是"一带一路"海上丝绸之路的重要支点城市，更是海南自贸区［港］建设的火车头。对于海口而言，深化改革，促进国际旅游消费，推动旅游高质量发展将是其当前及未来的奋斗主题，现代旅游业是海南发展的重要领域。

四 海南建设国际旅游消费中心强调发展文化旅游产业

在中国特色社会主义进入新时代的大背景下，赋予海南经济特区改革开放新的使命，是习近平总书记亲自谋划、亲自部署、亲自推动的重大国家战略。推动海南建设具有世界影响力的国际旅游消费中心，是高质量发展要求在海南的具体体现，是建设海南自由贸易试验区和探索建立中国特色自由贸易港的重要支撑。

2018年12月28日，国家发展改革委发布《海南省建设国际旅游消费中心的实施方案》，指出海南建设国际旅游消费中心的发展方向，即建设世界知名国际旅游消费胜地。充分发挥海南的区位和资源优势，对标国际知名旅游目的地，积极培育旅游消费新业态，扩大对外开放，提升旅游服务质量和国际化水平，打造世界知名的国际旅游消费胜地。并提出具体的发展目标和路径。

到2020年，国际旅游消费中心建设取得重要进展。旅游产业转型升级加快，相关产业融合发展进一步深化，旅游消费新业态日益丰富，旅游供给质量、管理效能和服务水平明显提升，免税购物更加便利，旅游消费要素的国际化、标准化、信息化水平显著提高。

到2025年，国际旅游消费中心基本建成。以观光旅游为基础、休闲度假为重点、文体旅游和健康旅游为特色的旅游产业体系基本形成，旅游消费业态更加完善，旅游消费潜力进一步释放，高端旅游消费初具规模，旅游消费体制机制与国际接轨，旅游消费内容日益多元化、高端化、国际化。

到2035年，成为具有全球影响力的旅游消费目的地。高质量的旅游消费供给体系、优越的旅游消费环境体系、完善的质量标准体系和健全的旅游消费政策体系基本形成，成为世界知名的旅游消费中心和世界消费经济发展高地。

到本世纪中叶，国际旅游消费中心的知名度和美誉度显著提升，成为全球旅游消费时尚潮流的引领者，世界知名的旅游度假和购物天堂，成为展示中国风范、中国气派、中国形象的亮丽名片。

《海南省建设国际旅游消费中心的实施方案》在培育旅游消费新业态栏目中，重点指出提升文化旅游消费和发展会展节庆旅游消费。推动文化与旅游相结合，大力发展动漫游戏、网络文化、数字艺术、数字阅读、知识产权交易等新型文化消费业态。发展国际版权贸易，鼓励具有中国特色的影视、出版、演艺、动漫、游戏、软件等产业的版权输出。研究探索符合条件的外商独资或中外合资、中外合作拍卖企业在国家南海文博产业园区从事文物拍卖业务。完善中国（海南）南海博物馆功能建设。充分利用现有资源，规划和建设一批具有鲜明特色、兼具文化和休闲功能的小型博物馆、非遗馆、图书馆、文化馆等公共文化设施。鼓励开发特色文化创意产品。允许外资在海南试点设立在本省经营的演出经纪机构，允许外资在海南省内经批准的文化旅游产业集聚区设立演出场所经营单位，演出节目需符合国家法律和政策规定。允许旅游酒店经许可接收国家批准落地的境外电视频道。实施更加开放的会展业发展政策，允许境外组织机构在海南举办符合国家法律规定的会展。高水平建设一批国际化的会展设施。重点打造海口、三亚、琼海国际会展集聚区。对接国际会展活动通行规则，引进顶级专业会展公司，高水平举办国际商品博览会、国际品牌博览会、国际电影节、国际时装周、国际音乐节等大型国际展览会和世界级节事活动。举办海上丝绸之路文化旅游节，做大做强海南世界休闲旅游博览会、海南国际旅游美食展、海南国际旅游岛欢乐节。

海南自贸区〔港〕南海国际文旅城项目与海南建设国际旅游消费中心的战略方向保持一致，积极打造消费新业态，促进国际旅游消费中心建设。

五　国家全域旅游战略强调文旅结合

2018年3月22日国务院办公厅发布的《关于促进全域旅游发展的指导

意见》（以下简称《意见》）指出把促进全域旅游发展作为推动经济社会发展的重要抓手，从区域发展全局出发，统一规划，整合资源，凝聚全域旅游发展新合力。大力推进"旅游+"，促进产业融合、产城融合，全面增强旅游发展新功能，使发展成果惠及各方，构建全域旅游共建共享新格局。"文化+旅游"，即科学利用传统村落、文物遗迹及博物馆、纪念馆、美术馆、艺术馆、世界文化遗产、非物质文化遗产展示馆等文化场所开展文化、文物旅游，推动剧场、演艺、游乐、动漫等产业与旅游业融合开展文化体验旅游。"旅游+文化"，即现有旅游产品的品质化提升，重点为"深入挖掘历史文化、地域特色文化、民族民俗文化、传统农耕文化等，实施中国传统工艺振兴计划，提升传统工艺产品品质和旅游产品文化含量"。

《意见》中强调了要培养多层次、多类型旅游市场主体，如"培育和引进有竞争力的旅游骨干企业和大型旅游集团，促进规模化、品牌化、网络化经营"。《意见》中特别强调的"大力推进旅游领域大众创业、万众创新，开展旅游创客行动，建设旅游创客示范基地""落实中小旅游企业扶持政策，引导其向专业、精品、特色、创新方向发展，形成以旅游骨干企业为龙头、大中小旅游企业协调发展的格局"等相关表述，更适应在城市和乡村旅游业发展中，文化旅游企业大多微型、专业、精品、特色、创新的特点，符合文化旅游融合的发展趋势。

海南自贸区［港］南海国际文旅城项目积极推进旅游与文化的相互融合，打造文旅产业创业基地，深度推进海南文化旅游产业供给侧结构性改革和全域旅游稳步发展。

六 "一带一路"背景下我国产业园区建设迎来新高潮

（一）"一带一路"倡议

"一带一路"（The Belt and Road，缩写 B&R）是"丝绸之路经济带"和"21世纪海上丝绸之路"的简称，2013年9月和10月由中国国家主席习近平分别提出建设"新丝绸之路经济带"和"21世纪海上丝绸之路"的合作倡议。依靠中国与有关国家既有的双多边机制，借助既有的、行之有效的区域合作平台,"一带一路"旨在借用古代丝绸之路的历史符号,高举和平发展的旗帜,积极发展与沿线国家的经济合作伙伴关系,共同打造政治互信、经济融合、文化包容的利益共同体、命运共同体和责任共同体。我国提出"一带一路"倡议以来,不仅在经济全球化遭遇诸多挑战、经济全球化进程出现减缓迹象的情况下开创了共商共建、合作共赢的经济全球化新模式,而且探索或移植了许多具有中国特色的国际合作模式,如共建经济走廊、创新开发性金融、搭建商业交易平台模式、地方合作等。

(二)产业园区建设迎来新高潮

"一带一路"作为中国新的国际合作框架,给中国经济带来了多重发展机遇。其愿景可分为远近两大层次:近期着眼于"基建互通、金融互通、产业对接、资源引入",远期则致力于"商贸文化互通、区域经济一体化和共同繁荣"。"一带一路"倡议给国内产业园区发展将带来巨大机遇。随着"一带一路"政策的不断加码,产业园区的发展红利日益显露。

前瞻产业研究院发布的《中国产业园区规划布局与运营管理分析报告》分析认为,从"一带一路"发展路径来看,节点城市是关键,经济开发区和港口建设是重点。伴随我国改革开放而诞生的开发区,在体制创新、科技创新、节约利用资源、优化产业、调整结构等方面积累了宝贵经验,有效地发挥了窗口、示范、辐射和带动作用,"一带一路"倡议为开发区提供了更加广阔的舞台。

另外,"一带一路"包括三点内容:一是"一带一路"以扩大自由贸易区网络为主要目标;二是"一带一路"以扩大服务贸易为重大任务;三是"一带一路"以基础设施建设的互联互通为主要依托。国家级新区在探索"负面清单"上积累了很重要的经验,目前,以服务贸易的进一步开放为重点推动自由贸易区网络建设,还面临着一系列新问题,在解决这些问题方面,国家级新区义不容辞,担负着重要的责任,国家层面也需要支持新区在扩大自由贸易区网络、明显提升服务贸易比重当中,扮演一个重要角色。

海南自贸区[港]南海国际文旅城项目紧抓"一带一路"倡议的政策

红利，积极响应"一带一路"产业园区建设潮流，将有利于推动海南自贸区（港）建设进程的加快，推动海南自贸经济的快速发展。

第三节 项目的必要性

一 加快海南旅游产业转型，推动旅游文化融合发展的必要举措

中国（海南）自由贸易试验区总体方案中指出，要发挥海南全岛试点的整体优势，紧紧围绕建设全面深化改革开放试验区、国家生态文明试验区、国际旅游消费中心和国家重大战略服务保障区，实行更加积极主动的开放战略，加快构建开放型经济新体制，推动形成全面开放新格局，把海南打造成为我国面向太平洋和印度洋的重要对外开放门户。

海南省旅游发展总规划（2017—2030）的规划原则中强调，要依据海南旅游发展现状及存在问题，以均衡发展为目标，以品质发展为要求，以特色发展为突破。培育、建设一批优质旅游项目，提升旅游发展品质，推动海南旅游转型升级。其战略定位中指出，近期以中国旅游业改革创新试验区、国际旅游岛建设、全域旅游示范省创建建设为目标，中期以建成世界一流的海岛休闲度假旅游胜地为目标，远期将海南打造成世界一流的国际旅游目的地。民族文化代表的人文资源，成为海南参与国际竞争的灵魂所在。海南文化在国内影响力较弱，但从国际海岛发展经验来看，海南需要加强文化与旅游的结合，重点以黎苗文化为国际特色，带动海上丝路文化、时尚文化、非物质文化遗产、历史文化、流放文化、名人文化、红色文化、军垦文化、侨乡文化、宗教文化等融合发展。

南海国际文旅城项目按照中国（海南）自由贸易试验区总体方案把海南打造成为我国面向太平洋和印度洋的重要对外开放门户的要求以及海南省旅游发展（2017—2030）总规划目标的要求，以均衡发展为目标，以品质发展为要求，以特色发展为突破。培育、建设一批优质旅游项目，提升旅游发展品质，推动海南旅游转型升级，加强旅游与文化的融合发展，是其关键所在。

二　推进旅游业供给侧结构性改革，加大旅游新业态建设的需要

我国旅游业起步晚、发展快。经过40多年的努力，旅游人次与收入连续高速增长，以旅游景区、度假区等为核心的产品供给规模不断扩大，产业发展基础不断夯实。随着国民收入提高，消费结构升级，旅游消费需求常态化，需求总量还将在今后较长时期内保持快速增长态势。作为国民经济战略性支柱产业和人民更加满意的服务业，旅游业面临提升服务业整体比重，促进国民经济结构协调发展的艰巨任务，扩大有效供给规模仍是旅游业当前首要的发展任务。我国旅游业几十年发展累积下的产品结构单一、产品质量低端、产业分布不均等结构性问题，无法适应新时期多样化、特色化、高端化的旅游消费结构升级，同样需要进行供给侧结构性改革。当前，我国鼓励国有、集体、个体、外资等多种经济成分参与全域旅游产品开发，引导企业不断延伸产业链、提升价值链。大力推进旅游业供给侧结构性改革，坚持全域旅游发展方式，通过实施"旅游+"战略，扩大产品供给，打造产品品牌，提高产品质量。加大旅游新业态建设，着力开发文化体验游等。

"旅游+"的发展模式对于推动产业融合，深入实现产业的跨界融合来说，都是一种新型的产业发展模式，对于海南经济的发展而言也是一种新引擎。海南作为拥有得天独厚自然资源优势的国际旅游岛，要将旅游业与企业发展相结合才能获得长远的经济发展，必须要坚持推动"旅游+"的战略发展模式，促进旅游业与其他相关产业的跨界融合发展，形成绿色健康的循环生态商务经济圈，为海南经济的发展提供新动力。

海南自贸区［港］南海国际文旅城项目积极追随行业趋势，与时俱进，加快转变传统的旅游发展模式，结合文化旅游理念，积极推动"旅游+"的发展战略，从"旅游+文化""旅游+艺术""旅游+创意""旅游+宗教"等新型模式角度出发，通过打造具有世界顶级水准的艺术建筑吸引国内外消费者的欣赏与体验，融合发展拓展消费新空间。项目的实施，能显著推进海南旅游业供给侧结构性改革，开发旅游新业态，增加新的利益增长点。

三 发展海南文化旅游产业，繁荣海南经济的需要

项目以构建世界文化旅游目的地为视角，建成以文化旅游产业为核心，集旅游、文化、创意、美食、旅居、出行、购物、商务、投资、康养、娱乐于一体的国际文旅城，项目以艺术文旅全产业链经营为核心，以深度体验式文化旅游为主体，项目将整合国内外著名艺术文化企业入驻产业基地，深化"品牌化、特色化、产业化、高端化"艺术文化旅游城理念。

通过项目的实施，能集合多家国内外文化旅游企业入驻产业基地，实现文化旅游产业对社会经济全方位无边界渗透，使文化旅游产业特别是演艺、文化创意、宗教产业的发展融入社会经济的各个领域，促进新动能、新消费的培育。因此项目的实施，能有效发展海南文化旅游产业，繁荣海南经济。

四 为"百万人才进海南"提供创业就业平台的需要

2018年10月16日，国务院批复同意设立中国（海南）自由贸易试验区，印发《中国（海南）自由贸易试验区总体方案》（简称《方案》）。为了推动海南自由贸易试验区和中国特色自由贸易港的建设，海南出台百万人才引进行动计划，并印发《百万人才进海南行动计划（2018—2025年）》。海南建省之初曾出现过"十万人才过海峡"的盛况，但后来又有很多人回去了，一个重要原因就是"无事可做"。这次省委、省政府提出百万人才进海南计划，将人才引进来，要解决的首要问题是人才的去向问题，只有真正提供有价值、有前景的就业岗位和创业项目，才能真正让百万人才进海南行动计划落地生根。

近年来，海南省全面实施创新驱动发展战略，引进和培育了一批高水平科研院所和人才，建设了包括国家重点实验室在内的国家级科技创新平台，科技创新支撑能力明显增强，在热带现代农业、海洋、生物医药、航天、电子信息等领域的技术创新和成果推广取得显著成效，但与海南省第七次党代会提出的目标还有较大差距。

海南自贸港南海国际文旅城项目深度融合文化创意、艺术文化体验、智能模拟技术、生活、购物、休闲、娱乐、主题商业、时尚平台、办公、酒店等多个重点领域。建设设施完备，功能齐全。文旅城企业入驻带动新增就业数千人以上。海南自贸区〔港〕南海国际文旅城项目不仅能帮助解决海南文化旅游产业高端人才的就业问题，还积极鼓励创新创业，通过综合招商、项目带动、团队引进等方式充分发挥企业单位吸引、留住和用好人才的主体作用，为"百万人才进海南"计划提供良好的创业就业平台。

五 以文化交流推动文化开放的需要

习近平总书记指出："一个国家、一个民族的强盛，总是以文化兴盛为支撑的，中华民族伟大复兴需要以中华文化发展繁荣为条件。"推进"一带一路"建设为中外文化交流合作提供了新的机遇，通过文化交流互鉴，更有利于各国人民相知相交、和平友好，更有利于促进区域合作、实现共同发展，更有利于推动中华文化繁荣发展乃至走向世界。

《文化部"一带一路"文化发展行动计划（2016—2020年）》强调坚持文化先行，树立文化引领经济的高度自觉，推动传统文化的传承与现代文化的创新，通过进一步深化与沿线国家的文化交流，促进区域共同发展，实现合作共赢。推进文化交流的具体举措包括：加快文化交流合作基础设施建设、丰富文化交流合作的内涵与形式、推进文化精品建设与创新以及讲好"一带一路"故事，传播好"一带一路"声音等。

海南自贸区〔港〕南海国际文旅城将构建起艺术国际交流中心，定期举办艺术节、国际艺术论坛和文艺创作大赛，以文化交流推动文化开放，使之成为海南自贸区〔港〕中国文化开放的重要窗口。

六 为艺术家创造良好的施展才华的平台的需要

海南自贸区〔港〕南海国际文旅城项目将为艺术家创造良好的施展才华的平台，项目的版画产业中心及版画村，为版画艺术家及其他创作者打造一流的艺术品创作、交流、交易平台，有效激发艺术家创作灵感。以产业化为导向，拓展"文化+旅游+科教"的现代运营模式，促进基地文创产业孵化，构建一流的文艺产品营销平台，加强对非遗品牌的包装，运用营销工具和策略打造一流的非遗品牌，提升版画系列产品的知名度，进而提高产量、扩大销路，让艺术家创作的作品不愁销路。

第四节　项目建设的可行性

一　政策的可行性

旅游业与现代服务业、高新技术产业联系紧密，一直是海南省重点发展的产业，也是海南自贸区［港］建设中鼓励和优先发展的三大产业之一。近年来，多项政策出台，鼓励海南旅游产业高质量发展，定位于将海南建设成为国际通达性强，具有较高国际知名度、美誉度、开放度，可持续发展的世界一流热带海岛型旅游目的地和国际旅游消费胜地。

《中共中央国务院关于支持海南全面深化改革开放的指导意见》提出，深入推进国际旅游岛建设，不断优化发展环境，进一步开放旅游消费领域，积极培育旅游消费新业态、新热点，提升高端旅游消费水平，推动旅游消费提质升级，进一步释放旅游消费潜力。

"旅游+文化"是深化调整旅游产业结构，促进旅游业发展的重要举措，文化是旅游的灵魂，旅游是文化的重要载体。2019年8月23日发布的《国务院办公厅关于进一步激发文化和旅游消费潜力的意见》明确提出提升文化和旅游消费质量水平，以高质量文化和旅游供给增强人民群众的获得感、幸福感。《提升海南旅游国际化水平三年行动计划（2018—2020年）》明确指出：推动文化和旅游融合发展，促进传统文化消费升级，提升高端旅游服务能力，打造国际水准的文旅服务设施。

通过以上的分析可知，得天独厚的自然环境及区位优势，强有力的政策支撑，寻找旅游经济新增长点的极佳选择，决定了海南大力推进文化旅游产业发展势在必行，也为该项目的开展实施提供了有力的依据与保障。本项目符合国家及海南省推进旅游发展的各项政策的要求，是政府鼓励发展的项目，从政策角度来看具备建设可行性。

二 市场的可行性

（一）海南省宏观经济分析

近年来，海南省以习近平新时代中国特色社会主义思想为指导，推进高标准高质量建设海南自由贸易试验区、中国特色自由贸易港。

经国家统计局统一核算，2019年海南省地区生产总值完成5308.94亿元，按可比价格计算，比上年增长5.8%。

按三次产业划分，第一产业增加值1080.36亿元，增长2.5%；第二产业增加值1099.04亿元，增长4.1%；第三产业增加值3129.54亿元，增长7.5%。

据悉，2019年海南农业生产略有放缓，受生猪疫情影响明显。全省农林牧渔业增加值同比增长2.7%，增速较上年放缓1.4个百分点。总肉量67.07万吨，下降16.0%，其中猪肉29.47万吨，下降35.4%。

2019年海南规模以上工业增加值537.78亿元，比上年增长4.2%，增速为2016年以来次新高。高技术制造业增加值同比增长10.1%，占规模以上工业比重为15.6%，占比提高1.1个百分点。

从经济数据看，海南现代服务业加快发展。全省服务业增速高于整体经济1.7个百分点，对经济增长的贡献率为75.6%，是拉动经济增长的重要力量。据国家统计局海南调查总队数据，海南省服务业商务活动指数为57.6%，继续处于扩张区间。

分析可得，海南GDP总量2009~2019年稳步增长，增长率高于全国平均水平。海南省宏观经济发展态势良好，特别是2018年以来，海南开始建设自由贸易区〔港〕，大力发展旅游业、现代服务业和高新技术产业，推进经济结构调整、经济动能转换，海南建设迎来了新的快速发展的历史机遇。

（二）产业市场现状分析

随着城乡居民生活水平持续快速提升，居民文化和旅游消费持续扩大。

中国文化和旅游部披露数据显示，2019年上半年，全国居民人均教育文化娱乐消费支出1033元，比上年同期增长10.9%；国内旅游30.8亿人次，收入2.78万亿元，分别增长8.8%和13.5%。

分析可得：随着经济不断发展，人民收入水平不断提高，我国旅游业发展迅速，前景一片大好。旅游业发展势头强劲，潜在市场容量巨大。

（三）海南旅游市场分析

根据2020年海南省旅游和文化广电体育工作会议数据，2019年，海南共接待国内外游客8314万人次，同比增长9%；实现旅游总收入1050亿元，同比增长11%。

2019年以来，海南省旅游和文化广电体育系统以推进海南自由贸易试验区和中国特色自由贸易港建设为主线，以国际旅游消费中心建设为抓手，全省旅游文化体育产业经济发展呈现总体平稳、质量稳步提升的良好态势。

2020年，海南省旅游和文化广电体育厅重点抓好五方面工作。一是对标海南自由贸易港建设总体方案，深化体制机制改革和制度创新，健全法规和规划体系，做好政策制定和落地实施工作，推动国际旅游消费中心建设；二是提高旅游千亿产业含金量，加大招商引资和项目建设力度，做大"旅游+"文章，增加优质产品的有效供给，加快创建国家全域旅游示范区；三是做好促消费文章，推动国际旅游消费年活动办出实效，指导策划一系列消费活动，带动全省旅游消费持续升温；四是提升文化软实力，加强艺术精品创作，加大文化产品供给，加大非遗和文物保护力度，推动文化事业、文化产业高质量发展；五是坚持改革创新开放融合，全力打造国家体育旅游示范区，提高体育市场化、产业化、国际化、特色化水平，高水平办好第六届亚洲沙滩运动会，打造海南赛事品牌。

海南气候宜人，自然和人文景观类型多样，美丽壮观的大海一直是全国各地甚至全球游客的向往之处，海南岛丰富的旅游资源吸引了涵盖幼年、青年以及中老年各个年龄阶层的游客群体。缓解工作压力、养老、运动健身常常作为游客前往海南旅游的目的。在这样的背景下，依托海南国际旅游岛的知名度以及海口、三亚中心城市的人口聚集力，项目本身就具备了庞大的消费者群体，包括现有消费者及潜在消费者。

随着海南国际旅游岛上升为国家战略，并积极建设海南自由贸易区和探索建设中国特色自由贸易港，海南的知名度与日俱增，国内外游客量及常住人口将不断增长，海南高端国际化文化旅游产品的需求市场也会越来越大。同时，海南自贸区〔港〕南海国际文旅城可与周边的景区相互呼应，形成有效的市场集群联动效应。因此，项目具有足够的市场可行性。

三 营商环境的可行性

海南是中国最大的自由贸易试验区，也将成为中国第一个自由贸易港，这是海南千载难逢的历史新机遇。据了解，目前，国家发改委、商务部、财政部等近30个部门专门制定了支持海南全面深化改革开放的实施方案，14个相关部门和民主党派与海南省签订了合作协议，16家央企与海南省签约投资。以中央12号文件为基础的"1+N"政策体系不断完善。2019年以来，中央及十几个国家部委接连不断出台新政，力挺海南自贸区自贸港建设。海南聚焦旅游业、现代服务业和高新技术产业，加大全球招商力度。海南在招商时，更加注重引进外资，对接国际高标准贸易投资规则，对外资全面实行准入前国民待遇加负面清单管理制度，逐步压减投资准入负面清单，对金融、教育、医疗、演艺等行业的外资市场进一步降低准入门槛。先后引进了世界500强企业27家、国际知名专业服务机构8家，其中国际四大会计师事务所全部落户海南。海南以最优质的生态环境和旅游资源，吸引着越来越多的世界游客，这些为入驻海南发展文旅产业经济营造了优质的环境，提供了丰富的发展资源和坚实的物质条件，有利于促进海南文化旅游产业经济的持续健康发展。

海口作为"一带一路"重要支点城市、海南的省会城市，地理位置非常优越。海南周边国家旅游资源丰富，文化底蕴深厚，是中国游客非常喜欢的旅游目的地。海口位于海南北部，具有重要的区位优势：北部湾核心海港和重要入口，有效联结北部湾其他城市；海南岛联结华南经济圈核心区，是海南通往内陆省区的主要枢纽；与东盟开展合作的区位优势十分明显，具备打造面向东南亚的航运枢纽、物流中心和出口加工基地的先决条件。

特殊的历史、区位、政策、人文等优势，使海口在建设21世纪海上丝绸之路的进程中，具有不可替代的重要地位和作用。海口首要任务是充分发挥这些独特优势，立足本土特色，准确定位，找到契合"一带一路"建设和自身优势的产业模式、重点项目。海南自贸区[港]南海国际文旅城项目旨在建设可以直接在中国南大门与世界艺术对话的千年文化艺术城，能够充分增强国际文化影响力以及推动海内外经济文化旅游产业的快速发展，很好地契合了海口作为"一带一路"支点城市的独特定位产业模式，是推进海口主动融入"一带一路"发展新格局，助力海南省经济建设全面发展的加速助推剂。因此，海口"一带一路"发展大环境为海南自贸区[港]南海国际文旅城发展建设营造了优质的商业发展大环境，助力项目快速发展。

基于上述分析，可以发现海南自贸港建设以及海口作为"一带一路"支点城市建设的发展大环境，为南海国际文旅城建设打造了优质的文旅产业发展平台，营造了良好的商业发展环境，有助于南海国际文旅城项目建设更好地投身海南发展建设、共享海南经济发展红利。因此，海南自贸区[港]南海国际文旅城项目在营商环境上具有足够的可行性。

第五节　建设地址区位分析

（一）选址原则

（1）建设地址临近交通要道，交通便利，方便出行。且所在地空旷开阔，气候条件适宜，为项目的相关产业发展提供了清新健康的发展环境。

（2）符合国家法规、城市发展规划和土地利用规划等有关规划、条例的规定，特别是符合对用地性质、强度等方面的规定。

（3）项目建设选址对当地的环境不会形成威胁，不会改变当地的初始环境以及自然风貌。

（4）项目建设选址有较为低廉、较大规模的用地，有较好的水、电、通信等基础设施条件。

(二)项目地址

海南自贸区[港]南海国际文旅城拟选地址位于海南省海口市羊山地区(观澜湖以北、湿地公园以南区域)附近。

该项目地点开阔平坦,无高大遮挡物,四周无公害和污染,该项目地点承载产业转移能力强、生态环境良好、基础设施一流、功能布局合理、产业集聚效应显著,且交通便利、区位优势明显,因此,项目选址能够满足本项目的用地需要,符合当地产业发展规划要求,故本项目拟建选择方案可行。

第六节 项目组团

海南自贸区[港]南海国际文旅城项目以艺术文旅全产业链经营为核心,以深度体验式文化旅游为主体,项目将整合国内外著名艺术文化企业入驻产业基地,深化"品牌化、特色化、产业化、高端化"艺术文化旅游城理念,通过打造具有世界顶级水准的艺术建筑吸引国内外消费者及旅游者前来欣赏与体验。

海南自贸区[港]南海国际文旅城项目推进文化产业和旅游产业融合发展示范区建设,培育具有文旅特色、兼具品质和效益、精准对接群众需求的文化和旅游业态产品,进一步拓展消费新空间。项目采用产商融合的开发模式,汇聚世界各地著名艺术文旅产业项目,吸世界之元素、纳全球之客流,促使文化艺术与旅游的融合、现实与虚拟的碰撞、传统与现代的交锋,打造集艺术鉴赏、文化传承、科技体验、文化创意、宜旅宜居于一体的世界级南海艺术文旅千年文化之城。

海南自贸区[港]南海国际文旅城项目六大特色组团:

1. 南海国际大教堂(欧式教堂文化旅游)

2. 丝绸之路(沿线国家文化打造)

3. 万人世纪露天广场

4. 秦盛之源

5. 奇异经典酒店

6. 奇异文化方舟

第七节　项目实施进度

一　项目建设分期

按"总体规划，分期实施"进行建设，规划建设期为5年，分两期实施。

一期工程：3年。2021年1月1日至2023年12月31日

二期工程：2年。2024年1月1日至2025年12月31日

用地面积：2500亩

一期占地面积1690亩，二期占地面积810亩。

1. 一期工程

（1）土地平整及道路工程

（2）地下室工程

（3）欧式基督教堂

（4）基督教文化旅游产业园

（5）"一带一路"文旅街

（6）万人多功能露天广场

2. 二期工程

（1）国际历史剧院

（2）秦盛之源文化长廊

（3）超级宫殿式酒店

（4）奇异文化中心

（5）艺术家公寓

（6）园林绿化工程

二 项目实施进度表

项目实施进度见下表。

表 2-1 项目建设进度一览表

序号	项目	第一年 上半年	第一年 下半年	第二年 上半年	第二年 下半年	第三年 上半年	第三年 下半年	第四年 上半年	第四年 下半年	第五年 上半年	第五年 下半年
1	项目一期										
1.1	土地平整及道路工程	■									
1.2	地下室工程		■								
1.3	欧式基督教堂			■							
1.4	基督教文化旅游产业园				■						
1.5	"一带一路"文旅街				■						
1.6	万人多功能露天广场					■					
2	项目二期										
2.1	国际历史剧院							■			
2.2	秦盛之源文化长廊								■		
2.3	超级宫殿式酒店							■			
2.4	奇异文化中心							■			
2.5	艺术家公寓									■	
2.6	园林绿化工程										■
2.7	项目验收										■

第八节 劳动定员及开发

一 管理机构

（一）项目建设管理

项目建设实行总经理负责制，下设职能部门，各司其职，各负其责。财务管理实行"三专"管理，确保专款专用，提高资金使用效果。

（二）机构设置及职能

项目建成后，按现代企业制度进行运作与经营，实行自主经营，独立核算，自负盈亏。项目实行董事会领导下的总经理负责制。公司设立董事会，为公司的最高权力机构。

根据"高效、精简"的配置原则，公司设总经理办公室，负责8个部门的总体管理工作。具体公司管理部门结构如图2-1。

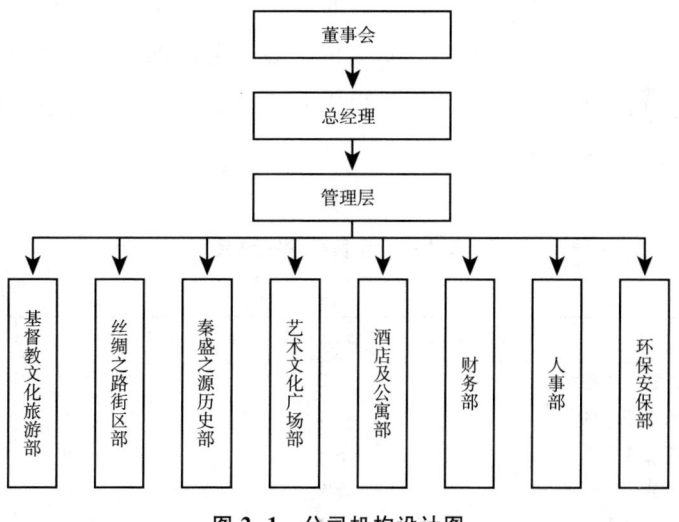

图 2-1 公司机构设计图

二 人力资源管理

项目建成后将坚持以岗定员，减少一切不必要冗员，科学管理，尊重知识，尊重劳动法规，认真做好岗前培训，并在实际工作中运用绩效管理法，奖惩严明，提高人员的素质，培养一批有能力、有素质、有文化、求上进的管理、技术及基层服务人员团队，带动整个海南自贸区［港］南海国际文旅城基地建设朝着国际化、标准化的定位方向发展。

所有需要凭证上岗的人员，均按有关规定，参加有关主管部门组织的业务培训，持证上岗，并定期进行资质、证书审核及能力考核。

全体员工实行绩效管理监督管理制度，分不同的工种实行年度、季度、月度的绩效考核，将全员的工作纳入合理的绩效管理中。同时，完善员工各项管理制度，修订《员工手册》、员工管理规范，确保各项管理都有制度可依。

三 劳动定员

项目员工全部实行合同制，员工的招聘与解雇按照双方依据国家《劳动法》所签订的劳动合同执行。员工的工资、劳动保险、生活福利和奖励等事项，依据国家《劳动法》有关规定和项目制定的劳动管理实施办法执行。人员编制详见下表。

表 2-2 人员配置一览表

单位：人

序号	部门	高级管理人员	管理人员	技术研发人员	普通员工	小计
1	基督教文化旅游部	1	3		150	154
2	丝绸之路街区部	1	2		68	71
3	秦盛之源历史部	1	2		80	83
4	艺术文化广场部	1	2		40	43
5	酒店及公寓部	1	4		286	291
6	财务部	1	1		8	10
7	人事部		1		8	9
8	环保安保部		1	10	60	71
合计		6	16	10	700	732

四 员工工资及福利

劳动者待遇分为工资及福利，员工工资按照国家法律规定、职务及工种的不同进行设定，员工福利按照员工工资取一定比例进行计算，员工工资及福利详见下表。

表 2-3 员工工资及福利（每年）

序号	层级	人数	基本月工资（万元）	工资福利系数	月份	小计（万元）
1	高级管理人员	6	1.8	1.9	12	375.84
2	管理人员	16	0.7	1.5	12	336
3	技术研发人员	10	0.65	1.4	12	187.2
4	普通员工	700	0.35	1.3	12	6762
	总计	732				7661.04

五 培训管理

对该项目所涉及的相关人员的培训是生产经营和员工提高服务技能与适应性的重要保障，本项目根据不同的员工进行短、中、长期的专项培训。

为保证新员工尽快适应环境，掌握岗位技能，新员工培训项目包括项目的战略定位与企业文化、劳动安全知识、员工手册说明、相关操作技能和服务技能等。

对于督导人员（主管级）的培训计划涉及专业服务、功能分块管理水平、时间管理等方面的培训。

为使管理人员、服务人员以及科研人员具有相应的管理能力、服务水平和项目研发设计能力，拟选派少量素质较高的管理人员、服务人员和项目研发设计人员到专门的相关服务培训机构和设计机构学习。同时，还应将一定数量的管理人员有组织地送到国内同类型的相关发展区域进行调研以及参观学习，培养出更加高端、更加有水平、更加有质量的生产团队、服务团队以及科研团队。

第九节 投资估算及资金筹措

一 投资估算依据

项目建设投资估算是指投资项目从建设前期的准备工作到项目全部建成

验收为止所发生的全部投资费用估算。按照项目建设方案和建设内容，分别对项目投资内容按有关标准和实际情况逐一估算。投资估算依据如下：

《基本建设项目建设成本管理规定》（财建〔2016〕504号）

《工程建设监理收费标准》（发改价格〔2007〕670号）

《工程勘察设计收费管理规定》（计价格〔2002〕10号）

《关于调整防空地下室易地建设费收费标准的通知》（琼价费管〔2010〕329号）

《海南省园林绿化与仿古建筑工程综合定额》（2013）

《海南省市政工程计价定额》（2011）

《海南省房屋建筑与装饰工程综合定额》（2017）

《关于规范工程造价咨询服务收费的指导意见》（琼价协〔2016〕004号）

《海南省安装工程综合定额》（2017）

《市政工程投资估算编制办法》（建标〔2007〕164号）

《建筑工程建设项目可行性研究报告编制办法》

《海南工程造价信息》（2020年第1期）

二　投资估算

（一）工程费用

项目工程费用，包括土建工程、装修装饰工程、其他配套工程、道路及场地硬化及绿化工程等。项目工程包括欧式基督教堂、基督教文化旅游产业园、丝绸之路（沿线国家文化打造）、万人世纪露天广场、国际历史剧院、秦盛之源文化长廊、超级宫殿式酒店、奇异文化中心、艺术家公寓等各部分施工费用按照近期价格水平进行测算。参考《海南工程造价信息》（2020年第1期）。

（二）工程其他费用

根据国家有关部门对其他工程费用取费率规定计取。项目建设管理费依据财建〔2016〕504号规定计取；工程监理费依据发改价格〔2007〕670号规定计取；勘测费依据计价格〔2002〕10号规定计取；设计费依据计价格〔2002〕10号规定计取；工程保险费按工程费用0.3%计；招标代理费依据琼价费管〔2011〕225号规定计取；工程量清单及招标预算控制价编制费依据琼价协〔2016〕004号规定计取；工程量清单及招标预算控制价审核费依据琼价协〔2016〕004号规定计取；施工阶段全过程工程造价控制服务依据琼价协〔2016〕004号规定计取；工程概算编制依据琼价协〔2016〕004号规定计取；竣工结算审核费依据琼价协〔2016〕004号规定计取；标底审核依据琼价协〔2016〕004号规定计取；场地准备费及临时设施费依据计标（85）352号规定计取；可研报告编制费依据计价格〔1999〕1283号规定计取；可研报告评估费依据计价格〔1999〕1283号规定计取；编制环境影响报告书依据琼价费管〔2011〕214号规定计取；评估环境影响报告书依据琼价费管〔2011〕214号规定计取；铝合金门窗检测费依据琼发改收费〔2004〕1301号规定计取；建筑节能检测费依据琼建科〔2013〕104号规定计取；防雷检测费依据琼发改收费〔2007〕150号规定计取；雷击风险检测费依据琼价审批〔2009〕39号规定计取；消防检测费依据琼计价管〔2002〕424号规定计取；初步设计文件及概算评审费依据琼发改招概审〔2015〕1722号规定计取；室内空气检测费依据琼价费管〔2013〕504号规定计取；白蚁防治费依据海房字〔2006〕（2元/m²计）；地质灾害危险性评估费依据发改办价格〔2006〕745号规定计取。土地费用：120万元/亩计，2500亩。

（三）基本预备费

按工程费与工程建设其他费之和的3%计取。

（四）财务费用

银行借款60亿元，按建设期借款5年，年利率4.9%计算。

项目总投资估算表详见表2-4。

表2-4 项目总投资估算表

单位：亿元

序号	项目	金额	备注
1	工程费用	49.93	
2	工程建设其他费用	32.59	

续表

序号	项　目	金额	备　注
3	预备费	2.48	（工程费用+工程建设其他费用）×3%
4	财务费用	14.70	银行借款60亿元，建设期借款5年，年利率4.9%
	合　计	99.70	

三　资金使用计划与资金筹措

（一）资金使用计划

项目总投资估算为99.70亿元，其中工程费用49.93亿元，工程建设其他费用32.59亿元（含土地费用），预备费2.48亿元，财务费用14.70亿元。

（二）资金筹措

项目总投资估算为99.70亿元。资金来源包括自筹资金和银行借款。资金来源详见表2-5。

表2-5　项目资金来源一览表

序号	项　目	金额(亿元)	占比(%)
1	自筹资金	39.70	39.82
2	银行贷款	60	60.18
	合　计	99.70	100.00

第十节　财务评估

一　财务评估模式

本报告依据国家颁布的《建设项目经济评价方法与参数》及国家现行

的财会税务制度,对项目进行财务评价。财务分析按盈利性项目的模式进行,主要包括分析项目的收入、税金和成本费用,项目利润估算,项目盈利能力评估等。考察项目各项综合效益指标。项目基准折现率为8%,计算期拟定为15年。

二 项目收入、成本费用和税金

(一)项目收入

项目收入的构成主要有:景区经营及门票收入、剧院经营及门票收入、奇异文化中心秀场门票收入、教堂经营收入、街区商铺租赁收入和酒店及公寓租赁收入等。

1. 景区经营及门票收入=365天×3万人/天×128元/人。年涨幅按2%计算。

2. 剧院经营及门票收入=300天×4场/天×0.12万人/场×280元/人。年涨幅按1%计算。

3. 奇异文化中心秀场门票收入=4季×3场/季×0.2万人/场×200元/人。年涨幅按1.5%计算。

4. 教堂经营收入,年涨幅按3%计算。
(1)教堂婚礼婚庆=320天×1场/天×25万元/场
(2)教堂摄像摄影=320天×40场/天×0.15万元/场

表2-6 项目收入

单位:亿元

序号	项 目	计算期小计	年均收入	备 注
1	景区经营及门票	242.38	16.16	365天×3万人/天×128元/人。年涨幅按2%计算
2	剧院经营及门票	64.90	4.33	300天×4场/天×0.12万人/场×280元/人。年涨幅按1%计算
3	奇异文化中心秀场门票	1.00	0.07	4季×3场/季×0.2万人/场×200元/人。年涨幅按1.5%计算

续表

序号	项 目	计算期小计	年均收入	备 注
4	教堂经营	18.45	1.23	年涨幅按3%计算
4.1	教堂婚礼婚庆	14.88	0.99	320天×1场/天×25万元/场
4.2	教堂摄像摄影	3.57	0.24	320天×40场/天×0.15万元/场
5	街区商铺租赁	206.04	13.74	133.33万/m²×80元/月×12月
6	酒店及公寓租赁	19.32	1.29	26万/m²×40元/月×12月
	合 计	552.10	36.81	

5. 街区商铺租赁收入 = 133.33 万/m²×80元/月×12月

6. 酒店及公寓租赁收入 = 26 万/m²×40元/月×12月

（二）成本费用

项目成本费用主要包括：

（1）主营业务成本

景区成本 = 对应收入×45%，剧院成本 = 对应收入×38%，秀场成本 = 对应收入×35%，教堂成本 = 对应收入×35%。

（2）销售费用：按总收入×3%计取。

（3）管理费用：按总收入×2%计取。

（4）员工薪酬及福利

本项目劳动定员732人，包含高级管理人员6人，按人均工资1.8万元/月计算；管理人员16人，按人均工资0.7万元/月计算；技术研发人员10人，按人均工资0.65万元/月计算；普通员工700人，按人均工资0.35万元/月计算，福利费及其他待遇等按工资的一定比例估算。项目员工工资及福利费用（年）详见表8-2。

（5）固定资产折旧费

残值率取5%，按20年直线折旧法折旧计算。

（6）维修费用

按折旧及摊销5%计算。

（7）财务费用

按实际发生的银行借款利息计算。

项目成本费用详见表 2-7。

表 2-7 项目成本一览表

单位：亿元

序号	成本项目	计算期金额	年均	备注
1	主营业务成本	140.19	9.35	
1.1	景区成本	109.07	7.27	对应收入×45%
1.2	剧院成本	24.66	1.64	对应收入×38%
1.3	教堂成本	6.46	0.43	对应收入×35%
2	销售费用	16.56	1.10	总收入×3%
3	管理费用	11.04	0.74	总收入×2%
4	人力成本	12.33	0.82	
5	固定资产折旧费	47.09	3.14	
6	维修费用	2.35	0.16	按折旧费×5%计提
7	财务费用	17.20	1.15	
8	总成本费用	246.77	16.45	各项目累加
(1)	经营成本	199.67	13.31	总成本费用-固定资产折旧费
(2)	固定成本	78.98	5.26	人力成本+固定资产折旧费+维修费+财务费
(3)	变动成本	167.79	11.19	总成本费用-固定成本

（三）应交税费

（1）增值税＝销项增值税-进项增值税

增值税率按 9% 进行计算。

销项增值税＝含税收入／（1+9%）×9%

进项增值税＝含税成本／（1+9%）×9%

（2）房产税

不含增值税房租×12%

（3）城市维护建设税

城市维护建设税=增值税×7%

（4）教育费附加

教育费附加=增值税×3%

（5）地方教育附加费

地方教育附加费=增值税×1%

（6）企业所得税

企业所得税率为25%。

企业所得税=税前收入×25%

项目应计税费详见表2-8。

表2-8 项目应计税费一览表

单位：亿元

序号	项目	计算期数量	年均数量	备注
1	增值税	29.73	1.98	销项-进项
1.1	销项	54.16	3.61	含税收入/(1+9%)×9%
1.2	进项	24.43	1.63	含税成本/(1+9%)×9%
2	房产税	24.81	1.65	不含增值税房租×12%
3	城市维护建设税	2.08	0.14	增值税×7%
4	教育费附加	0.89	0.06	增值税×3%
5	地方教育费附加	0.30	0.02	增值税×1%
6	企业所得税	61.31	4.09	(营业收入-总成本-增值税-房产税-城市维护建设税-教育费附加税)×25%
	合计	119.12	7.94	

三 利润测算

税前利润=收入-经营成本-增值税及附加税

项目缴纳企业所得税，根据《中华人民共和国企业所得税法》，税率为25%。

企业所得税＝税前利润×25%。

税后利润＝利润总额（年）－所得税。

表 2-9 项目利润一览表

单位：亿元

序号	项 目	数量	年均	备 注
1	计算期总收入	552.10	36.81	
2	计算期总经营税费	57.81	3.85	
3	计算期总成本	249.03	16.60	
4	计算期总税前利润	245.25	16.35	总收入-经营税费-总成本
5	计算期总所得税	61.31	4.09	税率:25%
6	计算期总净利润	183.94	12.26	按15年计算

四 项目盈利能力评估指标

项目盈利能力评估指标主要包括内部收益率（FIRR）、财务净现值（FNPV）、静态投资回收期、动态投资回收期、总投资收益率（ROI）、资本金净利润率（ROE），详见表2-10。

表 2-10 盈利能力评估指标分析一览表

序号	项 目	单位	数值	计算方法
1	内部收益率(FIRR)	%	11.82	$\sum_{t=1}^{n}(CI-CO)_t(1+FIRR)^{-t}=0$
2	财务净现值(FNPV)	亿元	40.39	$FNPV=\sum_{t=1}^{n}(CI-CO)_t(1+i_c)^{-t}$
3	静态投资回收期（含建设期）	年	12.1	（累计净现金流量开始出现正值的年份-1）+（上年累计净现金流量的绝对值/当年净现金流量）
4	动态投资回收期（含建设期）	年	13.9	（累计财务净现值出现正值的年份-1）+（上年累计财务净现值的绝对值/当年净现金流量）

续表

序号	项目	单位	数值	计算方法
5	总投资收益率(ROI)	%	12.30	$ROI = \dfrac{NP}{TI} \times 100\%$
6	投资利税率	%	17.57	投资利税率 $= \dfrac{EBIT}{TI} \times 100\%$
7	经营利税率	%	47.60	经营税前利润/总收入
8	经营净利润率	%	33.32	经营净利润/总收入

注：指标解释及计算方法如下文。

内部收益率（FIRR）：财务内部收益率（FIRR）系指能使项目在计算期内净现金流量现值累计等于零时的折现率，即FIRR作为折现率使下式成立：

$$\sum_{t=1}^{n}(CI-CO)_t(1+FIRR)^{-t}=0$$

式中：CI为现金流入量；CO为现金流出量；$(CI-CO)_t$为第t年的净现金流量；n为计算期。

财务净现值（FNPV）：财务净现值系指按设定的折现率（一般采用基准收益率$i_c=8\%$）计算的项目计算期内净现金流量的现值之和，可按下式计算：

$$FNPV=\sum_{t=1}^{n}(CI-CO)_t(1+i_c)^{-t}$$

式中：i_c为设定的折现率（同基准收益率），本项目设定行业基本折现率为8%。

项目投资回收期：项目投资回收期系指以项目的净收益回收项目投资所需要的时间，一般以年为单位。项目投资回收期从项目建设开始年算起。项目投资回收期可采用下式计算：

$$Pt=T-1+\dfrac{\left|\sum_{i=1}^{T-1}(CI-CO)_i\right|}{(CI-CO)_T}$$

式中：T 为各年累计净现金流量首次为正值或零的年数。

总投资收益率（ROI）：总投资收益率表示总投资的盈利水平，系指项目达到设计能力后正常年份的年净利润或运营期内年平均息税前利润（NP）与项目总投资（TI）的比率，总投资收益率按下式计算：

$$ROI = \frac{NP}{TI} \times 100\%$$

式中：NP 为项目正常年份的年息税前利润或运营期内年平均息税前利润；TI 为项目总投资。

投资利税率：年息税前利润与投资总额的比率。投资利税率按下式计算：

$$投资利税率 = \frac{EBIT}{TI} \times 100\%$$

五 财务不确定性分析

（一）盈亏平衡分析

盈亏平衡分析系指通过计算项目达产年的盈亏平衡点（BEP），分析项目成本与收入的平衡关系，判断项目的适应能力和抗风险能力。以营业收入水平比表示的盈亏平衡点（BEP）计算公式为：

$$BEP = \frac{固定成本}{营业收入 - 营业税金及附加 - 可变成本} \times 100\%$$

计算结果表明，只要营业能力达到设计能力的 23.05%，项目就可保本。

（二）敏感性分析

该项目做了全部投资的敏感性分析。考虑项目实施过程中一些不确定因素的变化，分别对销售价格降低 20%、经营成本提高 20% 和建设投资提高 20% 的单因素变化，对财务内部收益率、财务净现值的影响做敏感性分析，计算结果详见表 2-11。

表 2-11　主要因素敏感性分析

敏感因素	财务净现值(亿元)	内部收益率(%)	与基本情况差异(%)
基本情况	40.39	11.82	0.00
建设投资上涨20%	25.85	10.99	−7.00
经营成本上涨20%	19.39	9.69	−18.00
销售价格下降20%	13.38	8.16	−31.00

从表中可以看出，各因素的变化都不同程度地影响财务内部收益率及财务净现值，其中销售价格的降低最为敏感，经营成本次之，建设投资再次之。但经营成本和建设投资提高20%或销售价格降低20%后，财务内部收益率仍均大于行业基准收益率，财务净现值仍均大于零。由此可见，项目具有较强的抗风险能力。

六　财务评估小结

该项目的建设符合国家宏观经济政策和产业政策，符合海南省及项目所在地发展总体规划和相关政策，从财务盈利能力分析看，总投资收益率较理想，财务内部收益率大于行业基准收益率，财务净现值大于零，表明项目具有较强的盈利能力；从清偿能力分析来看，项目具有较强的清偿能力；从财务不确定性分析看，项目具有很强的抗风险能力。因此，从财务层面上分析，可知项目建设具有较好的效益，对整个行业发展的促进作用具有重要的积极意义，所以从财务上看，该项目是可行的。

七　发挥连带作用，拉动相关产业协同发展

海南自贸区〔港〕南海国际文旅城投资总额大，项目建设期需要大量建材，将由当地供给，这将对建材业有较大促进作用。项目实施后，能有效带动旅游产业、艺术文化产业、生态产业、科技产业、服务产业等各产业创新融合发展，为相关行业发展寻求新的增长极。

该项目在建设过程中，将对当地社会经济部门产生连锁效应和最终影

响,包括直接效应、间接效应、诱发效应和继发效应。项目的实施将使得当地经济总量相对于投入会成倍地增长。

第十一节 社会经济效益分析

一 促进海南文旅产业供给侧结构性改革

按照中央深化供给侧结构性改革的要求,综合运用政策手段和市场办法,着力补齐文化旅游业发展短板,有助于不断增强文化旅游产业发展的动力和活力,持续提升高质量文化旅游产品有效供给能力、文化旅游综合服务能力和文化旅游产业核心竞争力,更好地满足广大人民群众日益增长、不断升级和个性化的文化旅游消费需求。该项目建设积极响应国家关于文化旅游业进行供给侧结构性改革的要求,通过丰富文化旅游市场来提升文旅产业的动力和活力,项目建设旨在打造具有国际影响力的特色文旅基地,能够顺应文旅产业发展市场的需求变化,提供特色化文旅服务,能够增加文旅产业化服务的有效供给,真正提供为广大人民群众所喜闻乐见的独特化文旅产业服务,有助于加速南海文旅产业的供给侧结构性改革,构建旅游新业态从而推动南海文化旅游产业经济的快速发展。

二 开创文旅发展新模式,构建艺术文化旅游发展生态圈

该项目建设始终站在文化旅游发展生态化和旅游体验深度化的高度上,全面总揽旅游发展阶段的实践成功经验和发展研究,在已有的传统文化旅游产业发展模式的基础上进一步开拓创新,衔接艺术与旅游、文化与旅游、科技与旅游、生态与旅游、康养与旅游等多元化领域,创造性开发集当今社会的文化、艺术、科技、旅游、康养产业于一体的旅游发展新模式,构建出艺术文化旅游发展生态圈。一方面,开创现代化文旅产业发展新思维,探索符合现阶段文旅产业持续化发展的新模式;另一方面,有助于建设独具一格的南海文化旅游新地标,增强南海乃至我国的文旅产业的

国际影响力，增强我国的文化软实力，有助于实现文化产业经济的进一步飞跃发展。

三 "旅游+文化"模式构建全域旅游新格局

国务院办公厅发布的《关于促进全域旅游发展的指导意见》（以下简称《意见》）指出把促进全域旅游发展作为推动经济社会发展的重要抓手，从区域发展全局出发，统一规划，整合资源，凝聚全域旅游发展新合力。《意见》中特别强调的"大力推进旅游领域大众创业、万众创新，开展旅游创客行动，建设旅游创客示范基地""落实中小旅游企业扶持政策，引导其向专业、精品、特色、创新方向发展，形成以旅游骨干企业为龙头、大中小旅游企业协调发展的格局"的相关表述，更适应在城市和乡村旅游业发展中，文化旅游企业大多微型、专业、精品、特色、创新的特点，符合文化旅游融合的发展趋势，国家全域旅游战略强调文旅结合的重要性越来越突出。

海南自贸区〔港〕南海国际文旅城项目积极响应国家推进旅游与文化相互交融的重要倡议，积极推进"旅游+文化""旅游+艺术"的文旅结合的"旅游+"模式，打造文旅产业创业基地，深度推进海南文化旅游产业供给侧机构性改革和全域旅游健康发展，对于构建全域旅游共建共享新格局具有重要的意义。

四 延伸文化旅游产业链，实现海南文旅产业转型升级

该项目建设以艺术文旅全产业链经营为核心，以深度体验式文化旅游为主体，深化"品牌化、特色化、产业化、高端化"的艺术文化旅游城理念，融合发展拓展消费新空间，通过从艺术创作到艺术产品销售等全过程产业链的发展全面推进文化旅游产业，使得文化旅游产业得到深入的发展。此外，项目建筑深度融合文化创意、艺术文化体验、智能模拟技术、生活、购物、休闲、娱乐、主题商业、时尚平台、办公、酒店、金融服务等元素，将有效实现相关产业的联动式发展，对于延伸文化旅游产业链，真正实现南海文旅

产业转型升级具有重要的推动作用，对于繁荣海南经济具有重要的促进作用。

五 "一带一路"文化旅游深化自贸区[港]对外开放与国际合作

"一带一路"倡议的提出为各产业发展带来了重大的发展机遇，世界文化的交流与合作有助于推动人类文明的进步与发展。该项目建设旨在顺应构建人类命运共同体的发展号召，紧抓"一带一路"建设所带来的政策发展红利与机遇，以打造中国之最的文化旅游胜地为最高目标，以文化为引领，引导旅游的新风尚；以传承与交流为核心，展现出世界文化的深厚底蕴。海南自贸区［港］南海国际文旅城将会成为国内外优秀文化相通相融、共同发展的世界文化交流大平台，将会吸引国内外著名文化艺术家来此交流切磋，共同探寻世界文化的奥秘与魅力。

该项目旨在打造出在中国的南大门直接与世界文化艺术对话的千年文化艺术之城，将会广纳世界文化之精华，成为文化融合的"黏合剂"，对于实现世界文化艺术的大融合大发展具有重要的积极意义。

六 挖掘宗教文化产业，创造新的利益增长点

文化产业发展迅速，尤其在重视国家文化软实力的今天，发展文化产业是增强一国实力的重要方面。而宗教文化产业作为文化产业发展的一个分支，其本身作为人民的精神信仰，贯穿于人民生活的各个层面，对人民生活具有深远意义，从这一层面来说，宗教文化产业发展显得尤为重要。近年来，宗教旅游热空前高涨，宗教旅游成为旅游行业的重要组成部分。而宗教旅游又和宗教信仰以及文化体验活动密切相关。宗教信众的活动产生了巨大的旅游流，庙宇的建筑风格以及宁静祥和之气氛等也强烈吸引着许多非信众的普通游客，宗教旅游已经成为一种发展经济的重要手段。

海南自贸区［港］南海国际文旅城项目将会打造具有欧式建筑风格的南海国际基督教堂，该教堂将按可容纳3000人左右的规模设计，该教堂的建成将会吸引国内外各地区的基督教信徒。随着海南自贸区建设的不断发

展,所引入的外国游客也日益增加,这也为该项目带来可观的客流,既可以增强文化影响力,也能够增加基督教产业链的经济收益,推动相关基督教产业的联动式发展,能够有效创造新的利益增长点。

七 创造大量就业机会,助力"百万人才进海南"行动

海南自贸区〔港〕南海国际文旅城项目旨在建成以文化旅游产业为核心,集旅游、文化、创意、美食、旅居、出行、购物、商务、投资、娱乐于一体的国际文旅城。通过项目的实施,能集合多家国内外文化旅游企业入驻产业基地,实现文化旅游产业对社会经济全方位无边界渗透,使文化旅游产业特别是演艺、文化创意、宗教产业的发展融入社会经济的各个领域,促进新动能、新消费的培育,以产业发展带动创业就业的发展,项目的建成将会吸引国内外著名企业的入驻,形成大量优质的就业创业平台,预计将新增就业数千人,间接带动的将会更多,有助于创造大量的创业就业机会,一定程度上缓解当前的社会就业压力。

此外,海南自贸区〔港〕南海国际文旅城项目深度融合文化创意、艺术文化体验、智能模拟技术、生活、购物、休闲、娱乐、主题商业、时尚平台、办公、酒店等多个重点领域。建设设施完备,功能齐全。海南自贸区〔港〕南海国际文旅城项目不仅能帮助解决海南文化旅游产业高端人才的就业问题,更能积极鼓励创新创业,通过综合招商、项目带动、团队引进等方式充分发挥企业单位吸引、留住和用好人才的主体作用,为"百万人才进海南"计划提供良好的创业就业平台。

八 税收效益明显

海南自贸区〔港〕南海国际文旅城财务内部收益率大于行业基准收益率,项目盈利能力较强,经济效益好,计算期共计创造税费约119.12亿元,包含增值税29.73亿元、房产税24.81亿元、城市维护建设税2.08亿元、教育费附加0.89亿元、地方教育费附加0.3亿元、企业所得税61.31亿元。随着产业链带动效应的逐步显现,项目间接创造的税收将更多。

九　社会经济效益分析小结

通过以上分析可以看出，海南自贸区［港］南海国际文旅城顺应国家政策、海南自由贸易区［港］战略规划的要求，对促进海南文旅产业供给侧结构性改革，开创文旅产业新业态，增加新的利益增长点，推进产业升级具有重要的意义。此外，项目建设通过系列国际文旅项目，推动国际文旅交流互动，进而推动海南文旅产业的对外开放，助力人类命运共同体的构建，对于促进海南自由贸易区［港］的建设具有积极作用。项目能推动当地其他相关的产业共同发展，创造大量的创新创业机会，提高人民生活水平，提升人民幸福感以及满足感。同时，对于增加当地政府的税收，促进政府产业布局的优化升级都有重要意义。综上分析，该项目社会、经济效益十分明显，其建设将会形成社会效益与经济效益双赢的结果，是非常有价值的。

第十二节　研究结论

海南自贸区［港］南海国际文旅城项目准确把握海南自贸区［港］鼓励发展旅游业和打造国际旅游消费中心带来的产业转型升级机遇，深入贯彻落实国务院发布的《中国（海南）自由贸易试验区总体方案》和《文化部国家旅游局关于促进文化与旅游结合发展的指导意见》文件精神，建设始终坚持以高端定位、前瞻性规划为出发点，以构建世界文化旅游目的地为视角，以打造出中国之最的文化旅游胜地为最高目标，建成以文化旅游产业为核心，集旅游、文化、创意、美食、旅居、出行、购物、商务、投资、娱乐于一体的国际文旅城。

该项目以艺术文旅全产业链经营为核心，融文化、旅游、娱乐、科技、康养产业于一体，建设由南海国际大教堂、丝绸之路、万人世纪露天广场、秦盛之源、奇异经典酒店、奇异文化方舟六大特色组团构成的南海国际旅游城。以文化为引领，形成旅游新风尚；以产业为载体，实现多主体经济效益最大化；以传承为核心，展现出世界文化的深厚底蕴；以创新为动力，加快促进海南自贸区〔港〕的经济高质量可持续发展，打造中国海南自贸区〔港〕世界级文化窗口及直接对话世界文化艺术的千年文化之城，使之成为海南自贸区〔港〕文化旅游胜地、国家文化产业示范园区及具有世界文化融合属性的文化交流大平台。

  项目建设的社会、经济效益十分显著，对于加速南海文旅产业供给侧结构性改革，进行旅游新业态建设、构建艺术文化旅游发展生态圈、大力倡导"旅游+"模式，构建全域旅游共建共享新格局、实现海南文旅产业转型升级、实现世界文化艺术大融合大发展具有重要的积极意义。此外，该项目建设过程中通过打造丝绸之路艺术街区契合当下"一带一路"倡议的发展趋势，对于推动海南对外开放新格局的构建具有重要的积极意义。与此同时，该项目建设过程中发展基督文化产业，对于丰富宗教文化旅游产业形式、提升文化产业的经济发展效率、创造当地新的利益增长点具有不可忽视的作用。项目建设过程中将有效发挥产业辐射效应，带动相关产业的协同发展，有利于创造大量的创业就业机会，有效缓解就业压力，同时有助于培养艺术文化旅游等各领域的专业性人才，助力实现"百万人才进海南"的政策目标。

  项目建设的资源供给可靠，运营理念科学合理，财务评价指标理想、社会拉动效益强、投资回报率高。项目占地面积2500亩，总建筑面积211.17万平方米，总投资99.70亿元。项目计算期总经营收入552.10亿元（年均收入36.81亿元），净利润总计183.94亿元（年均利润12.26亿元），为政府创造税收共计119.12亿元（年均税收7.94亿），间接拉动的经济效益及税收效益更将数倍增长。

  经测算，按基准收益目标，项目计算期内财务净现值为40.39亿元，财务内部收益率为11.82%，超过了基准收益目标，项目在财务上是可行的，项目盈利能力较好。同时，项目直接带动就业人数732人，项目投产建成后间接带动的就业创业人数将会更多，能显著吸收相关文化艺术、旅游、生态、科技型人才，带动当地居民就业。

通过分析，海南自贸区［港］南海国际文旅城投资风险较小，效益好，可以产生多方共赢的局面。项目满足海南重点项目投资条件的要求，属于海南鼓励发展的三大重点产业之一，项目建设是必要的，立项开发是可行的，建议尽早立项建设。

第三章
海南进口牛肉加工项目研究

第一节 项目概述

一 项目概况

项目名称：进口牛肉加工项目

建设地点：狮子岭工业园

项目单位：海口北部湾科技有限公司

项目性质：牛肉精深加工建设项目

项目建设工期：共12个月，2021年1月至2021年12月

建设规模：用地面积12亩，建筑面积20160平方米

投资总额：估算为4956万元。

二 研究工作依据和范围

（一）研究工作依据

（1）政策文件依据

《海南自由贸易港建设总体方案》（2020年6月1日）

《国务院关于印发中国（海南）自由贸易试验区总体方案的通知》（国

发〔2018〕34号）

《国务院关于同意设立中国（海南）自由贸易试验区的批复》（国函〔2018〕119号）

《中共中央 国务院关于支持海南全面深化改革开放的指导意见》（中发〔2018〕12号）

《海南省人民政府关于支持产业项目发展规划和用地保障的意见（试行）》（琼府〔2019〕13号）

《中共海南省委海南省人民政府关于大力促进民营经济发展的实施意见》（琼发〔2018〕9号）

《海南省人民政府关于加快培育和发展战略性新兴产业的实施意见》（琼府〔2011〕35号）

《海南省人民政府关于印发海南省2010年进一步鼓励和支持中小企业发展政策措施的通知》（琼府〔2010〕5号）

（2）项目建设相关现行国家、行业标准

（3）项目公司提供的有关材料及相关数据

（二）研究工作范围

本报告按照科学性、经济性、可操作性和实事求是的原则，并遵循国家和地方的现行有关法规、政策、标准和规范，以委托方提供的相关资料为依据，从区域社会、经济发展原则、态势、定位等，对"进口牛肉加工项目"建设的背景、必要性、市场前景、项目区位分析、建设方案、环境评价、节能分析、实施进度、工程招标、投资估算、财务评估、社会经济效益评价等多方面进行研究，提出关于项目投资建设是否可行的评价。

三 主要经济技术指标

项目主要经济技术指标包括总用地面积、总库容、总建筑面积、容积率、绿地率等；工程费用、工程建设其他费用、预备费等；收入、成本、利润；经营利润率、经营利税率、投资收益率、投资利税率、财务净现值、内部收益率、盈亏平衡点、提供就业人数等。详见表3-1。

表 3-1 主要经济技术指标一览表

序号	项目	单位	数量	备注
一	建设相关			
1	用地面积	亩	12	
2	总建筑面积	平方米	20160	
(1)	牛肉加工车间	平方米	13400	
(2)	冷库	平方米	975	
(3)	恒温仓库	平方米	2080	
(4)	检验检测中心	平方米	780	
(5)	办公及生活配套房	平方米	2925	
3	建筑密度	%	61.56	
4	容积率	—	2.5	
5	绿地率	%	9	
6	货车停车位	个	20	
7	绿化面积	平方米	720	
8	道路及场地硬化面积	平方米	2355	
二	投资相关			
1	工程费用	万元	4049.95	81.72%
2	工程建设其他费用	万元	856.98	17.29%
3	预备费	万元	49.07	0.99%
	合计	万元	4956	100.00%
三	财务相关			
1	达产年收入	万元	7350.00	
2	达产年成本	万元	5352.72	
3	达产年税费	万元	720.03	
(1)	增值税	万元	262.75	
(2)	城市建设维护税	万元	18.39	
(3)	教育税附加	万元	7.88	
(4)	地方教育税附加	万元	5.26	
(5)	企业所得税	万元	425.75	
4	达产年利润	万元	1277.25	
5	静态投资回收期(含建设期1年)	年	4.4	
6	经营利润率	%	17.21	

续表

序号	项目	单位	数量	备注
7	经营利税率	%	22.95	
8	投资收益率	%	22.33	
9	投资利税率	%	29.78	
10	财务净现值	万元	2675.04	
11	内部收益率	%	24.35	
12	盈亏平衡点	%	27.21	
四	提供就业人数			
1	项目就业人数	人	50	
五	亩产效益			
1	投资强度	万元/亩	413.00	
2	亩产值	万元/亩	612.50	
3	亩税收	万元/亩	60.00	

四 初步结论

进口牛肉加工项目符合国家宏观经济政策和鼓励产业发展的政策，依托良好的政策、交通、区位等条件，建设集牛肉加工生产、仓储、物流运输于一体的现代肉类加工厂项目。

该项目投资风险较小，效益好，可以产生多方共赢的局面。项目收入来源稳定，经营收益率较高，具有稳定的净现金流。同时，项目可创造大量就业机会和可观的税收。因此，项目建设是必要的，立项开发是可行的，建议政府批准立项，并提供积极支持。

第二节 项目背景、必要性及可行性

一 项目建设背景

随着经济的快速增长，人口总量增加、城乡居民收入水平的不断提高，食品文化和饮食结构逐渐改善，消费者自我保健意识加强，人们开始意识到家庭饮食健康的关键所在，仅靠猪肉产品不再能满足广大消费者的需要，市场对高蛋白、低脂肪、低胆固醇的牛肉产品消费需求日趋旺盛。牛肉产品的营养组成更接近人体需要，容易消化吸收，能提高机体抗病能力，已经成为我国主要肉类食品之一。

据数据统计，2019年我国牛肉消费量约为833万吨，人均年牛肉消费量达5.95kg，牛肉消费稳步增长。但与此同时，国内产能低下，牛肉供给不足，国内牛肉产业链上下游呈两极分化的局面。牛肉行业上游主要为养殖行业、饲料行业、屠宰加工行业等，养殖以散户为主，直观表现为生产效率低下，牛肉产量增速放缓。下游主要为食品加工业、商超、终端消费者，对牛肉消费量和消费品质的要求逐渐增加，最终导致生产难以满足市场需求，供需矛盾凸显。

从整体上看，我国肉类进口量呈不断上升趋势。随着我国居民生活水平的提升，未来对优质肉类和牛肉的需求还将进一步提升，而这些需求很大程度要依赖进口来满足。从产业端看来，我国牛肉养殖产业链比较低端，无论从品质还是成本上都没有优势，在进口牛肉质高价廉的情况下，依托外部进口已经成为我国主流。随着百姓肉品消费结构的加速升级，牛肉的消费量还将进一步增加，因此我国应扩大牛肉进口。

与此同时，《海南自由贸易港建设总体方案》表明，到2025年，初步建立以贸易自由便利和投资自由便利为重点的自由贸易港政策制度体系。其中重点任务包括实行部分进口商品零关税政策，对实行"零关税"清单管理的货物及物品免征进口关税、进口环节增值税和消费税，对于岛内用于生产自用或者是开展"两头在外"模式的出口加工所消耗的原辅料，实施"零关税"正面清单管理。以进口牛肉为例，整头牛或者半头牛普通进口关税70%，最惠国进口关税25%，但若整头牛、半头牛进口到洋浦港，再通过初加工分割成大腿肉、牛筋就能增值30%，那么再经过中国内陆市场就省去了70%或者是25%的关税。因此，在未来牛肉缺口进一步扩大的同时，海南自贸港政策的免税红利为进口牛肉加工厂的建设发展提供了巨大动力。

当前，我国各地私屠滥宰生牛比较常见，注水肉、病害肉上市仍屡禁不止。群众吃肉不放心，疫病传播也难以根治。为了从根本上扭转这种局面，必须改变现在低档次的肉店经营模式，取而代之以分割肉类专营模式，建立动物标识及疫病可追溯体系。动物标识及疫病可追溯体系是指对动物个体或群体进行标识，对有关饲养、屠宰加工等场所进行登记，对动物的饲养、运输、屠宰及动物产品的加工、储藏、运输、销售等环节相关信息进行记录，从而实现在发生疫情或出现质量安全事件时，能对动物饲养及动物产品生产、加工、销售等不同环节可能存在的问题进行有效追踪和溯源，及时加以解决。根据我国国情，在总结以往工作经验和借鉴有关国家成功做法的基础上，我国目前确定的动物标识及疫情可追溯体系基本模式是以畜禽标识为基础，利用移动智能识读设备，通过无线网络传输数据、中央数据库存储数据，记录动物从出生到屠宰的饲养、防疫、检疫等管理和监督工作信息，实现从牲畜出生到屠宰全过程的数据网上记录，达到对动物及动物产品的快速、准确溯源和控制，发展绿色肉制品。

基于以上背景分析，实现进口牛肉加工项目的建设对弥补国内牛肉供应严重不足造成的巨大市场缺口、顺应自贸港贸易自由便利、以绿色肉制品护航消费者饮食健康具有重要的积极作用，进口牛肉加工项目建设势在必行。

二 项目建设的必要性

一是保障国内供给，满足国内牛肉消费需求的需要。随着居民收入增加，对饮食健康提出较高要求，牛肉具有高蛋白低脂肪的特点，使得牛肉的需求日益旺盛，国产牛肉供不应求，市场缺口较大；此外，国内普通牛肉价格相比世界主要产牛国家较高，类似牛肉甚至可能是国外两倍价格，即使扣除运费、关税等一系列进口相关费用后，进口牛肉价格仍具有较大优势。因此，进口牛肉加工项目的建设将能以低成本的牛肉引进满足国内广大消费群体的牛肉食用需求，有效保障国内供给，是充分满足国内牛肉消费需求的必要选择。

二是改善食物结构，满足人民生活需求和提高民族体质的需要。目前世界食物消费潮流是追求安全、营养、无公害、绿色化。随着我国全面建成小康社会，人民生活水平不断提高，对食物产品安全营养无污染的呼声越来越高，特别是被称为肉类之王的牛肉，以其高蛋白、低脂肪、氨基酸含量全、维生素含量丰富而风靡于全世界，也深受我国人民的青睐。世界卫生组织把人均奶品和牛肉消费数量列为一个国家和民族生活水平高低、体质优劣的重要指标之一，快速发展肉牛加工产业，生产多元化高品质的健康牛肉产品，就是改善人们食物结构，满足人民生活需要和提高中华民族体质的需要。

三是加快地方经济发展的需要。肉制品深加工产业的建设能充分发挥项目区域政策资源优势，海南自贸港的建设将营造出发展平台广阔的政策洼地，该项目建设能够充分运用免税政策红利以及海南丰富的自然资源优势，打造出海南首个最具规模化的进口牛肉加工生产基地，不断延伸牛肉加工产业链，必将使其成为海南自贸港发展的一项特色产业，从而推动地方经济的快速发展。

四是充分利用农村剩余劳动力，提高当地村民收入水平的需要。进口牛肉加工产业发展能在一定程度上吸纳剩余劳动力进入农产品深加工产业，学技术、学营销，并能进一步促进更多的人进入农产品深加工产业。这对于安置农村剩余劳动力，提高整体就业水平，提高农民收入，促进社会稳定都起到了极大的推动作用。

五是增加当地税收的需要。政府需要增加财政收入来促进社会发展，而税收是财政收入中最为重要的组成部分之一。因此，通过开展项目，增加税收收入尤为必要。进口牛肉加工项目的收入稳定，能创造大量的税收收入，项目达产期每年为政府创造税收贡献约720万元。同时，该项目建成后将会辐射相关产业联动式发展，间接带来的税收效益将更为可观。

三　项目建设的可行性

（一）符合海南自贸港建设发展规划

《海南自由贸易港建设总体方案》中关于货物贸易零关税的内容表明，全岛封关以后，除极少数产品外，其他都没有进口关税了。但是在全岛封关之前，也设定了四类物品，通过清单管理免关税。一是生产资料，二是原辅料，三是交通工具，四是岛内居民的消费品。其中对于岛内用于生产自用或者是开展"两头在外"模式的出口加工所消耗的原辅料，实施"零关税"正面清单管理。

通过以上的分析可知，项目公司将要打造的海南进口牛肉加工项目完全符合国家及政府关于海南自贸港总体方案建设的战略规划的政策要求，是政府鼓励发展的项目，从政策角度看具备建设可行性。

（二）市场发展潜力大

1. 市场供应持续偏紧，我国牛肉进口量逐年扩大

牛肉生产的增速低于消费的增速，供应持续偏紧，是目前的市场现状。受供需关系影响，近几年来国内牛肉进口量增长明显。2019年中国牛肉进口量为165.90万吨，同比增长59.61%。2019年中国牛肉进口金额为568.61亿元，同比增长79.06%。澳大利亚、美国等主要产牛国因为地广人稀，草原牧场资源丰富，且机械化程度高，养牛业发达，形成了规模效应，所以产能较高。为了解决国内产能较低、牛肉价格相对较高的问题，首批零关税活牛除了供应海南市场外，还将运往广东、广西等地销售，以保障市场供应，一定程度平抑牛肉高位价格。零关税进口牛肉的出现，给消费者带来了更多选择，同时也将有效促使本地肉牛养殖和加工销售产业提质升级。

2. 牛肉产品结构亟待调整，加工产业发展前景好

牛肉是我国仅次于猪肉的第二大肉类，但我国牛肉产品结构却不合理，尤其是精深加工产品较少，因此结构调整是我国牛肉加工业亟须解决的问题之一。随着科技社会的发展和进步，应充分利用我国的资源优势，开发更多新型牛肉制品，将在实验室研发的牛肉制品尽快实现产业化生产，以解决我国牛肉制品品种少、营养单一的问题。牛肉制品应向营养均衡、高质量的方向发展。只有将更多新技术应用于牛肉制品加工，研制开发出风味独特、营养价值高、质量好的新型牛肉制品，才能满足消费需求。随着全国肉牛养殖数量的逐年增多，牛肉资源的日益丰富，以及人们对牛肉制品的要求越来越高，营养均衡、风味独特的新型牛肉制品研发势在必行。

中国虽然是牛肉进出口大国以及消费大国,却不是牛肉加工强国。我国牛肉的附加值非常低,且多为中低端产品,发达国家牛肉加工附加值高达30%~40%,而我国仅为3%~4%。在牛肉分级方面,市场上对于牛肉加工制品还没有一个完整且系统性的分类。至于原料肉的选择也多是由经验而定,并无理论依据,也没有一个较好的选择标准,所以造成了原料的浪费,以及由不当的原料肉选择导致的牛肉制品品质参差不齐。在牛肉制品加工方面,由于某些牛肉制品存在地域或文化等方面的局限性,传统工艺已经暴露出了许多和现代营养健康理念冲突的问题,其中极大一部分加工工艺存在弊端,严重影响了牛肉制品的发展,亟待通过科学手段进行工艺改善,延续传统牛肉制品的传承和发展。

3. 市场小结

在牛肉进口趋势及国内牛肉加工市场需求的有力驱动下,未来,我国牛肉加工产业的发展前景将十分可观,海南省进口牛肉加工项目将依托海南自贸区建设的有利政策,发挥自贸区港口地理位置优势,结合海南省菜篮子工程,致力于填补国内牛肉产量不足的缺口,通过进口活牛到隔离检疫、屠宰加工、精细分割,控温运输,以热鲜产品为主供应市场,为百姓提供平价、高品质肉牛,打破业内以生产国内牛肉为主、以冻品为主的格局,助力百姓健康生活。因此,该项目发展具有市场可行性。

(三)项目基础条件好

进口牛肉加工项目所在地位于海南狮子岭工业园附近,该园区位于海南西部工业走廊,临近海口绕城公路和海屯高速公路。项目所在空间的可塑性强,现有设施条件完好,用地充足,道路、给排水、供电、信息配套等公用工程条件完善。此项目的建设单位有健全的财务会计核算制度,社会信誉及财务状况良好,运营规范。相关产业的基地选址考察经验丰富,产品开发技术高,管理制度健全,建设单位有较强的经营能力、市场竞争力和较高的服务水平,可以达到项目建设的各项要求。

（四）交通条件优越

项目区位优势明显，交通方便，公路运输四通八达，物流顺畅，有利于项目的运营和发展。

第三节　建设地址区位分析

（一）选址原则

（1）项目场地防洪、排涝、竖向布置和场内运输符合现行国家标准的有关规定。

《室外给水设计规范》（GB 50013—2014）

《洁净厂房设计规范》（GB50073—2013）

《厂矿道路设计规范》（GBJ 22—2010）

厂址选择符合工业布局和城市规划的要求。

（2）项目场地平面布置应结合地形、地物、工程条件、工艺要求及竖向布置，做到有利生产、方便生活，节约用地，符合环保要求。

（3）根据生产工艺和建（构）筑物使用功能，项目采取分区布置，厂址满足本企业近期所必需的场地面积和适宜的地形坡度，同时，也要适当留有发展的余地。

（4）具有满足生产、生活及发展规划所必需的水源和电源。

（5）地面地形平缓、开阔，有利于场地布置，交通方便。

（6）项目所在地区无风景区、名胜古迹、自然保护区、水土保持禁垦区、生活饮用水源的卫生防护地带、有放射污染或有害气体污染严重及传染病、地方病流行或常发区等特殊区域。

（二）拟选地址

进口牛肉加工项目拟选地址位于狮子岭工业园，用地面积12亩。

该地段建设环境优良，项目区地势大致平坦、环境适宜、交通便利、位置优越，无不良地质状况，无高压线路，无需要保护的文物和古建筑，周边道路等配套设施已建设到位，适合本项目的建设。

项目对周围相关环境无不良影响,项目建设不影响城市防洪和排涝,建设用地不压覆矿床和文物,项目建设用地条件和位置均佳。

第四节 项目实施进度

一 项目建设分期

项目建设工期共12个月。

2021年1月至2021年12月。

2021年前,完成项目前期工作。包括项目可行性研究、项目立项审批、详规、环评、招标、勘探设计、施工手续报批等。

建设期2021年1月初至2021年12月底,主要建设内容详见下表。

表3-2 项目建设进度一览表

序号	项目	2021年前	2021年											
			1	2	3	4	5	6	7	8	9	10	11	12
1	前期工作													
2	平整土地													
3	道路工程													
4	牛肉加工车间													
5	冷库													
6	恒温仓库													
7	检验检测中心													
8	办公及生活配套房													
9	绿化工程													
10	停车位工程													

二 进度保障

(一)组织保障

为确保项目的顺利实施,成立建设管理小组,统筹组织、指导协调项目实施工作。

在实施过程中，建立强有力的项目管理班子，严格管理，科学施工，在人力、物力、财力、技术上充分保证各职能部门积极配合，全力服务于工程及各项资源投入，实行动态管理，确保工程按计划进行。施工应做到各工种及作业小组统一指挥，协调一致，建立严格的工期目标责任制度，责任到人。

（二）施工准备及技术保证措施

项目具体实施单位需加强与政府职能部门及监理单位的联系与协调，及时安排工程事宜。

合同签订后，及时组建施工队伍，进行临时设施的建设，同时周转材料、施工机械及部分施工材料等也在计划开工日前全部组织完备，以确保工程按期开工。

安全、质量是保证工期的前提，施工生产过程中，要严抓安全质量管理工作，全面落实安全质量管理制度。

各种机械设备、机具仪表要经常进行检测，保证其良好状态。

对生产要素认真进行优化组合，实行动态管理。灵活机动地对人员、设备、物资进行调度安排。

严格施工计划管理，制定总体、旬、日作业计划，并逐日检查落实，对滞后的施工进度，分析原因，抓紧改进落实，限期赶上。

保障物资供应，组织好各种原材料的采购、运输和储备工作，满足施工需要。

组织开展劳动竞赛，充分调动职工的积极性，做到工人保工班每日进度，班组保队旬安排，队保经理部月计划。

安排好季节性及节假日施工，避免和减少季节气候及节假日对施工进度的影响。

（三）建立严格的工程质量监理制度和验收制度

项目工程质量实行严格的层级管理制度，行政领导负责人，项目法定代表人，勘察设计、施工、监理等单位的法人代表，要按照各自的职责对其经手的工程质量负终身责任，如发生重大工程质量事故都要追究相应的行政和法律责任。

（四）实行建设投资申报审计制度，加强对建设投资的管理

建设资金实行专户管理，严禁挤占挪用，工程项目建设单位及监理单位联合签署意见后，按工程进度和质检报告逐月付款，对出现质量事故、存在质量隐患以及缺乏质量安全保障的项目，将追究责任。

（五）项目档案管理

该项目按照《档案法》的有关规定，建立健全项目档案。

第五节　劳动定员及开发

一　管理机构

（一）项目建设管理

项目建设实行总经理负责制，下设职能部门，各司其职，各负其责。财务管理实行"三专"管理，确保专款专用，提高资金使用效果。

（二）机构设置及职能

项目建成后，按现代企业制度进行运作与经营，实行自主经营，独立核算，自负盈亏。项目实行董事会领导下的总经理负责制。公司设立董事会，为公司的最高权力机构。

根据"高效、精简"的配置原则，公司设总经理办公室，负责部门的总体管理工作。具体公司管理部门结构如图3-1。

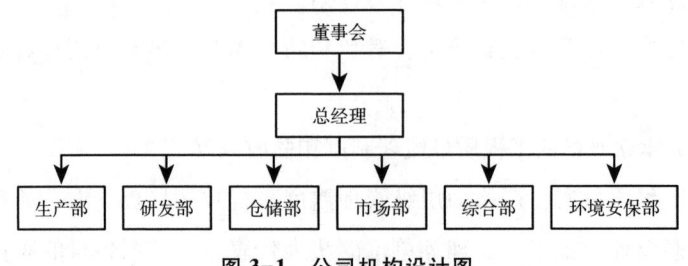

图 3-1　公司机构设计图

二 人力资源管理

项目建成后将坚持以岗定员,科学管理,尊重知识,尊重劳动法规,认真做好岗前培训,并在实际工作中运用绩效管理法实现奖惩严明,提高人员的素质,培养一批有能力、有素质、有文化的生产技术及管理服务人员,带动整个项目建设朝着国际化、标准化的定位方向发展。

所有需要凭证上岗的人员,均按有关规定,参加有关主管部门组织的业务培训,持证上岗,并定期进行资质和证书审核。

表 3-3 人员配置一览表

单位:人

序号	部门	高管	管理人员	技术人员	普通员工	小计
1	生产部	1	1	4	24	30
2	研发部		1	2		3
3	仓储部		1		4	5
4	市场部		1		2	3
5	环境安保部		1		4	5
6	综合部		1		3	4
	合计	1	6	6	37	50

全体员工实行绩效管理监督管理制度,分不同的工种实行年度、季度、月度的绩效考核,将全员的工作纳入合理的绩效管理中。同时,完善员工各项管理制度,修订《员工手册》、员工管理规范,确保各项管理都有制度可依。

三 劳动定员

项目员工全部实行合同制,员工的招聘与解雇按照双方依据国家《劳动法》所签订的劳动合同执行。员工的工资、劳动保险、生活福利和奖励等事项,依据国家《劳动法》有关规定和项目制定的劳动管理实施办法执行。

四 培训管理

职工培训是企业组织生产的一个主要环节,职工技术水平的高低直接影响到产品质量和生产成本。因此,本项目在投产前要求对全体职工进行全面培训和重点培训相结合的职工技能和生产纪律教育,生产线投产后企业每年提取一定的费用对技术工种进行轮训。

1. 全面培训

在生产线投产前必须对全体员工和投产后的新聘员工进行全面的、不分工种的培训和职业教育。要求员工不仅了解和掌握企业各项规章制度、职业道德等知识,而且了解本项目的生产过程、产品特性和经营策略,使员工对企业和产品有较全面的认识。

2. 重点培训

(1) 技术工人的培训

要求所有技术工人了解生产线上的各个主要环节的设备性能和工艺特征;重点掌握各自工种岗位的技术要求,熟练操作相关的设备、设施,同时能够排除所辖设备的小故障。

(2) 化验人员的培训

化验人员包括生产化验人员和原料管理员。主要对他们进行原料的取样方法、原料品种的认证、原料规格的检验方法、生产工艺中的技术指标检测、产成品的品质化验等专业技术职能知识的培训,时间一至二周。确保在原料的收购过程和生产过程中起到成本控制、质量监督的作用。

(3) 质检人员的培训

要求全面掌握国家有关的质量检验规定和方法,重点培训本项目中各主要加工环节和关键质量控制点的检验方法和控制标准,确保产品质量。

(4) 销售人员的培训

主要以礼仪、销售策划、销售方法、资金回收、经济合同、售后服务与信息归纳反馈等方面的专业知识为内容进行培训,同时对生产线的全过程进行培训,使他们了解生产过程、产品性质、产品质量等与销售有关的知识。

第六节 财务评估

一 财务评估模式

本报告依据国家颁布的《建设项目经济评价方法与参数》及国家现行的财会税务制度,对项目进行财务评价。财务分析按盈利性项目的模式进行,主要包括分析项目的收入、税金和成本费用,项目利润估算,项目盈利能力评估等,考察项目各项综合效益指标。项目基准收益率为8%,计算期拟定为10年。

二 项目收入、成本和税费测算

（一）项目收入

项目收入主要为：牛肉干和酱牛肉系列（包括：酱牛肉、牛肉脯、牛肉粒、炖牛肉、嫩牛五方和腹肉肥牛片）。

各项收入详见下表。

表 3-4 项目收入一览表

序号	项 目	数量(吨)	单价（万元/吨）	达产年产值（万元）	计算期产值（万元）
1	牛肉干	200.00	17.25	3450	30187.50
2	酱牛肉系列	500.00		3900	34125.00
(1)	酱牛肉	150.00	12.0	1800	15750.00
(2)	牛肉脯	100.00	8.0	800	7000.00
(3)	牛肉粒	80.00	6.0	480	4200.00
(4)	炖牛肉	80.00	8.0	640	5600.00
(5)	嫩牛五方	50.00	2.0	100	875.00
(6)	腹肉肥牛片	40.00	2.0	80	700.00
	合 计	700.00		7350	64312.50

（二）项目成本

（1）牛肉干原辅材料

表 3-5　牛肉干原辅材料消耗量表

序号	名　称	年用量（吨）	单价（万元）	合价（万元）
1	牛精肉	380.12	4.954	1883.11
2	盐	10.74	5	53.72
3	酱油	8.04	3.5	28.15
4	白糖	8.04	0.5	4.02
5	其他调味品	11.82	0.8	9.46
6	合计	418.77		1978.46

（2）酱卤肉原辅材料

表 3-6　酱卤肉原辅材料消耗量表

序号	名　称	年用量（吨）	单价（万元）	合价（万元）
1	注射液	877.04	0.01	8.77
2	煮制液	434.78	0.01	4.35
3	牛肉	456.52	4.6	2100.00
4	精盐	8.70	5	43.48
5	酱油	86.96	3.5	304.35
6	其他调味品	0.87	2	1.74
7	合计	1864.87		2462.68

（3）水费：按 7570.73 立方米/年计取。

（4）电费：按 140.20 万 kW·h/年计取。

（5）营销费用：按总收入×1.5%计取。

（6）管理费用：按总收入×1%计取。

（7）员工薪酬及福利：项目职工共50人，包含高级管理人员1人，按人均工资1.5万元/月计算，管理人员6名，按人均工资0.6万元/月计算；技术人员6人，按人均工资0.5万元/月计算；普通员工37人，按人均工资0.4万元/月计算。详见下表。

表 3-7　项目员工工资及福利费一览表

序号	岗位	人数	月工资及福利（元）	月份（月）	合计（万元）
1	高级管理人员	1	15000	12	18
2	管理人员	6	6000	12	43.2
3	技术人员	6	5000	12	36
4	普通工人	37	4000	12	177.6
	总计	50			274.8

（8）折旧费用：对房屋固定资产计提折旧，残值率5%，按20年直线折旧。对机器设备固定资产计提折旧，残值率3%，按10年直线折旧。

（9）修理费用：按折旧费用18%计算。

项目成本详见下表。

表 3-8　项目成本一览表

单位：万元

序号	项目	达产期年成本	计算期成本	备注
1	牛肉干原辅材料	1978.46	17311.50	
2	酱卤肉原辅材料	2462.68	21548.48	
3	水费	2.65	23.19	
4	电费	112.16	981.40	
5	营销费用	110.25	964.69	
6	管理费用	73.50	643.13	
7	人力成本	274.80	2473.20	
8	折旧费用	286.63	2579.67	
9	修理费用	51.59	464.34	
10	总成本费用	5352.72	46989.59	
(1)	固定成本	613.02	5517.21	人力成本+折旧费用+修理费用
(2)	变动成本	4739.70	41472.38	总成本-固定成本
(3)	经营成本	5066.09	44409.92	总成本-折旧成本

（三）项目税费

（1）增值税＝销项增值税－进项增值税

销项增值税：收入／（1+13%）×13%

进项增值税：计税成本／（1+13%）×13%

（2）城市建设维护税＝增值税×7%

（3）教育税附加＝增值税×3%

（4）地方教育税附加＝增值税×2%

（5）企业所得税＝税前利润×企业所得税率25%。

表3-9 项目税费一览表

单位：万元

序号	项目	年税费	计算期税费	备注
1	增值税	262.75	2289.68	
1.1	增值税销项	845.58	7398.78	收入／（1+13%）×13%
1.2	增值税进项	582.82	5109.11	计税成本／（1+13%）×13%
2	城市建设维护税	18.39	160.28	增值税×7%
3	教育税附加	7.88	68.69	增值税×3%
4	地方教育税附加	5.26	45.79	增值税×2%
5	企业所得税	425.75	3689.62	
	合计	720.03	6254.06	

（四）利润测算

税前利润＝收入－经营成本－经营税金

项目缴纳企业所得税，税率按照25%计算。企业所得税＝税前利润×25%。

税后利润＝税前利润－所得税。

（五）项目盈利能力评估指标

项目盈利能力评估指标主要包括内部收益率（FIRR）、财务净现值（FNPV）、静态投资回收期、动态投资回收期、总投资收益率（ROI）、资本金净利润率（ROE），详见表3-11。

表 3-10　项目利润一览表

序号	项　目	年（万元）	计算期（万元）	备　注
1	收入	7350.00	64312.50	
2	总成本	5352.72	46989.59	
3	营业税金	294.28	2564.44	
4	税前利润	1703.00	14758.47	收入-经营成本-经营税金
5	企业所得税	425.75	3689.62	税前利润×25%
6	净利润	1277.25	11068.85	税前利润-企业所得税

表 3-11　盈利能力评估指标分析表

序号	项　目	单位	数值	计算方法
1	内部收益率（FIRR）	%	24.35	$\sum_{t=1}^{n}(CI-CO)_t(1+FIRR)^{-t}=0$
2	财务净现值（FNPV）	万元	2675.04	$FNPV=\sum_{t=1}^{n}(CI-CO)_t(1+i_c)^{-t}$
3	静态投资回收期（含建设期）	年	4.4	（累计净现金流量开始出现正值的年份-1）+（上年累计净现金流量的绝对值/当年净现金流量）
4	总投资收益率（ROI）	%	22.33	$ROI=\dfrac{NP}{TI}\times100\%$
5	投资利税率	%	29.78	投资利税率 $=\dfrac{EBIT}{TI}\times100\%$
6	经营利税率	%	22.95	经营税前利润/总收入

注：指标解释及计算方法如下文。

内部收益率（FIRR）：

财务内部收益率（FIRR）系指能使项目在计算期内净现金流量现值累计等于零时的折现率，即 FIRR 作为折现率使下式成立：

$$\sum_{t=1}^{n}(CI-CO)_t(1+FIRR)^{-t}=0$$

式中：CI 为现金流入量；CO 为现金流出量；$(CI-CO)_t$ 为第 t 年的净现

金流量；n 为计算期。

财务净现值（FNPV）：

财务净现值系指按设定的折现率计算的项目计算期内净现金流量的现值之和，可按下式计算：

$$FNPV = \sum_{t=1}^{n} (CI - CO)_t (1 + i_c)^{-t}$$

式中：i_c 为设定的折现率（同基准收益率）。

项目投资回收期：

项目投资回收期系指以项目的净收益回收项目投资所需要的时间，一般以年为单位。项目投资回收期从项目建设开始年算起。项目投资回收期可采用下式计算：

$$P_t = T - 1 + \frac{\left| \sum_{i=1}^{T-1} (CI - CO)_i \right|}{(CI - CO)_T}$$

式中：T 为各年累计净现金流量首次为正值或零的年数。

总投资收益率（ROI）：

总投资收益率表示总投资的盈利水平，系指项目达到设计能力后正常年份的年净利润或运营期内年平均息税前利润（NP）与项目总投资（TI）的比率，总投资收益率按下式计算：

$$ROI = \frac{NP}{TI} \times 100\%$$

式中：NP 为项目正常年份的年息税前利润或运营期内年平均息税前利润；TI 为项目总投资。

投资利税率：

年息税前利润与投资总额的比率。投资利税率按下式计算：

$$投资利税率 = \frac{EBIT}{TI} \times 100\%$$

三 财务不确定性分析

(一) 盈亏平衡分析

盈亏平衡分析系指通过计算项目达产年的盈亏平衡点（BEP），分析项目成本与收入的平衡关系，判断项目的适应能力和抗风险能力。以营业收入水平比表示的盈亏平衡点（BEP）计算公式为：

$$BEP = \frac{固定成本}{营业收入 - 营业税金及附加 - 可变成本} \times 100\%$$

计算结果表明，只要销售额达到设计的 27.21%，项目就可保本。

(二) 敏感性分析

该项目做了全部投资的敏感性分析。考虑项目实施过程中一些不确定因素的变化，分别对销售价格降低 20%、经营成本提高 20% 和建设投资提高 20% 的单因素变化，对财务内部收益率、财务净现值的影响做敏感性分析，计算结果详见下表。

表 3-12 主要因素敏感性分析

敏感因素	财务净现值(万元)	内部收益率(%)	与基本情况差异(%)
基本情况	2675.04	24.35	0.00
建设投资上涨 20%	1631.77	23.13	-5.00
经营成本上涨 20%	1391.02	22.65	-7.00
销售价格下降 20%	773.09	21.92	-10.00

四 财务评估小结

该项目的建设符合国家宏观经济政策和产业政策，符合海南省及项目所在地发展总体规划和相关政策，从财务盈利能力分析看，总投资收益率较理想，财务内部收益率大于行业基准收益率，财务净现值大于零，表明项目具有较强的盈利能力；从清偿能力分析来看，项目具有较强的清偿能力；从财务不确定性分析看，项目具有很强的抗风险能力。因此，该项目的建设从财务层面上分析，具有较好的效益，对整个行业发展的促进作用具有重要的积极意义，所以从财务上看，该项目是可行的。

第七节 社会经济效益分析

一 规模化经营，优化全产业链经营

通过从国外进口牛肉深加工，进口优质的牛肉原料，确保从牧场到中国消费者的餐桌牛肉深加工制品的高品质。在全产业链的经营中，层层把控产品质量，在壮大企业经营规模的同时，优化在世界牛肉产业链中的加工环节。

二 参与国际竞争，提升品牌竞争力

项目积极参与国际牛肉产业的合作与竞争，积极拓展对外贸易，在不断满足国内外消费者的需求的同时，提升产品竞争力和国际影响力。

三 促进国际合作，推进海上丝绸之路建设

通过从澳洲等地进口牛肉，促进我国牛肉加工企业与国外牛肉生产企业的经贸合作，进而推进海上丝绸之路建设。

四 创造大量就业机会

项目在牛肉加工、仓储、运输、管理等各个环节，新增相关专业就业人数约50人。间接带动就业人数更多。

五 增加经济总值和税收

项目的实施，预计每年总产值7350万元，每年直接为地方创造税收贡献约720万元。同时，随着产业带动效应的发挥，项目建成后间接带来的税收效益将更大。

六　发挥连带作用，拉动相关产业协同发展

进口牛肉加工项目建设集牛肉加工生产、仓储、贸易、物流运输于一体的大规模牛肉加工厂，对相关产业的协同发展具有十分重要的意义。

第八节　风险及应对措施

一　可能存在的风险识别与评估

投资项目的风险是指由于一些不确定因素的存在，项目实施后偏离预期结果而造成损失的可能性。项目风险分析旨在识别拟建项目建设和生产经营中潜在的风险因素，分析风险程度，提出化解风险或者转移风险的对策，以达到降低风险损失的目的。项目风险贯穿于建设和生产经营的全过程。

根据建设工程的特点，结合系统建设风险分析理论，认真研究本项目可能发生的风险。项目在建设和运行过程中可能存在的风险主要有技术风险、资金风险、管理风险等，并对如何规避风险进行了分析，提出了解决方案。

二　技术风险

技术风险主要来自项目的各阶段，包括设计阶段、安装调试阶段和运行阶段。在工程具体实施过程中可能由设计参数与理论值的差异造成意外事故，特别是使用施工技术与工艺不当或者操作不当而导致工程质量问题。安装过程融合了大量的技术，操作人员的技术水平及实际经验，设备的施工方法、技术参数及质检水平等都是引起风险的因素。

项目承办单位具有一定的技术、人才优势。项目承办单位的管理团队长期从事本行业生产经营，是经营出色的企业，积累了较为丰富的组织、管理、运营经验和技术经验，因此技术风险属一般风险。

三　资金风险

项目建设工程资金若不能落实，或资金来源中断，将会导致项目无法开工或工期延长或被迫终止。资金风险还包括运营收入与成本风险等，收入剧减或成本剧增，可能是资金链断裂，最终导致无法继续经营。

本项目工程投资资金供应充足，经营过程中具有相对稳定的资金链回收供应，运营成本相对固定，资金风险属一般风险。

四　外部条件风险

（1）供水、供电、交通运输等外部协作配套条件发生变化，给建设和运营带来困难。

（2）气候、水文条件的异常，导致施工不能按时进行。

项目所在地基础设施良好，外部条件风险属一般风险。

五　管理风险

主要是运行管理和人员素质的风险。运行机制的规范及人员素质将直接影响本项目的实施。在整个物流配送系统的运作过程中，各个环节之间的衔接都依靠企业的管理员进行协调，如果管理人员在工作中存在疏忽和失职，会导致服务效率的降低，甚至会出现造成生命、财产等重大损失的事故。这种风险在项目实施过程中产生的影响应给予足够重视，因此对此类风险控制是项目顺利运行的保障。这个问题的解决一方面取决于管理者的风险识别、防范意识，另一方面取决于完善的风险管理机制。项目实施管理人员若不及时更新技术，对项目的实施将有一定的影响。管理风险属一般风险。

六　控制风险的对策

针对以上风险和影响，企业应积极采取以下措施，将风险和影响因素降到最低程度。

（一）技术风险对策

（1）项目前期风险控制

重视项目前期工作，选择技术力量雄厚的设计与施工单位。

（2）项目实施过程中的风险控制

建议建设单位与设备供应商签订条款详尽的设备购买合同，要求供货商在提供设备的同时提供相应的技术培训，坚持以最终正常运行作为设备验收的条件。加强内部技术人员和生产人员的技术培训工作，保障技术熟练程度，降低技术风险。

（3）项目运营过程中的风险控制

积极引进高级专业人才，加强运行管理和职工培训工作。

（二）资金风险控制对策

物流配送项目一般投资大、周期长、风险多，因此要深入调查研究分析市场需求，科学确定投资计划，对项目的各种可能方案进行可行性论证，评估方案风险发生的概率和损失程度，权衡利弊，选出最优投资方案。投资决策在整个投资过程中始终起着根本性的作用，大量失败的投资项目是由投资决策的失误造成的。此外，要提高决策者的决策效率，建立科学有效的决策机制，杜绝和减少决策失误。

项目单位应积极做好资金筹集工作，并保证自筹资金足额、及时到位，在建设期间加强资金管理，做到专账管理、专款专用。实行严格的资金借贷和运用审批制度，科学合理调度与运作资金，根据发展情况和资金市场成本变化，调整资本结构。使投资项目尽快产生效益，提高资产盈利能力，降低投资风险；建立相应的风险预警机制，加强内部管理，严格规章制度，把可能发生的损失降到最低程度。

（三）外部条件风险对策

按基建程序进行各阶段的工作，组织详尽的地质勘探工作，减少不明地质状况造成的损失和影响进度，并与有关部门签订好交通、供电、供水的协议。

项目实施时，避开多雨的汛期，制定详细的实施计划。

（四）管理风险对策

项目企业在营运过程中，通过严格的制度管理可以避免大部分风险。因此，要有严格的规章制度，将工作中出现的责任落实到个人，并结合相关的奖惩机制，将人为原因造成的失误降到最低。对于可能出现问题的地方，应制定专门的审核制度，将操作流程进行标准化处理，对整个物流配送服务进行制度化管理，保证项目系统的顺畅营运。一方面要对信息系统和硬件设备进行专门的检修和保养，避免硬件的故障造成项目服务环节中的差错；另一方面服务流程要标准化，有章可循，减少人为原因造成的风险。

项目实施应吸收具有丰富投资管理、运营管理方面经验的专业人才进入管理层。规范治理，制定完善各项管理制度。加强对管理人员组织结构、管理制度、管理方法等方面的内部培训、外部培训，提高其整体素质和经营管理水平，以适应不断变化的外部环境。

本项目还应该从管理源头入手，加强自身的风险管理能力建设，提高识别、评估和防范、控制风险的能力。需要采取的措施包括：

（1）规范项目的技术管理流程，避免杂乱无序的管理模式。建立适合现代企业生产经营的管理体制，并在运行过程中不断加以修改完善。

（2）制定完善的风险责任制，保证技术风险有人管，能及时管。

（3）建立和完善技术风险的应急处理机制。

（4）对人员的要求，因岗择人，建立并实施培训计划，不断提高员工的素质。

第九节　研究结论与建议

一　结论

进口牛肉加工项目符合国家宏观经济政策和鼓励产业发展的政策，依托良好的政策、交通、区位等条件，建设集牛肉加工生产、仓储、贸易、物流运输于一体的牛肉深加工厂项目。

项目建成后，其社会、经济效益显著。一方面，该项目的建成将实现牛肉深加工规模化经营，优化全产业链经营；参与国际竞争，提升品牌竞争力；促进国际合作，推进海上丝绸之路建设。另一方面，该项目创造了大量的就业增收机会，直接提供就业50人，且优先保证当地群众上岗就业，解决群众就业难问题，通过拉动就业为百姓提高生活水平提供可靠保障。项目达产期年产值7350万元，每年直接为政府创造总税收贡献720万元，间接拉动的经济效益及税收效益将成数倍增长。此外，项目建设的资源供给可靠，运营理念科学合理，财务评价指标理想、社会拉动效益强、投资回报率高。

通过分析，海南省进口牛肉加工项目投资风险较小，效益好，可以产生多方共赢的局面。项目收入来源稳定，经营收益率较高，具有稳定的净现金流。同时，项目可创造大量就业机会和可观的税收。因此，项目建设是必要的，立项开发是可行的，建议政府批准立项，并提供积极支持。

二 建议

为确保进口牛肉加工项目建设的顺利实施，全面落实项目设定的各项目标，建议项目在建设过程中注意落实以下措施：

第一，严格按照国家基本建设程序和资金投资管理程序，对每道环节实施严格的管理，并采取各项有效措施，加强工程管理，确保工程质量；

第二，明确领导小组职责，加强项目实施的组织管理，保证项目顺利实施；

第三，核实本项目施工合同、合作合同，核实施工单位资质和资信，做好受托支付工作，保证资金专款专用；

第四，建设专业质检团队，加强项目实施质量监督，做好后续的验收工作，对完成的项目进行及时补缺和整改；

第五，根据项目本身采取一些科学可行的应对风险的措施，尽量将风险降到最低，确保项目保质保量完成目标。

第四章
海南跨境电商服务平台项目研究

第一节　项目概述

一　项目概况

项目名称：海南跨境电商服务平台项目

项目定位：

海南跨境电商服务平台项目积极响应国家进一步深化改革开放及"一带一路"倡议，依托海南自贸区［港］政策、区位优势，建成集大宗商品贸易、转口贸易及加工、跨境投资业务咨询、海外业务代运营、跨境金融服务、大数据分析、技术转让、国际物流中心、企业孵化器等于一体的具有全球影响力的一站式对外经贸跨境电商综合服务平台。

项目特色：

（1）区别于传统跨境电商企业，该项目以经营大宗货物进出口为主，大宗货物全球采购，供应中国厂商。转口贸易面向国内各大城市经销商及各大电商，实现全球资源优化配置。

（2）提供完备的跨境大宗商品协助清关咨询及代理服务。

（3）提供跨境金融、贷款、信用担保等服务。

(4)不仅仅包含跨境电商的功能及配套服务，还包含转口贸易及加工、跨境投资咨询（宗主国法律、政策、税务、会计、审计、人力）、代运营（国际投资管理、企业联盟、投资代理机构）、技术转让、国际物流等衍生服务。

(5)采用扁平化全球贸易货源、流通与支付等全链体系，加快国际贸易速度，节约时间成本。

第二节　项目建设的背景

一　跨境电商成为海南经济发展的重要突破口

在经济全球化的大背景下，中国不断深化改革开放，持续推进"一带一路"建设，积极推动贸易转型升级，鼓励企业参与全球贸易。同时，在新一轮科技革命和产业革命浪潮的推动下，跨境电商的流通环节越来越少，缩短了国际供应链，在推动外贸便利化和自由化、刺激国内市场需求、开创新业态新形势等方面的作用越来越凸显，跨境电商已经成为我国推进经济全球化发展的新动能，也是促进我国外贸增长的新引擎，因此越来越受到政府和企业的高度关注和重视。

尽管海南本身不是工业大省，在制造工业上无法与长三角、珠三角地区相比，但跨境电商的运营基本依靠网络平台。海南在发展跨境电商方面，既具有自贸区［港］、国际旅游岛、经济特区及政府支持跨境电商的政策优势，又具有得天独厚的自然优势。由于跨境电商在促进外贸增长中起到了重要的推动作用，发展跨境电商，将是海南实现"弯道超车"、赢得繁荣发展、获取竞争优势的重要突破口，海南省已将跨境电商视为推动经济发展的新机遇。

二　海南跨境电商发展现状

近年来，海南省跨境电商业务发展迅猛。目前国内知名电商唯品会、E

码头已完成公司注册落地。此外，海南省积极探索"跨境电商+新零售"发展新模式，积极培育跨境电商贸易新业态，打造良好的营商环境，降费增效，减轻电商企业负担，吸引了众多电商企业进驻。

2019年上半年，海口海关共监管放行跨境电商网购保税和直邮模式进口申报清单3.5万票，票数已达上年全年监管放行总量的3.2倍，总货值达1038万元；截至2020年6月底，海口综合保税区内跨境电商注册企业已达75家。

海口海关推动"特殊监管区域内企业开展跨境电子商务网购保税进口商品保税展示业务"等新业态落地，先后推出跨境电商商品"先入区、后检测"、"抽样后即放行"、跨境包裹通关"一站式办理"、优化公共服务平台系统流程、"金二"跨境电商账册功能上线等多项通关便利措施，助力跨境电商产业发展。目前，海关为企业提供跨境电商通关全流程"一对一"服务，进口包裹可实现"秒放"通关，物流效率大幅提高。海南将会继续认真贯彻落实国家关于促进综合保税区高水平开放、高质量发展的各项措施，不断加大改革创新力度，促进海南跨境电商产业不断发展。

尽管海南跨境电商发展迅速，但真正开展跨境业务的电商企业并不多，而且经营业态同质化、趋同化明显，并且大量跨境电商经营主体还普遍存在市场竞争力较弱、自身定位模糊、参与度不高等问题。这些问题将直接影响海南跨境电商未来的整体发展，不利于海南自贸区［港］的建设。

第三节 项目建设的可行性

一 政策上的支持

为促进海南跨境电商的快速发展，推进外贸转型升级，打造优质的营商环境，海南省政府密集出台了多项政策并贯彻落实中共中央、国务院关于推进海南自贸区建设的方针政策：

2015年海南省人民政府办公厅印发《关于推进跨境电子商务发展的意见》（琼府办〔2015〕246号），提出要积极探索建立海南省跨境电子商务综合服务体系，抓紧建设公共信息交易平台。

2016年海南省人民政府办公厅印发《海南省跨境电子商务综合示范区实施方案》（琼府办〔2016〕293号），提出要在2020年实现跨境电商交易额100亿元的目标。2016年12月，海南省人民政府提出要建设海南跨境电商示范区——海口综合保税区和洋浦保税港区。

2018年发布的《中共中央国务院关于支持海南全面深化改革开放的指导意见》（中发〔2018〕12号）及《国务院关于印发中国（海南）自由贸易试验区总体方案的通知》（国发〔2018〕34号），要求牢固树立新发展理念，以深化改革、扩大开放为动力，以制度创新、管理创新、服务创新和协同发展为着力点，逐步形成一套适应跨境电子商务发展的管理制度和规则标准，打造跨境电子商务完整的产业链，不断满足消费升级的需要，培育经济发展新动能，推动中国（海南）自由贸易试验区、中国特色自由贸易港建设。

2018年海南省人民政府办公厅印发《关于进一步推进跨境电子商务发展的意见》（琼府办〔2018〕50号），提出推进跨境电子商务发展的"两平台六体系"等11条指导意见。同年12月，海南省人民政府办公厅印发《中国（海口）跨境电子商务综合试验区实施方案》（琼府办函〔2018〕392号），提出经过3至5年实践探索，力争把中国（海口）跨境电子商务综合试验区建设成为以"线上集成+跨境贸易+综合服务"为主要特点，以"物流通关渠道+跨境电商综合服务监管信息系统+金融增值服务"为核心竞争力，"关""税""汇""商""物""融"一体化，线上"跨境电商综合服务监管"平台和线下"综合园区"平台相结合，投资贸易便利、监管服务高效、法制环境规范，具有海南特色的跨境电子商务新业态新模式。

综上，这些利好政策的落实和实施，为海南跨境电商的发展提供了强有力的支持和明确的指导方向。特别是改革开放的进一步深化，"一带一路"

建设的推进以及海南自贸区［港］的建设，将为海南跨境电商服务平台项目的实施提供有力的政策支撑。

二 海南自贸区[港]的区位优势

（一）地理区位优势

地理区位：属于我国南部大岛，处于华南和西南陆地国土和海洋国土的接合部。

战略意义：海南省地处我国大西南出海的前沿，是开发利用南海资源的重要基地。

（二）经济区位优势

经济区位：近傍香港，遥望台湾，内靠珠江三角洲，外邻东南亚。

战略意义：既有经济腹地的依托，又受到经济发达地区的辐射和带动，便于内引外联，发展经济。

（三）交通区位优势

交通区位：海南靠近东亚与东南亚之间的国际深水航道，且有大量优良的深水港。南海是我国通往东南亚、印度洋直到非洲、欧洲的海上通道，海运便利。

战略意义：便于发展外向型经济。

综上，海南自贸区［港］具有地理区位优势、经济区位优势和交通区位优势，是发展跨境电商的最佳选址之一。

三 技术支持

跨境电商的运营基本依靠网络平台，随着我国科学技术的不断发展，跨境电商所依托的互联网、大数据、云计算及现代 AI 平台等新一代信息技术已经日趋成熟。这为跨境电商的发展提供了有力的技术支持。

同时，在新一轮的科技革命和产业革命的浪潮推动下，新技术日新月异，将为跨境电商进一步发展提供更多的技术保障。我国近年来跨境电商不断发展，储备了大量可用的人才，也为项目快速组建一支电商品牌运营的人才队伍提供了保障。

四 项目公司实力雄厚

项目承办公司上海欧舜国际贸易有限公司具有丰富的跨境电商服务经验，2017年成立后，凭借丰富的资源优势、先进的经营理念以及良好的信誉，已成长为一家拥有良好口碑的国际进出口贸易公司。在货物及技术的进出口业务，食品流通，食用农产品、化肥、环保设备、金属制品、建筑材料、光伏电池的投资及销售领域都做出了不俗的业绩，同时在农业科技领域内的技术开发、技术咨询、技术服务、技术转让等活动中也具有很好的口碑。

上海欧舜国际贸易有限公司目前在上海、成都及海口均设有办事机构，服务范围遍及全球。现已与多家海外公司长期合作进出口食品贸易、冷链海产品及肉类产品、光伏电池、建筑材料等项目，今后将在更多领域与更多国内外企业开展合作，共谋发展。

上海欧舜国际贸易有限公司坚持人性化的个性服务，提供各种不同的订货方式，现有的进口产品已在官网、淘宝、微店各大平台同步售卖。

项目承办公司实力雄厚，跨境电商经营经验丰富，凝聚了一批实战派跨境电商精英，能为项目的实施提供强大的团队支撑。

第四节 项目建设内容及功能定位

海南跨境电商服务平台项目积极响应国家进一步深化改革开放及"一带一路"倡议，建成集跨境大宗商品贸易、转口贸易及加工、跨境投资业务咨询、海外业务代运营、跨境金融服务、大数据分析、技术转让、国际物流中心、企业孵化器等于一体的具有全球影响力的一站式对外经贸跨境电商综合服务平台。

一 跨境大宗商品贸易

海南跨境电商平台，能够打造畅通便利的供需渠道，采用扁平化全球贸易货源、流通与支付等全链体系，在促进全球资源优化配置的同时，帮助企业找到性价比最高的货源、并通过更为高效的流通、交付过程，使企业以最小的代价获取高质量的货物，进而增强我国企业全球竞争力。该平台为参与跨境贸易的企业代理全部进出口手续，为其国际贸易的开展保驾护航。

二 转口贸易及加工

该平台充分利用海南省具有深水港、吞吐能力强，地理位置优越，处于各国之间的交通要冲或国际主航线上的优势，同时利用海南自贸区〔港〕的优惠政策和贸易政策，发展转口贸易及加工，促进临港经济和外向型经济的发展。

三 跨境投资业务咨询

随着改革开放的不断深化及"一带一路"建设的持续推进，我国鼓励企业参与国际竞争与合作。但目前国内很多中小型企业缺乏国际贸易的经验。海南跨境电商服务平台积极响应国家号召，为有跨境投资需求的企业提供宗主国法律、政策、制度、文化及市场需求等全方位的跨境投资业务咨询服务。

四 海外业务代运营

该平台打造专业的外贸团队，代运营外包海外业务，确保海外投资更加省时、省力、省钱、省心。通过外包团队的代运营，为业务产品开发、市场渠道拓展、品牌的塑造和传播等打下良好的基础。同时，借助代运营，能有效降低海外投资经营风险，减少试错机会成本，逐渐建立和培养起自身的海外运营团队。

五　跨境金融服务

跨国银行、国际担保公司等机构入驻平台，提供跨境金融服务。跨境金融服务主要包括为跨境企业提供汇款、信用证、托收、结算及融资等服务以及信用担保、保值避险、财务管理等增值服务。同时，构建大宗商品贸易资金三方托管机制，确保资金安全可靠，建立便捷的金融清算体系，银行转账快捷方便。

六　大数据分析

跨境贸易大数据系统服务于海南跨境电商服务平台，具体包括大宗货物大数据、货物供需方大数据、物流运输大数据、商品可追溯大数据、境外投资咨询大数据、海外业务代理托管大数据等体系。运用大数据技术，能够发掘数据深层次价值。

七　技术转让

技术转让服务平台能够及时发布世界领先的技术项目成果、科研动态及各行（产）业最新科技动态，定期发布产业先进技术的专题评论和调研报告。

技术转让服务平台能够提供技术转让及知识产权转让咨询服务、知识产权代理服务。为技术转让成功落地提供专业的咨询和第三方保障。

八　国际物流中心

海南跨境电商服务平台在北美洲、南美洲、欧洲、非洲、大洋洲建设公共海外仓，建立国际物流管理中心，为跨境电商提供便利的国际物流服务。

九　企业孵化器

配套高新技术创业服务中心，完善企业孵化器功能，为新创办的科技型中小企业提供物理空间和基础设施，提供一系列的服务支持，进而降低创业者的创业风险和创业成本，提高创业成功率，促进科技成果转化，培养成功的企业和企业家，进而更好地为海南跨境电商服务平台提供服务。

第五节 项目经济社会效益

该项目属于高新技术产业，属于海南自贸区［港］鼓励发展的三大产业（旅游业、高新技术产业、现代服务业）及"十二大产业"的范畴，在项目推进实施过程中，具有显著的经济社会效益。

一 对外贸、金融、物流等产业的带动效应明显

项目将打造具有全球影响力的一站式对外经贸跨境电商综合服务平台，将显著带动海南自贸区［港］的金融、跨境贸易、转口贸易、境外投资咨询及托管、物流及互联网科技等产业的快速发展。

二 推动我国对外贸易转型升级

项目旨在推动跨境电商产业升级，以全新的全球化视角开创海南跨境电商的一片新天地，推动海南自贸区［港］对外贸易产业发展，显著推动我国对外贸易转型升级。在全球范围内寻求优势资源的优化配置，进而降低我国企业的经营成本，提高经营效益。同时，该项目的实施将促使中国在未来跨境大宗商品贸易中有更多的话语权和定价权。加快中国（海南）自由贸易试验区和中国特色自由贸易港建设，加快发展中国跨境电商新业态。

三 跨境电商助力"一带一路"倡议实施

项目建设将以全球化、网络化、便捷化为导向，旨在打造特色化、竞争力强的具有全球影响力的一站式对外经贸跨境电商综合服务平台，这将有助于海南跨境电商发展成为国内外贸发展新的增长点，从而对贸易畅通、资金融通起到至关重要的作用，为助力海南省参与"一带一路"建设，推动海

南省与国内国外各地区实现优势互补、资源有效整合，扩大彼此间的经贸合作提供了发展的无限可能。

四 为国内消费者提供国外质优价廉的商品

该项目的建设将为中国消费者提供更广阔的供应平台，通过采用扁平化全球贸易货源、流通与支付等全链体系，加快国际贸易速度，节约时间成本，从而能够更快地找到优质低价货源，更好更快地满足国内消费者更高、更安全、多样化的消费需求，从而提高国内消费者福利水平，改善广大人民群众生活质量。

五 促进中国企业在全球配置资源，显著提升外贸竞争能力

该项目积极响应国家进一步深化改革开放的战略要求，以经营大宗货物进出口为主，实现全球资源优化配置，这将有助于为国内企业发展获取更多优质的、价格低廉的原材料，推动中国企业资源的高度整合及优化配置，提升中国企业的核心竞争力，不断地开拓国际市场，从而获得更多的竞争优势，显著提升外贸竞争能力。

六 提升我国企业的跨境投资成功率和国际化水平

目前国内很多中小型企业，缺乏国际贸易的经验，该项目为有跨境投资需求的企业提供宗主国法律、政策、制度、文化及市场需求等全方位的跨境投资业务咨询服务，对于有效提升企业跨国投资成功率具有积极推动作用，从而有助于国内企业更好地开拓国外市场，提升国际化水平。

七 增加税收效益

项目在实施过程中，能显著增加当地政府的关税收入、增值税收入、企业所得税收入等。同时，项目间接带动的金融、物流、企业孵化所带来的税收效益将成倍增长。

八　促进创新创业，创造大量就业机会

项目将打造具有全球影响力的一站式对外经贸跨境电商综合服务平台，吸引大量科技团队及优秀人才前来创业，推动跨境电商创新工作的开展。项目涉及跨境金融服务、跨境大宗商品贸易、转口贸易及加工、跨境投资业务咨询、海外业务代运营、大数据分析、技术转让、国际物流等，产业链长，拉动面积广，将创造大量的就业机会。同时，海南跨境电商服务平台运营总部、跨境电商高新技术创业服务中心（企业孵化中心）的工作人员将直接由当地招募，这将吸引大量的高新技术类优秀人才及当地大学毕业生，为人才提供大量的就业和创业机会。

第六节　政策建议

该项目旨在建成具有全球影响力的一站式对外经贸跨境电商综合服务平台，进一步推进现有跨境电商的改革创新，促进海南跨境电商产业不断发展，推动形成中国跨境电商新业态。

项目具有显著的"首创性、差异化、全球经营"特点，在建设和运营过程中具有一定的复杂性和难度，离不开政府政策的支持。项目所需政策建议：

第一，跨境电商自贸区［港］税收政策支持。

第二，跨境电商海关清关政策支持。

第三，跨境电商金融政策支持。

第四，跨境电商转口贸易、转口加工政策支持。

第五，跨境电商海外公共仓储物流政策支持。

第六，跨境电商高新技术创业服务中心（企业孵化中心）专业人才引进及培养相关政策支持。

第七节 研究结论

在经济全球化的大背景下,中国不断深化改革开放,持续推进"一带一路"建设,积极推动贸易转型升级,鼓励企业参与全球贸易。跨境电商已经成为我国推进经济全球化发展的新动能,也是促进我国外贸增长的新引擎。发展跨境电商,将是海南实现"弯道超车"、赢得繁荣发展、获取竞争优势的重要突破口,海南省已将跨境电商视为推动经济发展的新机遇。

为促进海南跨境电商的快速发展,推动外贸转型升级,打造优质的营商环境,海南省政府密集出台了多项政策。海南跨境电商服务平台项目积极响应国家进一步深化改革开放及"一带一路"倡议,符合海南支持跨境电商发展的各项政策。项目将建成集跨境大宗商品贸易、转口贸易及加工、跨境投资业务咨询、海外业务代运营、跨境金融服务、大数据分析、技术转让、国际物流中心、企业孵化器等于一体的具有全球影响力的一站式对外经贸跨境电商综合服务平台。该平台将显著推进海南跨境电商产业的优化升级。

该项目属于高新技术产业的范畴,符合海南自贸区[港]的产业布局要求,将显著带动海南自贸区[港]的金融、跨境贸易、转口贸易、境外投资咨询及托管、物流及互联网科技等产业的快速发展;项目以全新的全球化视角开创海南跨境电商的一片新天地,将促进海南自贸区[港]对外贸易产业发展,显著推动我国对外贸易转型升级;项目能显著增加当地税收;项目能吸引大量科技团队及优秀人才前来创业,推动跨境电商创新工作的开展,为人才提供大量的就业和创业机会。同时,项目将为国内消费者提供国外质优价廉的商品,能有效促进中国企业在全球配置资源,显著提升外贸能力;提升我国企业跨境投资成功率和国际化水平。因此,项目的经济社会效益显著。

通过分析,海南跨境电商服务平台项目投资风险较小,效益好,可以形成多方共赢的局面。项目建设是必要的,立项开发建设是可行的,建议尽早立项建设。同时,项目具有显著的"首创性、差异化、全球经营"特点,在建设和运营过程中具有一定的复杂性和难度,建议政府给予政策支持。

第五章
海垦国际岛内进口免税居民日用消费品项目研究

第一节 项目概述

一 项目概况

项目名称：海垦国际岛内进口免税居民日用消费品项目

项目性质：进口免税居民日用消费品国际贸易（进口贸易）

运营模式：进口商品批发贸易+跨境电商+线下门店+线上商城+直播带货

建设周期：1年（2021年）

总投资：27223.05万元

建设规模：100家连锁社区门店（包含50家自营店、50家联营和加盟店）

项目选址：海南省全省（海口50家，其他市县50家）

二 研究工作依据和范围

（一）研究工作依据

《中华人民共和国进出口商品检验法实施条例》

《中华人民共和国对外贸易法》

《中华人民共和国食品安全法》

《中华人民共和国食品安全法实施条例》

《海南自由贸易港建设总体方案》（2020年6月1日）

《中共中央 国务院关于深化改革加强食品安全工作的意见》

《海南省关于扩大进口促进对外贸易发展的若干措施》（琼商贸〔2019〕17号）

《关于推动物流高质量发展促进形成强大国内市场的意见》（发改经贸〔2019〕352号）

《国务院关于印发中国（海南）自由贸易试验区总体方案的通知》（国发〔2018〕34号）

《国务院关于同意设立中国（海南）自由贸易试验区的批复》（国函〔2018〕119号）

《中共中央 国务院关于支持海南全面深化改革开放的指导意见》（中发〔2018〕12号）

《国家发展改革委关于印发〈海南省建设国际旅游消费中心的实施方案〉的通知》（发改社会〔2018〕1826号）

《海南省人民政府关于支持产业项目发展规划和用地保障的意见（试行）》（琼府〔2019〕13号）

《百万人才进海南行动计划（2018—2025年）》（琼发〔2018〕8号）

《海南省关于扩大进口促进对外贸易发展的若干措施》（琼商贸〔2019〕17号）

（二）研究工作范围

本报告按照科学性、经济性、可操作性和实事求是的原则，并以国家和地方的现行有关法规、政策、标准和规范及委托方提供的相关资料为依据，从区域经济社会发展原则、态势、定位等，对项目建设的背景、必要性、市场前景、项目区位分析、建设方案、经营模式、投资估算、财务评估、社会经济效益评价等多方面工作进行考察，提出了关于项目投资建设是否可行的评价。

三 主要经济指标

主要经济指标包括建设投资、财务指标、社会效益等方面，详见表5-1。

表5-1 项目主要经济指标一览表

序号	项 目	单位	数量
一	门店相关数据		
1	门店数量	家	100
(1)	自营店数量	家	50
(2)	联营与加盟店数量	家	50
2	门店面积	m²	20000
(1)	自营店面积	m²	10000
(2)	联营与加盟店面积	m²	10000
二	建设启动资金总投入		
1	固定支出	万元	6723.05
(1)	装修支出	万元	1400.00
(2)	设备支出	万元	800.00
(3)	押金	万元	660.00
(4)	租金	万元	1320.00
(5)	物业水电费	万元	180.00
(6)	人工成本	万元	832.50
(7)	网上商城支出	万元	100.00
(8)	品牌宣传费	万元	1050.00
(9)	备用金及其他	万元	380.55
2	变动支出	万元	20500.00
(1)	铺货支出	万元	14500.00
(2)	仓库备货支出	万元	6000.00
	合 计	万元	27223.05
三	财务指标		
1	年均收入	万元	100312.49
2	年均成本	万元	92608.36
3	年均税费	万元	2210.56
(1)	增值税	万元	997.18
(2)	城市维护建设税	万元	69.80
(3)	教育税附加	万元	29.92

续表

序号	项 目	单位	数量
(4)	地方教育税附加	万元	19.94
(5)	年均企业所得税	万元	1093.71
4	年均净利润（总计）	万元	5485.96
(1)	年均净利润（海垦国际，含分红）	万元	4817.66
(2)	年均净利润（联营与加盟店）	万元	668.30
5	投资回收期	年	10.5
6	年均利税率	%	7.67
7	年均净利润率	%	5.47
8	盈亏平衡点	%	62.14
9	内部收益率	%	9.71
10	财务净现值（Ic＝8%）	万元	4792.40
11	整体偿债备付率	%	1.6
四	社会效益		
1	就业人数（含联营与加盟店）	人	544
2	计算期年均税收贡献	万元	2210.56

四 项目小结

海垦国际岛内进口免税居民日用消费品项目积极推动进口免税居民日用品供应链体系建设，在全省布局100家社区连锁门店（包括50家自营店、50家联营和加盟店），项目以市场为导向，以顾客为中心，采用"进口商品批发贸易+跨境电商+线下实体店+线上商城+直播带货"的运营模式，通过线上和线下的充分融合、互通互动，既发挥线下产品实际体验的优势，又充分使用线上便捷支付的功能，搭建"最后一米"的用户体验平台。让顾客通过真实、具体、可感的产品体验，更好地感知产品的品质和性能，精准把握顾客需求，为客户提供一流的产品和服务。另外，海南海垦国际贸易有限公司（以下简称"海垦国际"）拟在海口综合保税区内成立海垦国际全资子公司，用作对接进口商品供应链系统建设平台。同时，拟计划与进口商品供应链公司在洋浦成立进口贸易公司，强化供应链渠道建设。最终建立以海南为中心，辐射全国的强大的进口居民日用商品供应链体系，做大做强进口日用品贸易，推动"进口商品批发贸易+跨境电商+线下门店+线上商城+直播带货"运营模式的全面发展。

海垦国际岛内进口免税居民日用消费品项目通过全球采购，为岛内、国内的消费者带来物美价廉、品质可靠、空前丰富的第一手进口产品以及高质量的服务，繁荣国际贸易市场，提升居民生活品质，共创美好生活。

该项目的实施将使得海垦国际在海南自贸港进口业务业态发展初期抢占市场先机，做大做强企业国际贸易。丰富居民进口日用消费品供应，共创美好生活体验。该项目能够带来大量就业机会，显著提升税收收入，社会效益显著。

通过分析，该项目投资风险较小，社会、经济效益好，可以形成多方共赢的局面。项目收入来源稳定，经营收益率较高，具有稳定的净现金流。项目建设是必要的，开发及运营是可行的，建议加快推进项目建设并提供积极支持。

第二节 项目建设背景分析

一 岛内居民消费进境商品正面清单即将发布

2020年6月，海南省省长沈晓明在回答记者提问时指出，海南自贸港总体方案将允许岛内居民免税购买一部分进口的生活用品，价格要比海南自贸港外低很多。这是海南自贸港建设给老百姓日常生活带来的实惠。

2021年是"十四五"开局之年，也是海南全面深化改革开放和加快建设海南自由贸易港的关键之年。2021年1月，中共海南省委书记沈晓明在接受新华社记者采访时提出，海南自贸港4份"零关税"商品清单中，目前已出台原辅料正面清单和交通工具及游艇正面清单，自用生产设备负面清单和岛内居民消费进境商品正面清单有望在2021年春节前出台。特别是岛内居民消费进境商品正面清单，岛内居民期盼已久。我们争取在岛内广泛布局线下实体店,让岛内居民凭借身份证明很方便地购买质优价廉的进口商品。

综上,岛内居民消费进境商品正面清单发布后,将给项目的实施提供很好的政策支撑。

二 进出口贸易自由便利化将是海南自贸港发展的重要趋势

习近平总书记亲自谋划、亲自部署、亲自推动的建设海南自由贸易港,是党中央着眼于国内国际两个大局、为推动中国特色社会主义创新发展做出的一个重大战略决策,是我国新时代改革开放进程中的一件大事,势必带来深刻的社会变革。海南自贸港作为全球唯一的社会主义制度自贸港,未来发展必将成为我国新的对外窗口、开放高地和全球创新创业热土、投资热点。

《中华人民共和国海南自由贸易港法(草案)》已经将"贸易自由便利"写进法案,其中第十二条指出,国家对中华人民共和国关境外其他国家和地区进出海南自由贸易港的货物和物品,实行清单管理。清单以外的货物、物品,可以自由进出,由海关依法进行监管。

大贸易量是自由贸易港建设的核心,也是自由贸易港相关制度安排的基础,2018年新加坡的货物贸易进出口总额约7800亿美元,约为其GDP的2.29倍。2018年中国香港的货物贸易进出口总额约1.2万亿美元,约为其GDP的3.3倍,中国香港是典型的"贸易量大于GDP"的经济结构。相比之下,据海南省统计局统计,2019年海南外贸进出口总额为139.78亿美元,仅为其GDP的17%,与新加坡、中国香港存在明显差距,这表明其具有极大的潜力。

为了促进海南自由贸易港的进出口贸易自由便利化,提升内外贸易的总量,《海南自由贸易港建设总体方案》明确提出"零关税""既准入又准营"等一系列货物贸易和服务贸易便利政策,按照"一线放开、二线管住"、岛内自由的原则,在海南构建海关特殊监管区域,最大限度释放海南的贸易潜力。

三 海南自贸港鼓励扩大进口，促进对外贸易发展

近年来，海南省积极支持关系民生的产品进口，加快服务贸易创新发展。在优化国际市场布局方面，海南省积极扩大与共建"一带一路"国家的合作，利用自贸协定优惠安排扩大进口。在提升进出口贸易自由便利化水平方面，培育进口促进平台，优化进口通关流程，降低进口环节制度性成本，加快改善营商环境，加强财税金融支持。

为更好发挥进口在满足人民群众消费升级需求、推动经济结构转型升级、提高国际竞争力等方面的积极作用，2019年1月7日，海南省商务厅会同省发展改革委等部门制定和发布《海南省关于扩大进口促进对外贸易发展的若干措施》（以下简称《若干措施》），以期在稳定出口的同时进一步扩大进口，促进海南对外贸易发展。《若干措施》提出四个方面共15条具体措施。包括持续优化进口结构，支持关系民生的产品进口；支持与人民生活密切相关的日用消费品、医药和康复、养老护理等设备进口，落实汽车、药品和部分日用消费品等进口税收措施，清理不合理加价。

《若干措施》中明确指出，要培育进口促进平台，依托洋浦经济开发区、海口综合保税区等各类区域，不断推进监管创新、服务创新，培育促进进口贸易创新发展。降低进口环节制度性成本。推进政务服务"一网、一门、一次"改革，实现内部核批事项"目录式"动态化管理，提升"不见面审批"事项比例。加快推进关检业务深度融合，落实检验检疫单证电子化、关检申报项目整合等措施，减少非必要的作业环节和手续，降低通关成本。

《若干措施》强调加快改善海南省营商环境。开展专利行政执法，重点对流通领域的进口商品和服务贸易中的假冒专利行为加大查处力度。严格落实食品进口和销售记录、进口食品不良记录制度，开展进口食品保健食品欺诈和虚假宣传整治，及时处理解决消费者投诉、举报问题。

海南省政府出台政策优化外贸运营环境，为海垦国际发展进口消费品经营做了良好的铺垫。目前我国国民消费结构面临转型升级，进口商品以其优

良的品质获得消费者的好评，海垦国际更应抓住机遇，顺应消费者喜好，为消费者提供物美价廉的商品。

四 海南打造国际物流枢纽便利进出口贸易

海南打造国际物流枢纽，将为全面释放日用消费品市场需求创造有利条件。未来5年，在全岛封关运作前实行日用消费品免税政策，不仅能够满足岛内居民的基本生活需求，而且将对入岛游客、内地居民产生乘数效应，有助于激活内需大市场。海南自由贸易港作为岛屿型经济体，发展日用消费品市场必须依赖四通八达的现代物流体系。《海南自由贸易港建设总体方案》指出，海南要"打造国际航运枢纽"、发展"国际物流配送"，这将给海南打造国际物流枢纽带来重大机遇。

海南省物价水平比内地很多省份要高，一个重要原因就是物流成本一直居高不下。例如，2018年，海南省物流成本（即社会物流总费用占GDP的比例）为15.15%，高于江苏省（13.90%）1.25个百分点。根据《海南省"十四五"现代物流业发展规划》，到2025年，海南要初步建成有区域特色的数字化国际物流枢纽、具有当地产业特色的国际航空货运中心、服务于国际国内两个市场的"国家大仓库"和区域性国际海运转运中心。这不仅能够有效降低物流成本、降低日用消费品物价水平，而且将为全面释放日用消费品市场需求创造重要条件。

五 转型发展新型销售模式

我国的商品市场正处于不断变革中，传统销售模式的生产商直接面对的并不是消费者，而是中间商、零售商，所以生产商并不能直接了解到消费者对于产品的评价及建议、要求，产生了滞后性。传统的销售模式缺乏市场调研，产品营销意识弱，组织性能低，缺乏订单营销、网络营销等一些营销观念，还忽视品牌营销和创新营销模式，没有计划和目标。这样的销售模式，不仅浪费了营销资源，还不能获得良好的营销业绩。

目前，以"互联网+"为特点的新思维和O2O新型商业模式，体现了零售业在信息时代对于商业模式的创新。O2O将线下的商务机会与互联网相结合，让互联网成为线下交易的前台，其产业链涉及线上、线下两个层面，这种模式是未来实体店发展的大势。

岛内进口免税居民日用消费品项目正在积极探索新路径和新模式，短期内采用线上线下连锁自营模式，布局线下社区连锁店。同时，将构建微商城购物平台，利用淘宝、京东、抖音等电商平台，建立线上的进口免税居民日用品商城，打造线上线下一体化营销模式，使消费者能够实现线上下单线下收货，享受智能化线上购物配套服务。中期提升供应链经营效益，在连锁自营模式成熟后，利用品牌、资金、渠道及供应链优势，积极创新加盟、批发等经营模式，以获取供应链经营效益。中长期提升品牌效益，充分利用自贸港政策优势，将进口原材料加工销往其他省份，以获得更大的经营效益。

六 国民消费结构转型升级

改革开放40多年来，随着居民收入水平的显著提升，居民富裕程度提高，我国消费领域发生巨大变化，消费品市场规模持续扩大，消费热点由满足人民群众物质生活需求的实物消费向体现人民美好生活需要的服务消费转变，消费结构优化调整，新兴业态不断涌现，供给市场逐步完善，消费成为经济增长的第一驱动力。数据显示，2019年全国居民恩格尔系数（食品支出占居民消费支出的比重）为28.2%，连续8年下降。这意味着人们有了更多的消费选择，生活有了更多可能。

中国"80后"及"90后"是未来10年内消费市场的主流力量，他们对商品和服务的需求更加多样化和个性化，注重商品体验。这必将带动整个中国消费市场结构的调整，基于他们对全球各地文化认知的提升，高品质、多样化的全球化商品供应将极大地丰富国内市场，进口商品将迎来超高速发展期。

由于进口商品必须通过国家质量技术监督局的层层筛选和严格把关，消费者对于进口商品有了更多的期待。进口商品在品质、安全保障、包装设计等环节上都非常用心，而这些正是消费者对商品最直观的测评标准，也正因为如此，进口商品获得了消费者的一致好评。

海垦国际经营的进口商品以服务居民日常消费为主，搭建食品类的进口休闲食品、酒水饮料、进口乳制品等与非食品类的家居用品、日化洗护、美妆等细分品类日用消费品商品体系，品种多，种类涵盖日常需求的方方面面，质优物美的商品符合人们消费结构转型升级的需要，进口商品门店的开设，将进一步丰富进口日用品市场，满足群众对进口日用品的需求。

第三节 项目建设的必要性分析

一 繁荣自贸港进出口贸易经济的需要

《海南自由贸易港建设总体方案》提出贸易自由便利、投资自由便利、跨境资金流动自由便利等具体政策，要把海南岛打造成具有较强国际影响力的高水平自由贸易港。

建设海南自贸港是我国主动对标世界最高水平开放形态、对标国际经贸规则的重大战略。我国率先在海南探索实施"零关税、低税率、简税制"，这对于提升我国的全球资源配置能力和全球服务能力具有重要意义。对标国际一流营商环境标准，海南自贸港将为全世界投资者、创业者打造开放层次更高、营商环境更优、辐射作用更强的开放新高地。为促进海南服务贸易自由，海南将建设封关运作的海关特殊监管区域，"一线放开"，"二线管住"。

海垦国际发展进口消费品经营，享受到自贸港进口商品免税的优惠政策，一方面可以缓解当前进口商品供应不足的问题，满足民众消费结构升级和追求美好品质生活的需要；另一方面，进口消费品能够繁荣海南的商品市场，促进要素的合理流动和货物的自由便利，推动自贸港建设。海垦国际岛内进口免税居民日用消费品项目的建设不仅让企业抓住海南自贸港建设这一重大国家战略机遇，凝聚共识、解放思想、敢闯敢试、敢为人先，实现新的发展，而且有助于繁荣自贸港进出口贸易经济。

二 满足群众日益增长的对进口商品的需求

据商务部发布的《主要消费品供需状况统计调查分析报告》，我国进口消费品需求旺盛。但是因为进口关税较高，中国人购买进口消费品的成本过高，在消费升级的阶段，如果过高的关税影响了人民对进口消费品的需求，人们就会通过境外购物或代购的形式购买消费品，这也就导致了出国抢购风潮的出现，出国游变成了购物游。

近几年，中国服务贸易中旅游项目都处于较大规模逆差状态，逆差规模在 2000 亿美元左右，部分逆差源于境外旅游购物，还不包括各种形式的海外代购、海淘等。以上事实表明，我国对于进口消费品需求量大，但供应明显不足，供需矛盾突出。得益于海南贸易港的免税政策，民众可以在海南岛买到更便宜的国际商品，海垦国际门店将目标客户定位于社区人群，围绕社区开展经营，其选址极大地方便了民众的购买。开设门店众多，可以占据较大的市场空间，弥补当前进口消费品仅在大型商场进行售卖、价格昂贵、种类不足的缺陷。公司经营的进口消费品以日用品、酒水饮料、食物、化妆品为主，种类齐全，使用频率高，需求量大，通过免税政策商品价格低，能够满足居民对进口消费品的需要。

三 抓住机遇推动企业转型的需要

传统企业缺乏适应能力和竞争能力，若是不探索新型经营业态，开展市场调研，进行企业发展整体规划，开发新产品，就有可能被市场淘汰。

海垦国际致力于探索新路径和新模式，积极拓展业务，推动资源整合，培育进口产品销售渠道，提升企业知名度和效益。海南自贸港的建设，尤其是"一负三正"的清单管理为企业的转型提供了机遇。企业只有积极探索新型商业模式，努力发展线上线下相结合的模式，才能立于不败之地。

四 业态发展初期抢占市场先机的需要

进口消费品门店目前在国内发展处于萌芽状态，许多消费者只能在大型的传统超市购买进口消费品，但这种购买方式不够便利和实惠，专业化的进口消费品的门店更能满足人们对进口消费品的需求。

海垦国际依托海南自贸港的建设，通过与国内品牌方或国内总代理建立合作供销渠道、同境外供应商建立长期稳定合作关系，进口消费品的价格也十分优惠。由此，海垦国际可以弥补普通超市进口消费品价格偏高、种类不齐全的缺陷。海垦国际以海口、三亚等重点城市为中心，待发展成熟后将在海南19个市县、农垦区等逐步开设200多家连锁社区门店，进入市场后，将占据较大的市场份额。

五 创造大量就业机会的需要

海垦国际积极响应海南自贸港建设的要求，为海南自贸港促进要素合理流动、贸易自由便利提供支持。其进口消费品免税门店选址于民众集聚、客流量大的社区，方便民众购买进口消费品，促进居民临近就业。门店由海垦国际统一运营管理，平均每个单店设1名店长和4名营业人员，数百家门店将吸纳周围大量群众就业，减缓当前就业压力，具有显著的社会效益。

海南自贸港的建设为企业引进管理、营销等高端商务型人才搭建了平台。海垦国际进口消费品免税门店的开设，将在创造就业机会，与本地居民共享发展红利，提升人民获得感、幸福感、安全感方面发挥重要作用。

六 企业实施品牌战略的需要

一个好的品牌可以成为消费者判断是否会购买产品的标准。优秀的品牌可以建立和维护消费者对产品的忠诚度，凝聚员工，指导公司的基本战略，检验所执行的举措是否符合公司的理念。

企业要想在竞争中立于不败之地，不仅要追求提供个性化、异质化的产品，还要拥有良好的企业品牌形象。企业打造良好品牌可以帮助消费者降低搜寻产品的成本，降低使用产品的风险。

海垦国际重新思考和确认自身发展战略和模式，借助海南自贸港政策优势，提前布局海南进口消费品品牌门店，推进垦区品牌产品资源整合，打造进口消费品汇集平台，在目前进口消费品市场发育尚不成熟的情况下，在消费者心中建立经典品牌形象，将有利于公司日后开展其他经营业务，保持竞争优势。

第四节　项目建设的可行性分析

一　政策支持

《海南自由贸易港建设总体方案》提出，除法律法规和相关规定明确不予免税、国家规定禁止进口的商品外，对企业进口自用的生产设备，实行"零关税"负面清单管理；对岛内进口用于交通运输、旅游业的船舶、航空器等营运用交通工具及游艇，实行"零关税"正面清单管理；对岛内进口用于生产自用或以"两头在外"模式进行生产加工活动（或服务贸易过程中）所消耗的原辅料，实行"零关税"正面清单管理；对岛内居民消费的进境商品，实行正面清单管理，允许岛内免税购买。对实行"零关税"清单管理的货物及物品，免征进口关税、进口环节增值税和消费税。清单内容由有关部门根据海南实际需要和监管条件进行动态调整。放宽离岛免税购物额度至每年每人10万元，扩大免税商品种类。

2020年11月11日，财政部、海关总署、税务总局联合印发《关于海南自由贸易港原辅料"零关税"政策的通知》，海南自贸港首张"零关税"商品清单发布。11月30日，海关总署制定发布《海南自由贸易港进口"零关税"原辅料海关监管办法（试行）》，对企业开展"零关税"原辅料业务所涉及的海关报关等操作过程的相关问题进行了明确。后续还会有更多相关环节的政策细则落地。

通过以上的分析可知，海垦国际在海南全省开设社区门店，经营免税进口消费品，完全符合海南对外贸易等各项政策的要求。海垦国际岛内进口免税居民日用消费品项目是政府鼓励发展的项目，在政策层面具备建设可行性。

二　市场可行性

随着我国向中高收入国家迈进，我国消费领域发生了巨大变化，消费品市场规模持续扩大，消费热点由满足人民群众物质生活需求的实物消费向体现人民美好生活需要的服务消费转变，消费结构正在转型升级，供给市场逐步完善，消费成为经济增长的第一驱动力。

据商务部公布的《主要消费品供需状况统计调查分析报告》，消费者对进口消费品的需求旺盛，进口消费品成为市场供给重要补充。由于进口消费品经过层层把控，有着更高的品质和质量，因此赢得了消费者的喜爱。

然而，目前我国进口消费品供给不足，供需不匹配，税费太高，导致了出国抢购热潮的出现。我国进口消费品市场上，发展不成熟、不充分，商品种类不齐全、价格高、真假难辨等问题突出，不良商家容易钻空子，市场上的产品良莠不齐，消费者权益难以保障。

基于此，海垦国际整合品牌资源，积极拓展业务，在海口、三亚等市人群聚集的社区开设进口消费品免税门店。门店经营形式主要有以下几点优势：一是门店连锁经营的投资成本较低，品牌效果好；二是选址于社区，客源市场广阔，市场潜力大，经营风险低；三是随着海南自贸港建设，海南人民收入水平不断提高，购买力增强，购买意愿强烈，门店正好可以满足其使用进口消费品的需求。

综上，海垦国际面临广阔的市场，应当抓住先机，占领市场份额，打造出自身的进口免税消费品品牌，赢得消费者的信任，将企业做大做强。

三　建设能力可行性

（一）资金充足

海垦国际门店采取社区连锁经营的方式，下设门店建设面积 100~220

平方米，平均每个单店设1名店长和4名营业人员，运营成本低、风险低，据测算，项目完成时所获得的利润较高，能够产生可观的收益。其财务预算总投资1.2亿元，资金来源于项目专项资金，前期先以公司自有资金或商贸物流产业集团借款开展工作，有足够的资金进行项目建设。因此，在资金上是可行的。

（二）供货、运营经验丰富

海垦国际门店由海垦国际统一运营管理，公司运营有稳定的供货渠道，具体如下。

（1）与国内品牌方或国内总代理建立合作供销渠道，参考行业同业态供应商数据建立供应商资料库，品牌经销商拥有品牌资质，能够快速响应需求变化，具备建立供应体系的前期基础；

（2）将进博会等大型会展活动作为拓展境外供应商供应渠道的重要途径。开发优质供应商，建立储备供应商品资源库，以优化供应体系；

（3）选择规模大、资质合格、手续齐全、集合众多分类的供应链平台建立合作关系，形成产品产地直采，能够提供相应采购凭证或者报关凭证的多条供应渠道；

（4）同境外供应商建立长期稳定合作关系，提升合作的广度和深度，从单纯的采购买卖上升至全球供应链整合，以此来保持供货渠道的稳固和安全。

为保持门店商品的稳定供应，海垦国际现有向荣路分拣配送仓库800多平方米，其中分拣中心500多平方米，存储仓300多平方米，通过与三叶物流合作，将货物实时有效地配送至各个社区门店。

由此，海垦国际建成了从上游供应链到公司的人才配备、运营管理的可靠的系统。上游产品进口渠道安全、可靠，能够根据市场调研结果对产品进行优选，服务于消费者偏好，下游各门店商品稳定供应，建立了通顺、流畅的物流系统。海垦国际致力于打造自身品牌，推进垦区品牌产品资源整合，运营经验丰富，项目运营的可行性十足。

（三）拥有成熟的管理团队和门店管理系统

海垦国际采用现代化管理模式，优化业务流程，提高企业发展效率，加强信息化建设，推进现代化企业管理。坚持以岗定员，营造科学管理、尊重知识、尊重劳动法规的组织环境。在实际工作中运用绩效管理法，奖惩严明，采取物质激励与精神激励相结合的激励方法。组织优秀员工外出培训，提高人员的素质，培养一批有能力、有技术、有文化、求上进的技术及营销管理人员。所有人员均按有关规定持证上岗，真正将人力资源变为人力资本。

海垦国际搭建海垦优品旗舰店门店管理系统——海信系统，该系统涵盖采购、零售、连锁、库存、结算等功能，能同时为300家分支机构提供系统服务，能够满足项目的门店开设需求。海垦国际依托经验丰富的管理团队、高效的运作体系和人才培养机制、信息化的门店管理系统，经营进口免税商品业务具有足够的可行性。

四 项目实施进度

海垦国际岛内进口免税居民日用消费品项目2021年在全岛布局100家社区连锁店，实施进度如表5-2所示。

表5-2 项目2021年逐月开店实施进度预估表

月份	1	2	3	4	5	6	7	8	9	10	11	12	合计
数量（家）	6	6	9	10	10	9	8	8	8	8	9	9	100

第五节 劳动定员及开发

一 组织架构

本项目按照现代企业管理制度，在董事会领导下实行总经理负责制。公司的董事会负责公司的总体发展规划、重大政策的制定及总经理的聘任。总经理为公司的最高行政负责人，负责日常事宜及副总经理的任用。项目组织机构架构如图5-1所示。

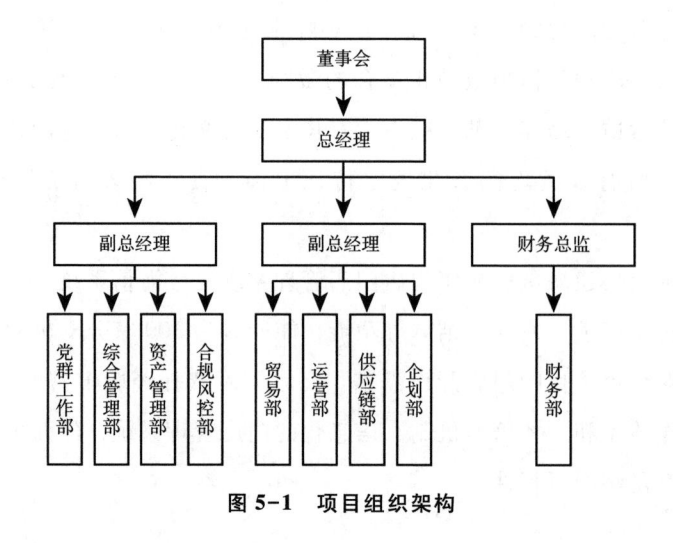

图 5-1 项目组织架构

二 劳动定员及管理

项目员工全部实行合同制，员工的招聘与解雇按照双方依据《劳动法》所签订的劳动合同执行。员工的工资、劳动保险、生活福利和奖励等事项，依据《劳动法》有关规定和项目制定的劳动管理实施办法执行。

表 5-3 人员配置一览表

单位：人

序号	部门	高管	管理人员	普通员工	小计
一	自营及管理				
1	党群工作部	1	1	2	4
2	综合管理部		1	5	6
3	资产管理部		1	3	4
4	合规风控部		1	2	3

续表

序号	部门	高管	管理人员	普通员工	小计
5	贸易部	1	1	4	6
6	运营部(门店)		4	250	254
7	供应链部		1	8	9
8	企划部		1	2	3
9	财务部	1	1	3	5
	小　计	3	12	279	294
二	联营及加盟				
1	普通工人			250	250
	小　计			250	250
	合　计				544

三　连锁社区门店人员配置

社区门店由海垦国际统一运营管理，平均每个单店设 1 名店长和 4 名营业人员，16 小时经营时间，两班倒；店长须懂 App 商城运行，培训后能够接单操作。

（一）店长职责

（1）全面负责社区门店的经营管理工作。

（2）管理资金账务。

（3）向公司汇报工作，接受监督。

（4）年度经营计划和管理目标的制定。

（5）掌握各项开支大小，及时做出调整，降低成本。

（6）提高服务质量，全面实行服务规范化，提高服务效益。

（7）安全管理，教育员工牢固树立法治观念，增强安全意识。

（二）营业人员职责

（1）做好社区门店日常经营工作。

（2）每周进行业绩检查总结。

（3）每周要对附近小店的价格、品质、新品项等进行市场调研，并填写市场调研报告。

（4）要负责对过期商品的检查，过期商品及时撤离卖场处理。

（5）按规定进行大盘点，做好大盘点准备工作并及时对盘点结果进行分析。

（6）熟识产品或产品包装上应有的标志，熟识卖场内商品摆放位置以及商品基本情况。

（7）掌握收银台的使用方法、假钞识别方法、现金找赎技巧，熟悉厂商编号等。

（8）结款时，如有短款须立即按所短数额补齐。

（9）结账时，不许私带和私拿钱币。

（三）人员工资

工资采用固定工资与绩效考核相结合的方式，根据经营业绩与拟定考核指标制定相应激励措施。项目人员工资预估如表5-4所示。

表5-4 项目人员工资预估

序号	级别	人数(人)	月工资(元)	月	费用(万元)
一	自营店				
1	高管	3	20000	12	72
2	管理人员	12	6000	12	86.4
3	普通工人	279	4500	12	1506.6
	总计	294			1665
二	联营及加盟店				
1	普通工人	250	4500	12	1350
	合计				3015

四 人力资源管理及开发

（一）人力资源管理

项目建成后将坚持以岗定员，科学管理，尊重知识，尊重劳动法规，认真搞好岗前培训，并在实际工作中运用绩效管理法，奖惩严明，提高人员的素质，培养一批有能力、有技术、有文化、求上进的技术及营销管理人员，带动公司全体职工共同前进，成为企业发展的动力之一。

所有人员均按有关规定参加主管部门组织的业务培训，持证上岗，并定期进行资质和证书审核。

员工实行全员绩效监督管理制度，分不同的工种实行年度、季度、月度的绩效考核，将全员的工作纳入合理的绩效管理中。同时，完善员工各项管理制度，修订《员工手册》、员工管理规范，确保各项管理都有制度可依。

（二）人力资源开发

依据项目所涉及的业务拓展内容，为了更好地助力规划的顺利实施，本项目将会从海关、财税、进口采购、库管以及运营等各方面进行人力资源的培训与开发工作，为项目推进提供优质的人力资源保障。

（1）与各大高校、知名企业、技术行业等各主体进行合作，组织做好海关、财税、进口采购、库管及运营等方面人力资源的挖掘、开发与储备工作。

（2）配合相关部门开展企业文化建设活动。

（3）管理培训方面，与公司专职管理人员合作开展，同时聘请外面的专业培训人员。该培训分为管理层和基层两个部分，重点对组织现有的管理模式、管理思路进行培训。

（4）技术培训方面，根据相关人员申请进行培训，采取公司内训和聘请培训教师两种方式。

第六节　财务测算

依据国家现行的财会税务制度，对项目进行财务评价。财务分析按盈利性项目的模式进行，主要分析项目的前期建设启动资金总投入、经营收入、经营成本和增值税及附加税，利润估算，项目盈利能力指标等，考察项目各项综合效益指标，计算期拟为15年。

一 项目建设启动资金总投入预估

项目建设启动资金总投入是指项目从建设前期的准备工作到项目门店建成全面运营为止所发生的全部投资费用估算。根据本项目建设特点，测算100家连锁门店（自营、联营、加盟）开张运营前总共发生的各项费用（含50家自营门店的固定资产投资，100家各门店铺货成本）。按照项目建设方案和建设内容，分别对项目投资内容按有关标准和经营情况逐一进行估算。

二 项目建设启动资金总投入构成

项目建设启动资金总投入主要包括两部分内容，即固定支出和变动支出。

1. 固定支出

（1）门店装修

按标准化、特色化对所有门店进行统一装修，注重装修的档次和绿色环保。自营店装修 = 50家×200m²/家×1400元/m² = 1400万元。联营和加盟店装修 = 50家×200m²/家×1400元/m² = 1400万元。共计2800万元。

（2）门店设备

收银及开票设备，货架、监控、空调、音响、消防设施、广告屏、店内便捷运输工具等设备购买、调试及安装。自营店设备 = 50家×200m²/家×800元/m² = 800万元。联营和加盟店设备 = 50家×200m²/家×800元/m² = 800万元。合计1600万元。

（3）门店押金

自营店押金 = 50家×200m²/家×220元/（m²·月）×3月 = 660万元。联营和加盟店押金 = 50家×200m²/家×220元/（m²·月）×3月 = 660万元。合计1320万元。

（4）门店租金

自营店租金 = 50 家×200m²/家×220 元/（m²·月）×6 月 = 1320 万元。联营和加盟店租金 = 50 家×200m²/家×220 元/（m²·月）×6 月 = 1320 万元。合计 2640 万元。

（5）门店物业水电费

自营店物业水电费 = 50 家×200m²/家×30 元/（m²·月）×6 月 = 180 万元。联营和加盟店物业水电费 = 50 家×200m²/家×30 元/（m²·月）×6 月 = 180 万元。合计 360 万元。

（6）人工成本

人工成本为 1507.5 万元（建设期按半年人工成本核算）。

（7）网上商城

项目线上购物平台。建设线上官方微商城、入驻各大线上平台网店。预计 100 万元。

（8）品牌宣传费

含市场调研、企业 VI 设计、企业商品包装识别系统、广告设计、广告媒介投放、公关活动费用等，约 1050 万元。

（9）备用金及其他

用于其他开支或应急开支，按照前面八项费用的 6% 预估。

2. 变动支出

（1）铺货支出

100 家×145 万元/家 = 14500 万元，每个门店铺货 145 万元。

（2）仓库备货

100 家×60 万元/家 = 6000 万元，每个门店仓库备货 60 万元。

三　项目建设启动资金总投入测算

通过测算，岛内进口免税居民日用消费品项目建设启动资金总投入预估总计为 32560.15 万元。

四　建设投资资金来源

项目专项资金：海垦集团财务公司或商业银行贷款。

五　经营收入测算

经营收入主要为进口居民日用消费品的销售经营收入和进口日用品贸易批发销售收入，项目计算期经营收入详见表5-5。

六　经营成本测算

项目经营成本主要为项目进货成本、门店租金、物业管理费（含水电）、销售费用、财务费用、人工成本、折旧及摊销费、修理费用、总成本等。

（1）年进货成本

门店进货成本=门店收入×70%

批发进货成本=批发销售价格×90%

（2）年门店租金

100家×200m²/家×220元/（m²·月）×12月，租金成本按每三年递增5%计算。

（3）年管理费用

物业管理费用（含水电费）为运营过程中发生的管理费用、水电费用、物业费及其他管理费等，管理费用按30元/（m²·月），每三年递增5%计算。

（4）年销售费用

销售费用为运营过程中发生的品牌推广、产品营销等系列费用，按门店销售收入的0.6%进行估算。

（5）财务费用

根据2021年国内银行长期贷款五年以上贷款利率规定为4.9%测算。项目专项资金27223.05万元。项目贷款13年，从第六年开始分批次偿还。项目计算期财务费用详见表5-6。

第五章 海垦国际岛内进口免税居民日用消费品项目研究

表5-5 项目计算期经营收入一览表

计算期（15年）

序号	项目	2021	2022	2023	2024	2025	2026	2027	2028	2029	2030	2031	2032	2033	2034	2035
一	门店销售收入															
1	单店客单价（元/次）	48	49	50	51	52	54.0	56.0	58.0	60.0	62.0	64.0	66.0	68.0	70.0	72.0
2	单店客单量（次）	164	168	172	176	180	192	204	216	228	240	252	264	276	288	300
3	单店日均销售（元/日）	7872	8232	8600	8976	9360	10368	11424	12528	13680	14880	16128	17424	18768	20160	21600
4	单店月均（30天）销售（万元/月）	24	25	26	27	28	31	34	38	41	45	48	52	56	60	65
5	单店年均（365天）销售（万元/年）	287	300	314	328	342	378	417	457	499	543	589	636	685	736	788
6	50家自营店合计销售（万元/年）	7183	15023	15695	16381	17082	18922	20849	22864	24966	27156	29434	31799	34252	36792	39420
7	50家联营与加盟店收入	7183	15023	15695	16381	17082	18922	20849	22864	24966	27156	29434	31799	34252	36792	39420
8	100家店总计销售（万元/年）	14366	30047	31390	32762	34164	37843	41698	45727	49932	54312	58867	63598	68503	73584	78840
二	进口日用品贸易批发销售收入						54887	54887	65864	65864	65864	79037	79037	79037	94845	94845
	合计	14366	30047	31390	32762	89051	92730	96584	111591	115796	120176	137904	142635	147540	168429	173685

备注：（1）2021年属于建设期，达产率按50%预估，2022年全投产。2022年及之后按照100家计算。

（2）客单价及客单量：根据实地考察调研海口每一角落，送之光、好百客、百方超市等同类店铺，同时考虑2025年封关运作的政策因素以及未来人口增量预测拟定。

（3）单店客单价初始年按48元/（单·日）计算，2022~2025年单店客单价按逐年增加1元/单计算，2025年封关后，2026年起单店客单价按逐年增加2元/单计算。

（4）单店日均销售年按164单计算，2022~2025年单店客单量逐年增加4单，2025年封关后，2026年起单店客单量每年增加12单。

（5）进口日用品贸易批发销售：预计2025年封关常住人口1203万人（海南统计局数据预测），按照每人日均消费2.5元计算，海南进口日用消费品总市场达109亿元左右，项目按占5%的市场份额计算，进口日用品贸易批发总金额为5.5亿元。按每三年总金额增长20%预估。

133

表 5-6 财务费用及专项资金偿还一览表

单位：万元

序号	项目	2021	2022	2023	2024	2025	2026	2027	2028	2029	2030	2031	2032	2033	合计
1	期初本金	27223	27223	27223	27223	27223	27223	26223	24723	22723	19723	15723	11223	5723	
2	本期应还利息	1333.9	1333.9	1333.9	1333.9	1333.9	1333.9	1284.9	1211.4	1113.4	966.4	770.4	549.9	280.4	14180.58
3	当期本金偿还额	0.0	0.0	0.0	0.0	0.0	1000.0	1500.0	2000.0	3000.0	4000.0	4500.0	5500.0	5723.1	27223.05
4	财务费用	1333.9	1333.9	1333.9	1333.9	1333.9	1333.9	1284.9	1211.4	1113.4	966.4	770.4	549.9	280.4	14180.58
5	期末本息结余	27223	27223	27223	27223	27223	26223	24723	22723	19723	15723	11223	5723	0	

计算期（15年）

134

（6）人工成本

包括人员工资（含社保、福利）等费用。项目人员总计544人。包括高管3人，月均成本20000元/人；管理人员12人，月均成本6000元/人；普通工人529人［含联营与加盟人员250人（单独核算）］，月均成本4500元/人。

（7）自营店折旧销费成本

折旧销费成本为项目固定投入计提折旧摊销，按10年直线计提。

（8）修理费用

修理费用按折旧摊销成本×10%预估。

七　增值税及附加税

（1）增值税＝销项增值税-进项增值税

销项增值税＝应税收入/（1+13%）×13%

进项增值税＝应税成本/（1+13%）×13%

（2）城市维护建设税

城市维护建设税＝增值税×7%

（3）教育费附加税

教育费附加税＝年增值税×3%

（4）地方教育费附加税

地方教育费附加税＝年增值税×2%

八　利润测算

税前利润＝经营收入-总成本-增值税及附加税

项目缴纳企业所得税，岛内进口免税居民日用消费品商品贸易属于海南自贸港鼓励发展产业，根据《国家税务总局海南省税务局关于海南自由贸易港企业所得税优惠政策有关问题的公告》（国家税务总局海南省税务局公告2020年第4号）规定，所得税税率为15%。

企业所得税＝税前利润×15%

税后利润＝利润总额（年）－所得税

九　财务指标

项目盈利能力评估指标主要包括内部收益率（FIRR）、财务净现值（FNPV）、投资回收期等，详见表5-7。

表5-7　财务指标一览表

序号	指　标	单位	数量
1	年均收入	万元	100312.49
2	年均成本	万元	92608.36
3	年均税费	万元	2210.56
(1)	增值税	万元	997.18
(2)	城市维护建设税	万元	69.80
(3)	教育税附加	万元	29.92
(4)	地方教育税附加	万元	19.94
(5)	年均企业所得税	万元	1093.71
4	年均净利润（总计）	万元	5485.96
(1)	年均净利润（海垦国际,含分红）	万元	4817.66
(2)	年均净利润（联营与加盟方）	万元	668.30
5	投资回收期	年	10.5
6	年均利税率	%	7.67
7	年均净利润率	%	5.47
8	盈亏平衡点	%	62.14
9	内部收益率	%	9.71
10	财务净现值（Ic＝8%）	万元	4792.40
11	整体偿债备付率		1.56

十　盈亏平衡分析

盈亏平衡分析系指通过计算项目达产年的盈亏平衡点（BEP），分析项目成本与收入的平衡关系，判断项目的适应能力和抗风险能力。以营业收入水平比表示的盈亏平衡点（BEP）计算公式为：

$$BEP = \frac{固定成本}{营业收入-营业税金及附加-可变成本} \times 100\%$$

上述公式表明只要销售额达到 62.14%，项目就可保本。

十一　财务小结

从财务盈利能力来看，项目总投资收益率较理想，年均利税率为 7.67%，年均净利润率为 5.47%。内部收益率为 9.71%，高于行业基准收益率。财务净现值为 4792.40 万元，表明项目在未来具有一定的盈利能力；项目整体偿债备付率为 1.56，说明项目具有足够的偿债能力。因此，该项目具有较好的效益，是可行的。

第七节　项目社会效益和经济效益

一　社会效益

（一）培育海南重要的进口促进平台

海垦国际岛内进口免税居民日用消费品项目规模化经营进口免税日用消费品，开设 100 家门店，有助于培育海南重要的进口促进平台，促进海南进口贸易产业发展。

（二）满足岛内群众对进口日用消费品的需求

海垦国际岛内进口免税居民日用消费品项目扩大优质进口日用消费品供给，计算期年均进口免税日用消费品销量 4 亿元左右（批发量 5 亿元左右），有助于丰富市场供给，满足岛内群众对进口日用消费品的需求，提升岛内群众生活的幸福感。

（三）增加大量就业机会

项目建设 100 个连锁社区门店，平均每个门店配置 1 名店长和 4 名员工，门店提供就业岗位 500 个。项目管理、营销、物流、仓管带动，以及联动带动就业机会将更多，这将增加大量就业机会。

（四）为政府创造大量税收收入

海垦国际岛内进口免税居民日用消费品项目在计算期内预计年均营业额约10亿元，创造增值税、城市维护建设税、教育税附加、地方教育税附加和企业所得税合计年均2210.56万元。

二　经济效益

（一）规模化经营有助于降低成本

海垦国际岛内进口免税居民日用消费品项目通过批量化运营100家连锁社区门店，能显著降低采购、运输、经营等各个环节的成本，提升经济效益。

（二）打造进口居民日用消费品汇集平台

借助自贸港政策优势，提前布局进口居民日用消费品品牌门店，通过建设进口居民日用消费品社区门店，推进垦区品牌产品资源整合，确保进口居民日用消费品有统一的销售渠道，打造进口居民日用消费品汇集平台。

（三）拓宽居民日用消费品进口渠道

培育进口居民日用消费品重点渠道，搭建进口居民日用消费品持续展示和销售的窗口，紧抓进口居民日用消费品产业链营销环节，加速布局进口居民日用消费品品牌门店。

（四）建设自有品牌

通过项目建设，打造具有海垦特色的新名片，提升海垦进口居民日用消费品知名度，对培养和建设自有品牌具有重要意义，有助于创造进口优品效益，做大海垦国际营收。

（五）探索新型经营模式

海垦国际岛内进口免税居民日用消费品项目的建设，可以进一步探索海垦经济新路径和新模式，促进海垦国际转变经济增长方式和调整优化经济结构，抢占自贸港进口贸易先机，为满足海南本地居民日益增长的美好生活需要做出贡献。

第五章　海垦国际岛内进口免税居民日用消费品项目研究

第八节　研究结论与建议

一　结论

海垦国际依托海南自贸港鼓励发展进出口贸易的政策机遇，建设岛内进口免税居民日用消费品项目，引进德国、意大利、英国、日本、韩国、澳大利亚、法国等知名品牌，主要经营范围是进口日用品、休闲食品、酒水饮料、乳制品、居家日化洗护用品、化妆品、护肤品、保健品、日用小家电等系列进口居民日用消费品的批发和零售。通过全球采购，在全省布局100家连锁社区门店（50家自营店、50家联营和加盟店），进口居民日用消费品到岛内销售，为岛内、国内的消费者带来物美价廉、品质可靠、空前丰富的第一手进口居民日用消费品以及高质量的服务，繁荣国际贸易市场，提升居民生活品质，共创美好生活。另外，海垦国际拟在海口综合保税区内成立海垦国际全资子公司，用作对接进口商品供应链系统建设平台。同时，拟与进口商品供应链公司在洋浦成立进口贸易公司，强化供应链渠道建设。最终建立以海南为中心，辐射全国的强大的进口居民日用消费品供应链体系，做大做强进口日用品贸易，推动"进口商品批发贸易+跨境电商+线下门店+线上商城+直播带货"运营模式的全面发展。

海垦国际岛内进口免税居民日用消费品项目积极推进进口免税居民日用品供应链体系建设，以市场为导向，以顾客为中心，通过线上和线下的充分融合、互通互动，既发挥线下产品实际体验的优势，又充分使用线上便捷支付的功能，搭建"最后一米"的用户体验平台。让顾客通过真实、具体、可感的产品体验，更好地感知产品的品质和性能，精准把握顾客需求，为客户提供一流的产品和服务。

从财务盈利能力来看，项目总投资收益率较理想，年均利税率为7.67%，年均净利润率达5.47%。内部收益率为9.71%，高于行业基准收益率。财务净现值4792.40万元，表明项目在未来盈利能力为正，具备一定的盈利性；从财务不确定性来看，项目盈亏平衡点为62.14%，具有一定的抗风险能力。项目整体偿债备付率为1.56，说明项目具有足够的资金流用于偿债。因此，该项目具有较好的效益，同时，对整个行业发展具有重要促进作用，该项目是可行的。

该项目的实施将使企业在海南自贸港进口贸易业务发展初期抢占市场先机，做大做强企业国际贸易。丰富居民进口日用消费品供应，共创美好生活体验。项目能够增加大量就业机会，显著提升税收收入，社会效益显著。

通过分析，项目投资风险较小，社会、经济效益好，可以形成多方共赢的局面。项目收入来源稳定，经营收益率较高，具有稳定的净现金流。项目建设是必要的，开发及运营是可行的，建议加快推进项目建设并提供积极支持。

二 建议

为确保全面落实项目设定的各项目标，建议项目在建设过程中注意落实以下措施。

第一，积极争取专项资金，拓宽筹融资渠道，确保项目实施有足够的资金保障。

第二，积极引进、招募和培养优秀人才，打造一支实力雄厚的运营团队，确保项目实施有足够的人才支撑。

第三，充分做好市场调研工作，科学布局社区线下营业网点，积极推进线上网络平台建设。

第四，积极寻求上游多方战略合作伙伴，强强联手，确保优质稳定的货源供应。

第五，制订专门的实施计划，明确筹建小组职责，加强项目的组织管理，保证项目的顺利建设和营运。

第六，根据项目本身采取科学可行的应对风险的措施，尽量将风险降到最低，确保项目保质保量完成。

第七,组建强有力的营销团队和运营团队,确保项目科学有序运营,提升经营能力,控制经营成本,提升经营效益,加快投资资本回收。

第八,加强品牌推广和塑造,提升项目知名度,以品牌提升项目附加值。

第六章
海南省定安县现代农业冷链物流加工基地项目研究

第一节 项目概述

一 项目概况

项目名称：海南省定安县现代农业冷链物流加工基地项目

建设地点：定安县定城塔岭工业园区

建设性质：新建项目

建设周期：总体分三期开发，共36个月

规模：总用地面积80亩，总建筑面积53333.6平方米

投资总额：估算为20000万元

二 项目功能简介

项目依托区域巨大的冷链物流市场需求，建设现代化的农产品冷链物流加工配送中心，致力于实现水果、蔬菜、肉类、奶制品等特色产品的冷链集成服务功能，打造集冷冻冷藏、信息管理、物流配送、展示交易、储运加工于一体的现代化、多功能、综合性的"智慧现代农业冷链物流加工

服务圈"。

项目始终坚持围绕保供给、减损耗、降成本、强产业、惠民生的目标建设要求，聚焦于鲜活农产品产地"最先一公里"，以农产品主产区、特色农产品优势区、农产品集散区为重点，通过建设现代农业冷链物流加工基地，不断完善城乡冷链基础设施建设，减少农产品流通损耗，降低冷链物流成本，构建全链条、网络化、严标准、可追溯、高效率的现代农业冷链物流体系，实现冷链物流发展同农业特色产能目标、市场需求和产业绩效的高度匹配，提高产业链、供应链稳定性和竞争力，不断推动当地农产品提质增效，促进农民增收和乡村振兴。

该项目以满足公司自身农产品加工项目的冷链物流需求为基础，同时努力承担境内外其他农产品加工企业的冷链物流外包服务，为行业和当地社会经济发展贡献力量。此外，该项目建设突出引领性与创新性，探索多温共配模式，推动冷链物流配送专业化、标准化、规模化发展，真正打通农产品从田间地头直达餐桌的"最后一公里"，为群众消费提供高质保障。

该项目将建成与农业现代化发展相匹配、与市场需求相适应的冷链物流服务体系，旨在打造出海南省定安县规模最大的集约型现代农产品综合冷链物流集散中心和加工服务基地，服务于区域内现代农产品全产业链发展，同时助力海南农产品开拓国际市场，以更快的步伐走出国门、走向国际，不断提升海南自由贸易港建设水平。

三 研究工作依据和范围

（一）研究工作依据

《海南自由贸易港建设总体方案》（2020年6月1日）

《中共中央 国务院关于抓好"三农"领域重点工作确保如期实现全面小康的意见》（2020年1月2日）

《海南省人民政府关于支持产业项目发展规划和用地保障的意见（试行）》（琼府〔2019〕13号）

《国务院关于印发中国（海南）自由贸易试验区总体方案的通知》（国发〔2018〕34号）

《国务院关于同意设立中国（海南）自由贸易试验区的批复》（国函〔2018〕119号）

《中共中央 国务院关于支持海南全面深化改革开放的指导意见》（中发〔2018〕12号）

《商务部办公厅 国家标准化管理委员会办公室关于开展农产品冷链流通标准化示范工作的通知》（商办建函〔2016〕699号）

《百万人才进海南行动计划（2018—2025年）》（琼发〔2018〕8号）

《中共中央 国务院关于深入推进农业供给侧结构性改革加快培育农业农村发展新动能的若干意见》（中发〔2017〕1号）

《海南省人民政府办公厅关于印发海南省加快推动冷链物流发展保障食品流通安全实施方案的通知》（琼府办〔2017〕212号）

《中华人民共和国国民经济和社会发展第十三个五年规划纲要》

《推动共建丝绸之路经济带和21世纪海上丝绸之路的愿景与行动》（2015）

《国务院关于印发"十三五"国家战略性新兴产业发展规划的通知》（国发〔2016〕67号）

《中共海南省委关于以创新为引领推进供给侧结构性改革的实施意见》

《海南省鼓励和支持战略性新兴产业和高新技术产业发展的若干政策（暂行）》（琼府〔2011〕52号）

《建设项目经济评价方法与参数（第三版）》

项目建设相关现行国家、行业标准

项目公司提供的有关材料及相关数据

（二）研究工作范围

本报告按照科学性、经济性、可操作性和实事求是的原则，并遵循国家和地方的现行有关法规、政策、标准和规范，以委托方提供的相关资料为依据，从区域经济社会发展原则、态势、定位等，对定安县现代农业冷链物流加工基地项目建设的背景、必要性及可行性，项目区位，项目实施进度，投资估算及资金筹措，财务评估，项目社会经济效益等多方面进行研究，从而确定项目投资建设可行性。

四 项目主要经济技术指标

项目主要经济技术指标包括建设相关指标、投资相关指标、财务相关指标、提供就业人数。项目主要经济技术指标如表6-1所示。

表6-1 项目主要经济技术指标

序号	项目	单位	数量	备注
一	建设相关指标			
1	总用地面积	亩	80	
2	总建筑面积	m²	53333.6	
(1)	恒温库	m²	20000.1	
(2)	冷藏库	m²	9333.38	
(3)	冷冻库	m²	4000.02	
(4)	加工车间	m²	13333.4	
(5)	研发及产品展示交易中心	m²	4000.02	
(6)	办公及配套	m²	2666.68	
3	容积率	—	1.0	
4	建筑密度	%	64.58	
5	绿地率	%	9.00	
6	货车停车位	个	50	
7	绿化面积	m²	4800	
8	道路及场地硬化面积	m²	14088.72	
二	投资相关指标			
1	工程费用	万元	15238.35	占76.19%
2	工程建设其他费用	万元	2689.27	13.45%
3	预备费	万元	896.38	4.48%
4	财务费用	万元	1176.00	5.88%
	合计	万元	20000	100.00%

续表

序号	项目	单位	数量	备注
三	财务相关指标			
1	计算期总收入	万元	119311.23	
2	计算期总成本	万元	79455.32	
3	计算期总税费	万元	8243.97	
(1)	增值税	万元	1791.44	
(2)	房产税	万元	694.81	
(3)	城市维护建设税	万元	89.57	
(4)	教育税附加	万元	53.74	
(5)	地方教育税附加	万元	35.83	
(6)	企业所得税	万元	5578.58	
4	计算期总净利润	万元	31611.94	
5	静态投资回收期(含建设期)	年	8.1	
6	经营利润率	%	26.50	
7	经营利税率	%	31.17	
8	投资收益率	%	11.29	
9	投资利税率	%	13.28	
10	财务净现值	万元	9385.37	
11	内部收益率	%	12.44	
12	盈亏平衡点	%	38.03	
四	提供就业人数			
1	项目就业人数	人	155	
2	园区带动就业人数	人	800	

五 初步结论

项目符合《海南自由贸易港建设总体方案》《中共中央 国务院关于支持海南全面深化改革开放的指导意见》《国务院关于印发中国（海南）自由贸易试验区总体方案的通知》等文件和海南省全面深化改革的总体发展规划和产业支持的要求，以"大市场、大贸易、大流通"为项目建设战略思想,致力于打造集冷冻冷藏、信息管理、物流配送、展示交易、储运加工于一体的现代化、多功能、综合性的"智慧现代农业冷链物流加工服务圈",高度聚集农产品资源,以满足公司自身农产品加工项目的冷链物流需求为基础,同时努力承担境内外其他农产品加工企业的冷链物流外包服务,旨在打造定安县规模最大的集约型现代农产品综合冷链物流集散中心和加工服务基地,助力海南自由贸易港建设。

海南省定安县现代农业冷链物流加工基地项目总用地面积 80 亩,总建筑面积 53333.6 平方米,总投资 2 亿元。项目收入来源稳定,盈利能力较好,计算期总收入为 11.93 亿元(年均约 1.2 亿元)。项目计算期总计为政府创造税收收入 8243.97 万元。项目经济效益明显,通过项目实施,预计直接新增就业人数 155 人,园区带动就业人数 800 人,随着项目产业链的延伸,间接带动就业人数将会更多。

通过分析,海南省定安县现代农业冷链物流加工基地项目投资风险较小,效益好,可以形成多方共赢的局面。同时,项目各项收入稳定,经营收益率较高,具有稳定的现金流。项目落地是必要的,投资建设经营是可行的,建议政府批准立项,并提供积极支持。

第二节 项目建设的背景、必要性及可行性

一 项目建设背景

(一)国家聚焦农业供给侧结构性改革

"务农重本,国之大纲。"重视农业、夯实农业基础,历来是固本安民之要。习近平总书记多次强调,要把推进农业供给侧结构性改革作为农业农村工作的主线。农业供给侧结构性改革是"三农"领域的一场深刻变革,是提高农业质量效益的治本之策。深化农业供给侧结构性改革,要围绕延伸产业链、提升价值链、打造供应链做文章。国际农业竞争的实质是产业体系的竞争,没有完整的产业链,就难以提高农业的附加值,农业就只能是弱势

农业、低效农业。要加快构建生产、加工、物流、营销一体化发展新格局，做强一产、做优二产、做活三产，推动一二三产业深度融合，提高农业综合素质、效益、竞争力，让农民更多分享产业链增值收益。

近几年来，为了加快推进农业供给侧结构性改革，国家推出了一系列的新政策、新举措。国务院办公厅印发《关于加快推进农业供给侧结构性改革大力发展粮食产业经济的意见》，明确指出到2020年，初步建成适应我国国情和粮情的现代粮食产业体系，粮食加工转化率达到88%，主食品工业化率提高到25%以上，主营业务收入过百亿的粮食企业数量达到50个以上，大型粮食产业化龙头企业和粮食产业集群辐射带动能力持续增强，粮食科技创新能力和粮食质量安全保障能力进一步提升。农业部编制的《全国农产品加工业与农村一二三产业融合发展规划（2016—2020年）》中指出，到2020年农村产业融合发展的目标，即总体水平明显提升，产业链条完整、功能多样、业态丰富、利益联结更加稳定的新格局基本形成，农业生产结构更加优化，农产品加工业引领带动作用显著增强，新业态、新模式加快发展，产业融合机制进一步完善，带动农业竞争力明显提高，促进农民增收和精准扶贫、精准脱贫作用持续增强。到2020年，力争规模以上农产品加工业主营业务收入达到26万亿元，年均增长6%左右，农产品加工业与农业总产值比达到2.4∶1。主要农产品加工转化率达到68%左右，规模以上食用农产品加工企业自建基地拥有率达50%。

（二）新时代农产品冷链物流发展势头正猛

近年来，农产品冷链物流产业被列入国家振兴产业中，2019年12月，农业农村部、国家发展改革委、财政部、商务部联合发文，明确"加强冷链物流集散中心建设，构建覆盖农产品生产、加工、运输、储存、销售等环节的全程冷链物流体系"。这标志着农产品冷链物流产业将进入一个快速发展的崭新时代。2020年中央一号文件更是重点提出"启动农产品仓储保鲜冷链物流设施建设工程"。可见，农产品冷链物流产业逐渐发展成物流产业的重要组成部分，受到社会各领域的认可和关注。

目前我国农产品冷链系统已经初具规模，2018年，我国农产品冷链物流总额突破5万亿元，增幅超过20%。但相较于发达国家，我国生鲜农产品冷链发展始终相对滞后。我国生鲜农产品的流通成本占总成本的60%以上，而发达国家流通成本一般在10%左右；我国冷链流通率不足50%，发达国家达95%以上；我国农产品产地预冷保鲜率为30%，低于发达国家80%的平均水平；我国冷链利润率仅有8%，而发达国家为20%~30%。2018年我国水果、蔬菜、肉类、水产品流通腐损率分别达到11%左右、20%以上、8%、10%，而发达国家果蔬损失率一般控制在5%以下。我国农产品冷链物流整体呈现冷链流通比重低、损耗大、成本高的特征，在一定程度上已成为制约农业经济发展的瓶颈。据估算，我国每年在物流过程中损耗1200万吨水果和1.3亿吨蔬菜，总值超过600亿元。在当今的背景下，打造符合新时代流通需求的农产品现代供应链体系，是提高农产品流通效率、促进农民增收和乡村振兴、满足消费升级需求、扩大生鲜农产品消费的必要途径。

（三）"一带一路"倡议助力农产品对外贸易

随着中国国际化进程的加快及"一带一路"建设的推进，国产生鲜产品的出口机会也在增加。农业是部分共建"一带一路"国家的优势产业，但在进出口贸易中，该产业对于冷链物流的依赖程度较高。而发展物流体系，正是"一带一路"倡议的主要诉求。国内企业应该学会利用普惠制和区域性优惠贸易政策，加强农产品外贸转型升级，扩大优势农产品出口。此类产品想要走出国门，高质量的全程冷链物流配套服务必不可少，这也将加快国内冷链物流产业的标准化进程。

当前，"一带一路"建设的推进，海南自贸区与自贸港的建设，使得跨境冷链业务日益频繁，而移动互联网的崛起，又催生了生鲜电商、冷链宅配的兴起，这些无疑将是冷链物流发展面临的新主题、新机遇。我们要看到农产品"走出去"的机遇，"一带一路"建设的推进，有利于助推优质农产品不断开拓国际市场，推动农产品冷链物流产业的发展，从而加快我国农产品对外贸易进程，进一步助推海南自由贸易港建设。

二 项目建设的必要性

（一）顺应农业产业发展新趋势，促进小农户与现代农业发展有机衔接的需要

我国是农产品生产大国，但很多农产品在加工、运输、配送等环节极易出现腐烂、变质甚至是损毁的情况。同时，随着人们对肉禽蛋奶水果等生鲜产品的品质需求不断扩大，其生产规模也在迅速扩大，使得市场对农产品仓储保鲜冷链物流的需求越来越大。生鲜农产品的区域规模化产出和反季节销售，迫切需要加快发展农产品跨地区保鲜运输。

海南省定安县现代农业冷链物流加工基地项目的建设将充分运用现代化冷链物流技术，不断加快农产品仓储保险冷链物流建设，通过加强与小农户之间的产业联盟，推动农产品的集约化生产，不断增加农产品产业附加值，顺应农业产业发展新趋势，促进小农户与现代农业发展有机衔接。

（二）做好"三农"领域补短板项目的需要

中央一号文件连续十几年提出大力发展农业，农民生产的农产品需要批发市场来促进流通，实现价值，构建大型农副产品市场是历史机遇，是在为农业增产、农民增收、农村大发展做贡献。农业农村部办公厅2020年发文指出，要结合"菜篮子"工程建设，综合考虑生鲜农产品消费需求、产地集散等因素，在重点大中城市选择一批农产品产地市场、集散市场，开展农产品骨干冷链物流基地建设，连接区域性农产品产地仓储冷链物流设施，形成农产品进城冷链物流中心。

海南省定安县现代农业冷链物流加工基地项目的建设将发挥从基地到消费者的桥梁作用，增强农产品的流通性，变资源优势、劳动力优势为市场优势，加快补齐"三农"领域发展短板，助推农业现代化发展。

（三）加快乡村振兴、实现农民增收致富的需要

作为农产品生产和消费大国，在"民以食为天"和"满足人民美好生活需要"的传统理念和新需求下，我国应快速适应市场需求变化，农产品冷链物流已成为当下不可回避的话题之一。党的十九大以后，以习近平同志

为核心的党中央紧紧围绕实施乡村振兴战略作出了一系列重大战略部署，在食品冷链物流等方面提出了许多重大举措。各地各行业协会也在不断探索推进并设定地方冷链标准。我国城乡之间、区域之间、群体之间各有特色，对农产品冷链物流发展的需求导向也有明显不同，这就需要市场主体从实际环境出发，不断进行业务创新，提升冷链物流服务水平，才能真正实现冷链物流愿景目标。

海南省定安县现代农业冷链物流加工基地项目的建设将着力聚焦农产品冷链物流体系中"最先一公里"与"最后一公里"的问题，切实整合农业资源，提高农产品"从田间到餐桌"的全程可追溯性，完善冷链物流体系，这既可以减少农产品产后损失，又可以带动农产品跨季节均衡销售，促进农民稳定增收，是助推海南省农业产业结构调整、推动琼货出山、深入推进农村产业革命的重要渠道。

（四）提高我国农产品国际竞争力、为农产品高效出岛建设贸易配套平台的需要

中国特色的自由贸易港，将打造开放层次更高、营商环境更优、辐射作用更强的开放新高地，对于促进开放型经济创新发展具有重要意义。自由贸易港可实现商品的"自由中转、自由存放、自由加工、自由转让"，允许自由开展中转、集拼业务，不需要办理海关手续。允许自由存储，允许制造加工、研发设计、检测维修、保税展示等业务。要充分发挥海南地处祖国南端的区位优势和海南自由贸易港政策优势，谋划"冷链+自贸港政策"的系列项目。

海南自由贸易港建设起步较晚，现有基础设施及其配套服务功能达不到自由贸易港要求。因此建设海南省定安县现代农业冷链物流加工基地项目，对于加快发展农产品冷链物流、提高出口农产品质量、突破贸易壁垒、增强国际竞争力、加快农产品高效出岛贸易配套平台建设具有积极的作用。

（五）为引进人才搭建服务平台的需要

《百万人才进海南行动计划（2018—2025年）》明确要实施积极的人才引进政策，必将吸引大量的人才到海南来创业就业。因此搭建人才服务平

台，为人才提供优质的服务，是非常有必要的。海南农产品丰富，对冷链物流的需求量大，但冷链物流的人才供给不足，制约了农产品经济的发展。基于此，海南农产品冷链物流对专业型人才的需求量大。

海南省定安县现代农业冷链物流加工基地项目为国内外人才创业就业创造一流的服务环境，能够吸引广大冷链物流专业型人才及相关人才到此工作。由此，项目也进一步为海南推进百万人才引进计划搭建了重要平台，可吸引和留住更多优秀人才。

（六）提供就业岗位、解决就业问题的需要

就业是民生之本，是社会民生的重要一环，海南省定安县现代农业冷链物流加工基地的建设将会铸就高质量的发展平台，将吸引大量企业和创业者入驻，可直接提供就业岗位155个，园区带动就业人数800人，大量的就业岗位将由当地供应，这将有效地增加就业岗位供给，缓解就业压力。

（七）增加当地税收收入的需要

政府需要增加财政收入来促进社会发展，而税收是财政收入中最为重要的组成部分之一。因此，通过开展项目，增加税收收入尤为必要。

海南省定安县现代农业冷链物流加工基地项目收入稳定，能创造大量的税收收入，项目在计算期内将直接为政府创造税收收入8243.97万元。同时，该项目建成后将会辐射相关产业联动式发展，所带来的税收间接收入将更为可观。

三 项目建设的可行性

（一）符合政府的产业政策要求

2010年6月，国家发展改革委发布《农产品冷链物流发展规划》，该规划的出台吹响了冷链物流大举发展的号角。在政策的推动之下，我国的农产品冷链物流开始进入人们的视野，逐渐被众多物流公司所接受。近几年，国家相关部门一直在积极研究和出台相关鼓励性政策，促进农产品冷链物流发展。

2018年6月，《海南省人民政府办公厅关于推进农产品加工业发展的实施意见》强调要大力发展农产品初加工业，推进农产品清洗、分级、烘干、预冷、保鲜、包装等商品化处理。围绕热带作物、热带水果、特色畜禽、水产品、南药、林木产品、茶叶、花卉、咖啡、种子等产品，以食品生产、药用开发、功能性产品开发等为重点，发展特色农产品精深加工业。围绕服务"一带一路"倡议，发挥海南区位优势，加快发展国际农产品来料加工业和拓展"一带一路"市场的外向型加工业。

2019年1月，《中共中央 国务院关于坚持农业农村优先发展做好"三农"工作的若干意见》表明，支持产地建设农产品贮藏保鲜、分级包装等设施。

2019年2月，《关于推动物流高质量发展促进形成强大国内市场的意见》指出，鼓励企业利用产地现有常温仓储设施改造或就近新建产后预冷、贮藏保鲜、分级包装等冷链物流基础设施，开展分拣、包装等流通加工业务。

2019年5月，《关于推动农商互联完善农产品供应链的通知》要求加强产后商品化处理设施建设，发展农产品冷链物流，各地中央财政资金支持农产品产后商品化处理设施和冷链物流的比例不得低于70%。

2020年2月5日，《中共中央 国务院关于抓好"三农"领域重点工作确保如期实现全面小康的意见》明确指出，安排中央预算内投资，支持建设一批骨干冷链物流基地，加快物联网、大数据、区块链、人工智能、第五代移动通信网络、智慧气象等现代信息技术在农业领域的应用。

2020年3月16日，国家发展改革委办公厅印发了《关于开展首批国家骨干冷链物流基地建设工作的通知》。国家发展改革委将通过中央预算内投资等渠道，对首批国家骨干冷链物流基地范围内符合条件的项目建设予以支持，推动提高基地的冷链综合服务能力。其支持范围包括公共服务型冷库、配套基础设施以及其他相关设施。

2020年5月6日，《"互联网+"农产品出村进城工程试点工作方案》指出，要建设提升农产品生产加工和仓储物流基础设施。结合农产品仓储冷链物流设施建设工程，统筹现有的县级农业产业园、示范园或电商孵化园等资源，建设改造具有集中采购和跨区域配送能力的农产品县级集配中心，作为出村进城的枢纽，配备预冷、低温分拣加工、冷藏运输等冷链设施设备。完善县乡村三级物流体系，提高县域内冷链物流连通率和覆盖率。

通过以上的分析可知，海南乐呵绿色果业有限公司将要打造的海南省定安县现代农业冷链物流加工基地项目完全符合国家的战略规划和产业发展等各项政策的要求，是政府鼓励发展的项目，从政策角度讲具备建设可行性。

（二）产业项目发展用地有保障

《海南省人民政府关于支持产业项目发展规划和用地保障的意见（试行）》强调要保障海南自贸区［港］产业项目落地，推进海南自贸区［港］产业转型升级和高质量发展，进一步提高土地节约集约利用水平，为海南自贸区［港］建设提供有力的规划和用地保障。鼓励规划用途混合弹性利用。优化控制性详细规划编制，综合考虑空间、布局、产业融合等因素，鼓励工业、仓储、研发、办公、商业等规划用途混合布局、空间设施共享。优先保障以旅游业、现代服务业和高新技术产业为主导的产业、全省十二个重点产业（商品住宅项目除外）、重点产业园区产业项目用地以及省招商工作联席会议审议通过的招商项目用地。

海南省定安县现代农业冷链物流加工基地项目的建设，属于海南省人民政府关于支持产业项目发展规划和用地保障的意见中优先保障建设用地的项目，具有用地保障和可行性。

（三）市场发展潜力大

随着农业结构调整和居民消费水平的提高，生鲜农产品的产量和流通量逐年增加，加快发展农产品冷链物流，对于促进农民持续增收和保障消费安全意义重大。在巨大的市场需求驱动下，我国食品冷链物流总额飞速增长，2017~2019年，食品冷链物流总额的增速始终高于社会物流总额增速。同时，我国冷库总量和冷藏车数量都有所提升，行业的基础设施建设进一步提高。

农产品是人们日常生活的必要物资。随着我国居民收入水平的提高和消费意愿的提升，我国农产品消耗量巨大。数据显示，2018年，我国农产品市场交易额为 1.83 万亿元。在巨大的市场需求驱动下，我国食品冷链物流总额飞速增长。数据显示，2019 年我国食品冷链物流总额突破 6 万亿元，且在 2017~2019 年，食品冷链物流总额的增速始终高于社会物流总额增速。可见，我国农产品冷链物流行业正处于高速发展期。

因此，在国家政策的引导和市场需求的有力驱动下，未来，我国农产品冷链物流行业的发展前景将十分可观，海南省定安县现代农业冷链物流加工基地项目的建设将会搭乘农产品冷链物流行业发展的顺风车，其未来市场发展潜力巨大。因此，该项目发展具有市场可行性。

（四）项目基础条件好

海南省定安县现代农业冷链物流加工基地项目所在地位于海南定安县定城塔岭工业园区，该园区已经被纳入海南省省级重点产业园区，形成以食品加工为主的农副产品加工和以装配式建筑部品部件生产为主的新型建筑建材齐头并进的产业发展格局，在全省的农副产品食品加工和装配式建筑产业中占有一定位置。该项目入驻工业园区能够获得高效优质的服务，且园区定位与项目定位相契合，能够获得双向的发展，形成共赢。项目所在空间的可塑性强，现有设施条件完好，用地充足，道路、给排水、供电、信息配套等公用工程条件完善。此项目的建设单位有健全的财务会计核算制度，社会信誉及财务状况良好，运营规范。相关产业的基地选址考察经验丰富，产品开发技术高，管理制度健全，建设单位有较强的经营能力、市场竞争力和较高的服务水平，可以达到项目建设的各项要求。

（五）交通条件优越

项目区位优势明显，交通方便，公路运输四通八达，物流顺畅，有利于项目的运营和发展。

第三节　建设地址区位分析

（一）选址原则

1. 建设地址临近交通道路旁边，交通便利，方便出行。且所在地空旷开阔，气候条件适宜，为项目的相关产业发展提供了良好的发展环境。

2. 符合国家法规、城市发展规划和土地利用规划等有关规划、条例的规定，特别是符合对用地性质、强度等方面的规定。

3. 项目建设地址对当地的环境不会形成威胁，不会改变当地的初始环境以及自然风貌。

4. 项目建设地址有较为低廉、较大规模的用地，水、电、通信等基础设施条件较好。

（二）拟选地址

海南省定安县现代农业冷链物流加工基地项目拟选地址位于定安县定城塔岭工业园区，用地面积 80 亩。

该地段建设环境优良，项目区地势大致平坦、环境适宜、交通便利、位置优越，无不良地质状况，无易燃物品、污染源和高压线路，无需要保护的文物和古建筑，周边道路等配套设施已建设到位，适合本项目的建设。

项目对周围相关环境无不良影响，项目建设不影响城市防洪和排涝，建设用地不压覆矿床和文物，项目建设用地条件和位置均佳。

第四节 项目实施进度

项目按三期开发，建设周期 36 个月。

一期工程：2021 年 1 月至 2021 年 12 月。

二期工程：2022 年 1 月至 2022 年 12 月。

三期工程：2023 年 1 月至 2023 年 12 月。

2021 年前，完成项目前期工作。包括项目可行性研究、项目立项审批、详规、环评、招标、勘探设计、施工手续报批等。

建设期主要建设内容：平整土地及道路工程、恒温库、冷藏库、冷冻库、加工车间、研发及产品交易中心、办公及配套、绿化工程、停车位工程等。

项目工程建设进度详见表 6-2。

表 6-2　项目建设进度一览表

序号	项目	2021年前	2021年 上半年	2021年 下半年	2022年 上半年	2022年 下半年	2023年 上半年	2023年 下半年
1	前期工作							
2	平整土地							
3	道路工程							
4	恒温库							
5	冷藏库							
6	冷冻库							
7	加工车间							
8	研发及产品展示交易中心							
9	办公及配套							
10	绿化工程							
11	停车位工程							

第五节　劳动定员及开发

一　管理机构

（一）项目建设管理

项目建设实行总经理负责制，下设职能部门，各司其职，各负其责。财务管理实行"三专"管理，确保专款专用，提高资金使用效果。

（二）机构设置及职能

项目建成后，按现代企业制度进行运作与经营，实行自主经营，独立核算，自负盈亏。项目实行董事会领导下的总经理负责制。公司设立董事会，为公司的最高权力机构。

根据"高效、精简"的配置原则，公司设总经理办公室，负责部门的总体管理工作。具体公司管理部门结构图如下。

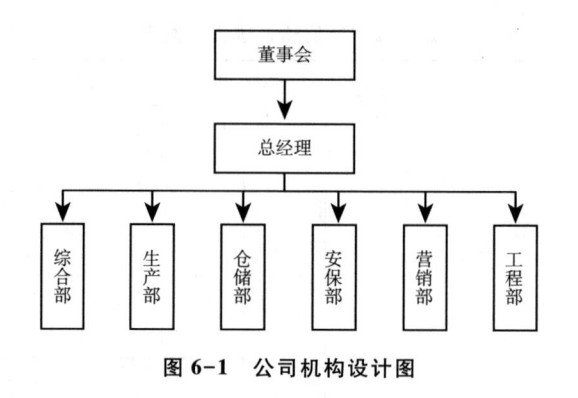

```
            ┌──────┐
            │ 董事会 │
            └──┬───┘
            ┌──┴───┐
            │ 总经理 │
            └──┬───┘
   ┌────┬────┼────┬────┬────┐
 综合部 生产部 仓储部 安保部 营销部 工程部
```

图 6-1　公司机构设计图

二　人力资源管理

项目建成后将坚持以岗定员，科学管理，尊重知识，尊重劳动法规，认真搞好岗前培训，并在实际工作中运用绩效管理法实现奖惩严明，提高人员的素质，培养一批有能力、有素质、有文化，求上进的电商运营、冷链物流技术、配送服务及管理服务人员，带动整个海南省定安县现代农业冷链物流加工基地项目基地建设朝着国际化、标准化的定位方向发展。

所有需要凭证上岗的人员，均按有关规定，参加有关主管部门组织的业务培训，持证上岗，并定期进行资质和证书审核。

员工实行全员绩效管理，分不同的工种实行年度、季度、月度绩效考核，将全员的工作纳入合理的绩效管理中。同时，完善员工各项管理制度，修订《员工手册》、员工管理规范，确保各项管理都有制度可依。

三　劳动定员

项目员工全部实行合同制，员工的招聘与解雇按照双方依据国家《劳动法》所签订的劳动合同执行。员工的工资、劳动保险、生活福利和奖励等事项，依据国家《劳动法》有关规定和项目制定的劳动管理实施办法执行。人员编制详见下表。

第六章　海南省定安县现代农业冷链物流加工基地项目研究

表6-3　人员配置一览表

单位：人

序号	部门	高管	管理人员	技术人员	普通员工	小计
1	综合部	1	1		2	4
2	生产部		1	10	85	96
3	仓储部		1		30	31
4	安保部		1		10	11
5	营销部		1		6	7
6	工程部		1	3	2	6
	合计	1	6	13	135	155

四　员工工资及福利

劳动者待遇分为工资及福利，员工工资按照国家法律规定、职务及工种的不同进行设定，员工福利按照员工工资取一定比例进行计算，员工工资及福利详见下表。

表6-4　项目工资及福利费一览表

序号	岗位	人数	月工资(元)	月份(月)	合计(万元)
1	高管	1	20000	12	24
2	管理人员	6	8000	12	57.6
3	技术人员	13	6000	12	93.6
4	普通工人	135	4000	12	648
	总计	155			823.2

五　培训管理

现代冷链物流配送业是一个兼有知识密集、技术密集、资本密集和劳动密集特点的外向型和增值型的服务行业，其涉及的领域十分广阔。在物流运作链上，商流、信息流、资金流贯穿其中，物流管理和营运工作需要各种知识和技术水平的劳动者。冷链物流配送业具有系统性和一体化以及跨行业、跨部门、跨地域运作的特点，同时企业面临降低成本的压力而增加对岗位多面手的需求，因此需要具有较为广博的知识面和较高综合素质的复合型人才。

本项目投入使用前要对员工特别是管理人员进行仓储运输专业知识、财务成本管理知识、外语知识、安全管理知识、法律知识及企业文化、品牌运作等方面知识的培训学习，使其在工作中能够发挥更好的作用。

为保证新员工尽快适应环境，掌握岗位技能，新员工培训项目包括项目的战略定位与企业文化、劳动安全知识、员工手册说明、相关操作技能和服务技能等。对于督导人员（主管级）的培训计划涉及专业服务、功能分块管理水平、时间管理等方面的培训，旨在打造更完美的现代冷链物流人才基地，培养出更加高端、有水平、有质量的服务团队。

第六节 投资估算及资金筹措

一 投资估算依据

项目建设投资估算是指投资项目从建设前期的准备工作到项目全部建成验收为止所发生的全部投资费用估算。按照项目建设方案和建设内容，分别对项目投资内容按有关标准和实际情况逐一估算。投资估算依据如下：

《中华人民共和国国家计划委员会计价格》（2002）

《建设工程监理与相关服务收费管理规定》（发改价格〔2007〕670号）

《基本建设项目建设成本管理规定》（财建〔2016〕504号）

《工程建设监理收费标准》（发改价格〔2007〕670号）

《工程勘察设计收费管理规定》（计价格〔2002〕10号）

《关于调整防空地下室易地建设费收费标准的通知》（琼价费管〔2010〕

329号）

《海南省园林绿化与仿古建筑工程综合定额》（2013）

《海南省市政工程计价定额》（2011）

《海南省房屋建筑与装饰工程综合定额》（2017）

《海南省物价局关于降低部分招标代理服务收费标准的通知》（琼价费管〔2011〕225号）

《关于规范工程造价咨询服务收费的指导意见》（琼价协〔2016〕004号）

《海南省安装工程综合定额》（2017）

《市政工程投资估算编制办法》（建标〔2007〕164号）

《建筑工程建设项目可行性研究报告编制办法》

《海南工程造价信息》（2020年第1期）

二 投资估算

（一）工程费用

项目工程费用涉及恒温库、冷藏库、冷冻库、加工车间、研发及产品展示交易中心、公用与辅助工程及其他工程等。项目各部分施工费用按照近期价格水平进行测算，参考《海南工程造价信息》（2020年第1期）。

（二）工程其他费用

根据国家有关部门对其他工程费用取费率规定计取。

项目建设管理费依据财建〔2016〕504号规定计取；工程监理费依据发改价格〔2007〕670号规定计取；勘测费依据计价格〔2002〕10号规定计取；设计费依据计价格〔2002〕10号规定计取；工程保险费按工程费用0.3%计取；招标代理费依据琼价费管〔2011〕225号规定计取；工程量清单及招标预算控制价编制费依据琼价协〔2016〕004号规定计取；工程量清单及招标预算控制价审核费依据琼价协〔2016〕004号规定计取；施工阶段全过程工程造价控制服务依据琼价协〔2016〕004号规定计取；工程概算编制依据琼价协〔2016〕004号规定计取；竣工结算审核费依据琼价协〔2016〕004号规定计取；标底审核依据琼价协〔2016〕004号规定计取；

场地准备费及临时设施费依据计标（85）352号规定计取；可研报告编制费依据计价格〔1999〕1283号规定计取；可研报告评估费依据计价格〔1999〕1283号规定计取；编制环境影响报告书依据琼价费管〔2011〕214号规定计取；评估环境影响报告书依据琼价费管〔2011〕214号规定计取；铝合金门窗检测费依据琼发改收费〔2004〕1301号规定计取；建筑节能检测费依据琼建科〔2013〕104号规定计取；防雷检测费依据琼发改收费〔2007〕150号规定计取；雷击风险检测费依据琼价审批〔2009〕39号规定计取；消防检测费依据琼计价管〔2002〕424号规定计取；初步设计文件及概算评审费依据琼发改招概审〔2015〕1722号规定计取；室内空气检测费依据琼价费管〔2013〕504号规定计取；白蚁防治费依据海房字〔2006〕（2元/m²计）；地质灾害危险性评估费依据发改办价格〔2006〕745号规定计取，土地费用按20万元/亩进行预估计算。

（三）基本预备费

按工程费与工程建设其他费之和的5%计取。

（四）财务费用

财务费用=银行贷款×年利率×贷款年数

银行借款1.2亿元，年利率4.9%。

综上，项目总投资估算为2亿元。

三 资金使用计划与资金筹措

（一）资金使用计划

项目建设总投资估算为2亿元。

其中包括：

（1）工程费用15238.35万元；

（2）工程建设其他费用2689.27万元；

（3）预备费896.38万元；

（4）建设期贷款利息1176.00万元。

（二）资金筹措

项目建设投资估算为 2 亿元。

资金来源：资金来源包括自有资金和银行贷款。

第七节　财务评估

一　财务评估模式

本报告依据国家颁布的《建设项目经济评价方法与参数》及国家现行的财会税务制度，对项目进行财务评价。财务分析按盈利性项目的模式进行，主要分析项目的收入、税金和成本费用，项目利润估算，项目盈利能力评估等，考察项目各项综合效益指标。计算期拟定为 13 年。

二　项目收入、成本和税费测算

（一）项目收入

项目收入主要为：农产品加工与包装收入、部分仓库租金收入以及部分厂房租金收入。

（二）项目成本

（1）营销费用：按总收入×3%计取。

（2）管理费用：按总收入×5%计取。

（3）财务费用：按年利率 4.9%计取。

（4）员工薪酬及福利

项目职工共 155 人，包含高级管理人员 1 人，按人均工资 2 万元/月计算，管理人员 6 名，按人均工资 0.8 万元/月计算；技术人员 13 人，按人均工资 0.6 万元/月计算；普通员工 135 人，按人均工资 0.4 万元/月计算。

（5）折旧费：对固定资产计提折旧，残值率 5%，按 20 年直线折旧。

（6）维修费用：按折旧费 40%计算。

（三）项目税费

（1）增值税＝销项增值税－进项增值税

销项增值税：加工收入／（1+3%）×3%+租金收入／（1+9%）×9%。

进项增值税：计税成本／（1+3%）×3%。

（2）房产税＝不含增值税租金×12%。

（3）城市建设维护税＝增值税×5%。

（4）教育税附加＝增值税×3%。

（5）地方教育税附加＝增值税×2%。

（6）企业所得税＝税前利润×企业所得税率15%。

三 利润测算

税前利润＝收入－经营成本－经营税金

项目缴纳企业所得税，税率按照15%计算。企业所得税＝税前利润×15%。

税后利润＝税前利润－所得税。

表6-5 项目利润一览表

序号	项目	年（万元）	计算期（万元）	备注
1	收入	10644.00	119311.23	
2	总成本	7592.72	79455.32	
3	营业税金	168.18	2665.40	
4	税前利润	2883.10	37190.51	收入-经营成本-经营税金
5	企业所得税	432.47	5578.58	税前利润×15%
6	净利润	2450.64	31611.94	税前利润-企业所得税

四 项目盈利能力评估指标

项目盈利能力评估指标主要包括内部收益率（FIRR）、财务净现值（FNPV）、静态投资回收期（含建设期）、总投资收益率（ROI）等，详见表6-6。

第六章 海南省定安县现代农业冷链物流加工基地项目研究

表 6-6 盈利能力评估指标分析表

序号	项目	单位	数值	计算方法
1	内部收益率（FIRR）	%	12.44	$\sum_{t=1}^{n}(CI-CO)_t(1+FIRR)^{-t}=0$
2	财务净现值（FNPV）	万元	9385.37	$FNPV=\sum_{t=1}^{n}(CI-CO)_t(1+i_c)^{-t}$
3	静态投资回收期（含建设期）	年	8.1	（累计净现金流量开始出现正值的年份-1）+（上年累计净现金流量的绝对值/当年净现金流量）
4	总投资收益率（ROI）	%	11.29	$ROI=\dfrac{NP}{TI}\times100\%$
5	投资利税率	%	13.28	投资利税率 = $\dfrac{EBIT}{TI}\times100\%$
6	经营利润率	%	26.50	经营税前利润/总收入
7	经营利税率	%	31.17	经营净利润/总收入

注：指标解释及计算方法如下文。

内部收益率（FIRR）：

财务内部收益率（FIRR）系指能使项目在计算期内净现金流量现值累计等于零时的折现率，即 FIRR 作为折现率使下式成立：

$$\sum_{t=1}^{n}(CI-CO)_t(1+FIRR)^{-t}=0$$

式中：CI 为现金流入量；CO 为现金流出量；$(CI-CO)_t$ 为第 t 年的净现金流量；n 为计算期。

财务净现值（FNPV）：

财务净现值系指按设定的折现率（一般采用基准收益率 $i_c=8\%$）计算的项目计算期内净现金流量的现值之和，可按下式计算：

$$FNPV=\sum_{t=1}^{n}(CI-CO)_t(1+i_c)^{-t}$$

式中：i_c 为设定的折现率（同基准收益率）。

项目投资回收期：

项目投资回收期系指以项目的净收益回收项目投资所需要的时间，一般以年为单位。项目投资回收期从项目建设开始年算起。项目投资回收期可采用下式计算：

$$Pt = T - 1 + \frac{\left|\sum_{i=1}^{T-1}(CI-CO)_i\right|}{(CI-CO)_T}$$

式中：T 为各年累计净现金流量首次为正值或零的年数。

总投资收益率（ROI）：

总投资收益率系指项目达到设计能力后正常年份的年净利润或运营期内年平均息税前利润（NP）与项目总投资（TI）的比率，总投资收益率按下式计算：

$$ROI = \frac{NP}{TI} \times 100\%$$

式中：NP 为项目正常年份的年息税前利润或运营期内年平均息税前利润；TI 为项目总投资。

投资利税率：

年息税前利润与投资总额的比率。投资利税率按下式计算：

$$投资利税率 = \frac{EBIT}{TI} \times 100\%$$

五 盈亏平衡分析

盈亏平衡分析系指通过计算项目达产年的盈亏平衡点（BEP），分析项目成本与收入的平衡关系，判断项目的适应能力和抗风险能力。以营业收入水平比表示的盈亏平衡点（BEP）计算公式为：

$$BEP = \frac{固定成本}{营业收入 - 营业税金及附加 - 可变成本} \times 100\%$$

计算结果表明，只要销售额达到设计的 38.03%，项目就可保本。

六 银行贷款偿还分析

项目总投资预估：2亿元。包含：自有资金0.8亿元，占比40%；银行贷款1.2亿元，占比60%。项目贷款比例合理。

七 银行贷款还款分析

（一）贷款偿还计划

在我国现行财务制度下，贷款偿还期是指固定资产投资贷款偿还期，在国家财政规定及项目具体条件下，项目投产后可用作还款的利润、折旧以及其他收益额偿还固定资产投资贷款本息所需要的时间。

该项目计算期13年（含建设期3年），贷款期8年还清所有固定资产投资银行贷款本金及利息，即计算期第9年已经还完所有本息，具体的偿还计划详见表6-7。

表6-7 项目银行贷款本息偿还计划一览表

单位：万元

序号	项目	建设期(1~3年)	经营期(年)							总计
			2	3	4	5	6	7	8	
1	期初应还贷款余额				12000	10000	8000	5500	3000	
2	当期应计利息				588.00	490.00	392.00	269.50	147.00	1886.50
3	当期本金偿还额				2000	2000	2500	2500	3000	12000
4	当期财务费用				588.00	490.00	392.00	269.50	147.00	1886.50
5	期末应还本息余额				10000	8000	5500	3000	0	

由上表可得：

（1）计算期第4年：偿还本金2000万元，利息588.00万元。（2）计算期第5年：偿还本金2000万元，利息490.00万元。（3）计算期第6年：偿还本金2500万元，利息392.00万元。（4）计算期第7年：偿还本金

2500万元，利息269.50万元。（5）计算期第8年：偿还本金3000万元，利息147.00万元

（二）还款能力分析

项目收入来源主要为：农产品加工与包装收入、部分仓库租金收入以及部分厂房租金收入等。项目收入构成及占比详见下表。

表6-8　项目计算期总收入构成及占比一览表

序号	收入构成	计算期收入（万元）	年均收入（万元）	占比（%）
1	农产品加工与包装收入	113000.00	11300.00	94.71
2	部分仓库租金收入	4116.02	411.60	3.45
3	部分厂房租金收入	2195.21	219.52	1.84
	合　　计	119311.23	11931.12	100

项目市场分析：项目所处的塔岭工业园区位于定安县塔岭新区，属"海口半小时经济圈"，是海南北部经济圈内唯一的临城、临港、临空、临江的工业园，良好的区位优势使这里成为发展新兴工业的理想之地，商铺出租率必然很高。

同时项目将建设研发及产品展示交易中心，将创造新的消费群体和市场，促进区域经济发展，进一步提升园区功能影响力。

项目收入来源稳定，经营收益率较好，具有稳定的净现金流用于银行贷款的本金和利息偿还。每期可用于银行贷款的偿还资金大于每期本金及利息的偿还计划金额。该项目的银行贷款偿还能力较强。

八　财务评估小结

该项目的建设符合国家宏观经济政策和产业政策，符合海南省及项目所在地发展总体规划和相关政策，从财务盈利能力分析看，总投资收益率较理想，财务内部收益率大于行业基准收益率，财务净现值大于零，表明项目具有较强的盈利能力；从清偿能力分析来看，项目具有较强的清偿能力；从财务不确定性分析看，项目具有很强的抗风险能力。因此，从财务层面上分

析，可知该项目建设具有较好的效益，对整个行业发展具有重要的促进作用，是可行的。

第八节　社会经济效益分析

一　加快农产品流通体系建设，积极推动农产品流通

近年来，国家加大了农产品产地批发市场、销地批发市场和零售农贸市场的农产品流通三级市场建设，但面向零售终端（农贸市场和连锁超市）的区域内部农产品综合物流配送体系尚未形成规模，农产品大宗物流与连锁超市生鲜区之间未能形成有效衔接。建立大型农产品加工物流配送中心可以完成供应链系统整合，把农民生产的分散农产品集中到物流配送中心，通过深加工、精加工，对农产品的数量、质量、品种进行管理。此外，有一些生鲜农产品可以通过物流中心精加工送到大型超市，实现农产品的快速高效配送，减少流通环节，提高农产品的新鲜度与质量。由于物流配送中心一般具有较大的规模与物流能力，一般可以同时为多个上游环节及下游环节提供物流服务，因此成为连接生产、加工、零售的核心环节，能有效解决农产品产销之间的链接，减少转运过程中的损失，创造更高的经济效益。

海南省定安县现代农业冷链物流加工基地项目将打造高效率、规模化的大型综合性农产品冷链物流加工配送平台，能够有效解决农业流通体系中产销衔接问题，加快农产品流通体系的建设，积极推动农产品顺利进城。

二　推进农业结构调整、乡村振兴、创收增收

农产品物流配送中心是在成熟的各专业农产品市场的基础上建立的物流中心，对农业发展有很大的促进作用。配送中心不仅能把千家万户分散的小生产组织起来，扩大生产规模，保证市场的需求，引导农民按照市场需求调整生产、养殖结构，有目的、有针对性地生产，避免产品过剩造成的损失，而且有利于发展跨区域甚至面向全国的大生产，逐步形成区域化、产业化、

更大规模化的农产品生产基础，从而持续、长远地增加农民收入。

海南省定安县现代农业冷链物流加工基地项目建成后，将带动小农户与企业的产业联盟，构建小农户参与现代农业发展建设的桥梁，为推进乡村振兴战略、不断调整农业产业结构，从而增加农民收入做出贡献。

三 进一步活跃地方经济，促进经济社会又好又快发展

据有关统计数据，服务业增加值的比重每提高 1 个百分点，万元 GDP 能耗就可降低 1 个百分点。流通业作为服务业的重要组成部分，是生态产业、阳光产业，能源、资源占用少、消耗低，对经济高质量增长具有重要的拉动作用，完全符合科学发展观的要求。流通业在整个国民经济中发挥着承上（生产）启下（消费）的重要功能，对整个社会的资源配置、结构调整都起着不可替代的重要作用。

本项目仓储配送辐射范围大，项目实施后，有助于定安县成为区域农产品冷链仓储、物流中心，从而带动与其相关的餐饮、旅游、公交、邮电以及仓储、运输等第三产业的快速发展，逐渐提高第三产业的比重，使项目所在区域的经济结构更趋于合理。

四 保证农产品质量，净化消费市场，保障民众食品安全

随着生活水平的提高，公众对"健康饮食"的理解，不仅仅要求农产品从播种、栽培、采摘、生产加工到最后摆上餐桌是安全无害的，还要求农产品的鲜活性和营养价值得到保障。流通加工每个环节必须有足够的品质保证，人们才会为得到健康食品买单。冷链物流必须通过技术保证食品的"冷鲜"，同时还需要通过信息系统保障冷鲜产品的可靠性，这才是真正的品质。加快发展农产品冷链物流已经成为保护农产品品质，减少营养流失，保证食品安全的必要手段。

海南省定安县现代农业冷链物流加工基地项目的实施，将改变当地农产品冷链仓储物流市场混乱无序状态，满足城乡日益增长的物流配送的需求，可最大限度地实现目标市场农产品的安全配送，有效保证县乡两级农产品质

量，通过净化消费市场，保障民众食品安全，从而极大地改善人民生活质量，拉动有效需求。

五 打造农特产品国际竞争力，引领形成经济新增长点

最近几年我国居民消费升级越来越明显，从最开始的生存温饱，逐步向追求质量、追求安全的方向转变。从最开始的从无到有，到现在的从有到好的转变。食品，包括粮食消费量是逐步下降的，蔬菜有一定的下降，但是逐步趋于稳定。水果、禽蛋奶和水产增长比较快。消费需求的变化影响了农产品的消费结构，包括对农产品整个物流方式的变化产生了一定的影响。在这样的消费需求变化之下，可以看到"一带一路"倡议的实施，农产品冷链物流的发展将助力国内优质农特产品走出国门，打开农特产品的国际市场，进一步壮大农产品跨境电商新兴贸易模式的发展，不断提升海南自由贸易港的开放水平。

建设海南省定安县现代农业冷链物流加工基地项目，对于建立完善农产品冷链物流体系具有重要的意义，对提升自贸港水平具有积极的作用。凭借其区位优势，充分发挥其综合作用，在发展农产品冷链物流加工配送的同时，适应国际贸易、金融、航运、物流发展需求，不断带动港口周边的经济发展，进而引领形成经济新增长点。

六 推进"众创"效益，带动就业明显，缓解就业压力

提高城乡居民特别是低收入群体的收入水平，现代流通业起到了立竿见影的效果。现代流通业已成为扩大就业的主要渠道。统计资料显示，目前制造业对就业贡献率位居第一，流通业居第二。但是流通业对就业贡献率的加速度快。流通业增加值每增加1%，会使就业人数增长0.35%。

海南省定安县现代农业冷链物流加工基地项目将促使农贸交易、深加工、冷链物流等产业纵向融合，将吸引大量企业和人才到此发展，激发"大众创业、万众创新"的"众创效益"，为当地村民就业创业提供了优势平台。该项目在建设过程中能增加大量工程建设就业人员工作机会。项目在

运营期，增加的就业机会更多。仅项目本身就可直接新增就业155人，且大多为农民工或城市困难职工，农民增收后，又可进一步促进消费能力的提升，为扩大内需做贡献。

随着经营规模的不断扩大，海南省定安县现代农业冷链物流加工基地项目外在间接带动就业创业人数更多，这将有利于缓解当地居民就业路子窄、就业机会少等系列就业难题，将会为项目所在地广大群众提供更多的就业创业机会，增加当地居民的收入。

七 税收效益明显

政府需要增加财政收入来促进社会发展，而税收是财政收入中最为重要的组成部分之一。海南省定安县现代农业冷链物流加工基地项目财务内部收益率大于行业基准收益率，项目盈利能力较强，经济效益好，计算期内创造税费8243.98万元，包含增值税1791.44万元，房产税694.81万元，城市维护建设税89.57万元，教育费附加税53.74万元，地方教育费附加税35.83万元，企业所得税5578.58万元。同时，项目打造研发及产品展示交易中心，随着产业带动效应的发挥，园区间接所带来的税收效益将更大。

第九节 研究结论

海南省定安县现代农业冷链物流加工基地项目符合国家宏观经济政策和鼓励产业发展的政策，依托良好的政策、交通、区位等条件，建成集冷冻冷藏、信息管理、物流配送、展示交易、储运加工于一体的现代化、多功能、综合性的智慧"现代农业冷链物流加工服务圈"，使之成为海南省定安县规模最大的集约型现代农产品综合冷链物流集散中心和加工服务基地，打造海南自贸港现代农业冷链物流加工产业标杆。该项目不断深化"大市场、大贸易、大流通"的战略思想，打破传统的小农户思维，高度聚集农产品资源，不断加速全县乃至全省农产品流通市场的转型升级。此

第六章 海南省定安县现代农业冷链物流加工基地项目研究

外,该基地项目建设以满足公司自身农产品加工项目的冷链物流任务为基础,同时努力承担境内外其他农产品加工企业的冷链物流外包服务,将在适宜范围内承接国际农贸商务,不断提升海南农业进出口贸易的服务承载力,促进新时代下农业冷链物流的深入化发展,为海南农业的转型升级开辟新道路,形成新的经济增长极,从而打造为服务于海南自贸港农贸产业发展的新力量。

项目建成后,其社会、经济效益显著。一方面,该项目基地的建成将有利于加快农产品流通体系的建设,积极推动农产品进城,不断提升农产品的附加值。项目建成后,将带动小农户与企业的产业联盟,构建小农户参与现代农业发展建设的桥梁,为推进乡村振兴战略、不断调整农业产业结构,从而增加农民收入做出贡献。项目建成有利于带动一二三产业的联动式发展,不断活跃当地的经济发展建设;该基地建设充分运用冷链物流技术加快转变农产品流通渠道,能够有效保证农产品质量,不断满足群众的消费质量需求,与此同时,基地建设为农特产品走出国门构建了优质的物质保障,有助于提高农产品国家竞争力,引领形成新的经济增长极。另一方面,该项目创造了大量的就业创业增收机会,直接提供就业岗位155个,园区带动就业人数达800人,且优先保证当地农民上岗就业,解决农民就业难、业不对口、生活压力大等问题,缓解了当地的民生问题,有利于改善农民生活质量,通过拉动就业为农民提高生活水平提供可靠保障。项目在计算期内产值约11.93亿元(年均约1.2亿元),计算期内创造税收贡献8243.98万元(年均约824.4万元),间接拉动的经济效益及税收效益将成数倍增长。此外,项目建设的资源供给可靠,运营理念科学合理,财务评价指标理想、社会拉动效益好、投资回报率高。

通过分析,海南省定安县现代农业冷链物流加工基地项目投资风险较小,效益好,可以产生多方共赢的局面。项目收入来源稳定,经营收益率较高,具有稳定的净现金流。同时,项目可创造大量就业机会和可观的税收。因此,项目建设是必要的,立项开发是可行的,建议政府批准立项,并提供积极支持。

第七章
洋浦年产50万吨麦芽厂（一期）项目研究

第一节 项目概述

一 项目概况

项目名称：洋浦年产 50 万吨麦芽厂（一期）项目
建设地点：洋浦经济开发区
所属行业：食品饮料酒类
建设周期：共 30 个月，2021 年 1 月至 2023 年 6 月
规模：拟总用地面积 150 亩（包含：项目一期 70 亩，项目二期 80 亩）
投资总额：估算为 60197.17 万元。

二 项目定位

项目建设将严格按照《海南自由贸易港建设总体方案》（2020 年 6 月 1 日）进行规划建设，该方案表明，对于进口生产原辅料免征进口关税、进口环节增值税和消费税，并且对原产于海南或含进口料件加工增值超过 30%的货物进入内地免征进口关税。该项目建设通过低成本引进国外优质麦芽加工原辅料，将其以先进加工技术转化为服务于国内外啤

酒产业的高品质麦芽产品，不断赋予麦芽产品高附加值，完全符合海南自贸港建设总体方案规划标准，将以免税优势为填补海南自贸港大型麦芽厂的空白，更好地服务于我国啤酒产业升级发展做出重大贡献，旨在建设集麦芽加工生产、仓储、转口贸易、物流运输为一体的国际化麦芽加工厂项目。

项目定位：

（1）打造中国规模最大、国际一流、海南自贸港首家具有国际影响力的"零关税"麦芽加工厂，提升我国在全球麦芽加工市场定价的话语权。

（2）建设具有相当规模的库容量，仓库配套设施齐全，有较强的中转、进出库装卸能力的麦芽物流仓库。推进在洋浦保税港区构建大宗农产品商品集散中心和区域航运中心。

（3）以一流的生产技术，生产高等级、安全、绿色麦芽等产品，实现我国啤酒产业品质升级，打造超大型高端麦芽研发加工生产基地。

（4）通过江海联运，专用新型农产品运输集装箱，产品"零关税"无门槛供给辐射国内各个地区及东南亚地区。

三 研究工作依据和范围

（一）研究工作依据

（1）政策文件依据

《海南自由贸易港建设总体方案》（2020年6月1日）

《国务院关于印发中国（海南）自由贸易试验区总体方案的通知》（国发〔2018〕34号）

《国务院关于同意设立中国（海南）自由贸易试验区的批复》（国函〔2018〕119号）

《中共中央 国务院关于支持海南全面深化改革开放的指导意见》（中发〔2018〕12号）

《海南省人民政府关于支持产业项目发展规划和用地保障的意见（试

行）》（琼府〔2019〕13号）

《中共海南省委海南省人民政府关于大力促进民营经济发展的实施意见》（琼发〔2018〕9号）

《海南省人民政府关于加快培育和发展战略性新兴产业的实施意见》（琼府〔2011〕35号）

《海南省人民政府关于印发海南省2010年进一步鼓励和支持中小企业发展政策措施的通知》（琼府〔2010〕5号）

GB 8952—2016食品安全国家标准　啤酒生产卫生规范

QB/T 1686—2008啤酒麦芽生产国家标准行业规范

项目建设相关现行国家、行业标准

项目公司提供的有关材料及相关数据

（二）研究工作范围

本报告按照科学性、经济性、可操作性和实事求是的原则，并以国家和地方的现行有关法规、政策、标准和规范及委托方提供的相关资料为依据，从区域社会、经济发展原则、态势、定位等，对"洋浦年产50万吨麦芽厂（一期）项目"建设的背景、必要性、市场前景、项目区位分析、建设方案、环境评价、节能分析、实施进度、工程招标、投资估算、财务评估、社会经济效益评价等多方面进行研究，提出关于项目投资建设是否可行的评价。

四　主要经济技术指标

项目主要经济技术指标包括用地面积、总建筑面积、容积率、绿地率等；工程费用、工程建设其他费用、预备费等；收入、成本、利润；经营利润率、经营利税率、投资收益率、投资利税率、财务净现值、内部收益率、盈亏平衡点、提供就业人数等。（详见表7-1）

第七章 洋浦年产50万吨麦芽厂（一期）项目研究

表 7-1 主要经济技术一览表

序号	项 目	单位	数量	备 注
一	建设相关			
1	用地面积(项目一期)	亩	70	
2	总建筑面积	m^2	50860	
2.1	主体工程			
(1)	制麦塔	m^2	34000	
(2)	清选楼	m^2	5000	
(3)	立仓	m^3	20000	
2.2	辅助工程			
(1)	制冷站	m^2	900	
(2)	水泵房	m^2	360	
(3)	水池	m^3	1000	
(4)	机修车间及五金	m^2	1200	
(5)	锅炉房	m^2	2400	
(6)	办公楼	m^2	3000	
(7)	食堂及倒班楼	m^2	4000	
3	建筑密度	%	38.74	
4	容积率	—	1.1	
5	绿地率	%	16	
6	停车位(含货车)	个	50	
7	绿化面积	m^2	7466.67	
8	道路及场地硬化面积	m^2	21123	
二	投资相关			
1	工程费用	万元	40067.29	占66.56%
2	工程建设其他费用	万元	5911.38	9.82%
3	预备费	万元	3218.50	5.35%
4	财务费用	万元	3000	4.98%
5	铺底流动资金	万元	8000	13.29%
	合 计	万元	60197.17	100.00%
三	财务相关			
1	计算期(12年)总收入	亿元	71.75	
2	计算期(12年)总成本	亿元	62.14	
3	计算期(12年)总税费	亿元	3.81	
(1)	增值税	亿元	1.68	
(2)	城市建设维护税	亿元	0.12	

续表

序号	项 目	单位	数量	备 注
（3）	教育税附加	亿元	0.05	
（4）	地方教育税附加	亿元	0.03	
（5）	企业所得税	亿元	1.93	
4	计算期总净利润	亿元	5.80	
5	静态投资回收期（含建设期2年）	年	8.0	
6	经营利润率	%	8.08	
7	经营利税率	%	10.78	
8	投资收益率	%	12.05	
9	投资利税率	%	16.06	
10	财务净现值	万元	10404.28	
11	内部收益率	%	8.92	
12	盈亏平衡点	%	45.26	
四	提供就业人数			
1	项目就业人数	人	60	
五	亩产效益			
1	投资强度	万元/亩	859.96	
2	亩产值	万元/亩	1025.06	
3	亩税收	万元/亩	54.45	

五 初步结论

洋浦年产50万吨麦芽厂（一期）项目符合国家宏观经济政策和鼓励产业发展的政策，符合《海南自由贸易港建设总体方案》的规划建设要求，依托良好的政策、交通、区位等条件，建设集麦芽加工生产、仓储、转口贸易、物流运输为一体的国际化"零关税"麦芽加工厂项目。

项目将严格按照《海南自由贸易港建设总体方案》进行规划建设，该方案表明，对于进口生产原辅料免征进口关税、进口环节增值税和消费税，并且对原产于海南或含进口料件加工增值超过30%的货物进入内地免征进口关税。该项目建设将充分利用免税政策的发展红利，打造中国规模最大、国际一流、海南自贸港首家具有国际影响力的"零关税"麦芽加工厂，提升我国在全球麦芽加工市场定价的话语权，推进在洋浦保税港区构建大宗农产品商品集散中心和区域航运中心。以一流的生产技术，生产高等级、安全、绿色麦芽等产品，实现我国啤酒产业品质升级，打造超大型高端麦芽研发加工生产基地。并通过江海联运，专用新型农产品运输集装箱，产品"零关税"无门槛供给辐射国内各个地区及东南亚地区。

　　项目总投资 6.0197 亿元，计算期内预计总收入 71.75 亿元，总成本费用 62.72 亿元，总净利润 5.8 亿元。亩产效益：（1）项目投资强度 859.96 万元/亩，（2）亩产值 1026.06 万元/亩，（3）亩税收 35.08 万元/亩，各项指标符合洋浦经济开发区对开发项目的要求。

　　通过分析，洋浦年产 50 万吨麦芽厂（一期）项目投资风险较小，效益好，可以形成多方共赢的局面。项目收入来源稳定，经营收益率较高，具有稳定的净现金流。同时，项目可创造大量就业机会和可观的税收。因此，项目建设是必要的，立项开发是可行的，建议政府批准立项，并提供积极支持。

第二节　项目背景、必要性及可行性

一　项目建设背景

　　我国的啤酒生产从 20 世纪 90 年代进入高速增长期，开始了集约化生产时代。进入 21 世纪，经济的发展带来科技的进步，酿酒技术日新月异。随着人们生活水平的提高，人们的思想观念也在转变，追求有品位的精酿生活。随着中产阶层数量的增长以及对于高品质、个性化啤酒的需求升级，啤酒文化的逐步积累，中国精酿啤酒有望迎来春天。近年来，啤酒行业的竞争升级、消费者需求的多元化对啤酒技术质量管理和产品内在品质提出了更高的要求。

　　啤酒大麦作为啤酒工业的主要原料，它的消费主要根据下游啤酒行业产量而定。伴随我国啤酒工业的迅猛发展，啤酒大麦已由原来小杂粮作物发展成为主要的轻工业原料作物，啤酒消费量的提高必将带动对上游产品麦芽和大麦的需求。我国现在是世界啤酒生产第一大国，每年生产啤酒所需的大麦量在300万吨左右。但与啤酒工业的发展态势相比，啤酒大麦尤其是优质啤酒大麦的生产与供应相对滞后，一直是影响我国啤酒工业原料供应发展的阻碍。此外，我国啤酒产业发展至现在已经达到成熟期，产量持续走低，消费量见顶，行业外部拉动力量较小。因此，行业想要持续发展，必须积极进行产品结构升级，走中高端化路线，以高品质的啤酒口感打造品牌效应，这对作为主要原料的麦芽质量也将提出更高的要求。

基于上述背景，洋浦年产50万吨麦芽厂（一期）项目顺应当前啤酒市场的时代需求，为了打破当前我国啤酒行业发展困境，以高品质麦芽助力我国啤酒朝着高端化市场转型升级。该项目通过建设集麦芽加工生产、仓储、转口贸易、物流运输为一体的国际化麦芽加工厂，构成一条"优质原料引进、优质麦芽加工"的双优特色产业链，围绕麦芽加工，形成一体化链条式发展格局，生产出品质高、无污染、优质高效的麦芽产品，助力打造高质量啤酒，充分满足我国啤酒消费市场的巨大需求。

二　项目建设的必要性

该项目建设可以弥补国内啤酒产业大麦原料供应不足，满足高品质啤酒酿造业发展的迫切需要。改革开放以来，随着中国啤酒业等大麦加工产业的快速发展，国产大麦越来越无法满足需求。该项目建设通过向国外其他大麦产量高的地区引进大麦，一方面有效降低了麦芽加工产业的原料供应成本，另一方面能够以更加充足的大麦产量弥补国内啤酒产业大麦原料供应的不足，对于有效满足高品质啤酒酿造业发展的迫切需要具有重要的意义。

该项目建设是填补海南自贸港麦芽加工产业空白、服务于我国啤酒产业升级发展的必要举措。2019年，是酒类产业呈现结构调整、集中度提升、消费升级持续深化的一年。啤酒市场自2013年之后出现连续4年下降，累计降幅高达25%，自2018年以来，2019年连续第二年出现消费增长，增幅较上年提高0.6个百分点，呈现出产品结构和市场结构变革成效显著的态势。而作为啤酒产业最重要的工业原料之一的大麦品质的提升，将是助力啤酒产业转型升级的关键因素。目前随着海南自贸港建设的不断深入，海南的影响力逐渐增大，来海南旅游的人口增多，海南地处热带，长夏无冬，这又使得海南人钟爱一年四季饮用啤酒，因此对啤酒的需求大幅度上升。项目的实施有利于优质啤酒大麦生产基地建设，发展壮大海南自贸港辐射区域内啤酒大麦产业，从而解决区域内优质啤酒大麦产业发展滞后的问题。因此，为了更好地助力海南自贸港啤酒产业的长远发展，该项目通过打造中国规模最大、国际一流、海南自贸港首家具有国际影响力的麦芽加工厂，填补海南自贸港麦芽加工产业空白，是服务于我国啤酒产业升级发展的必要举措。

该项目建设是延伸麦芽加工产业链、打造国际化麦芽加工产业核心竞争力的必然选择。该项目通过建设集麦芽加工生产、仓储、转口贸易、物流运输为一体的国际化麦芽加工厂，将麦芽加工产业的上、中、下游构成有机发展整体，充分延伸麦芽加工产业链，能够促进麦芽加工产业的高质量发展。项目选择优质啤酒大麦加工产业，在最能够发挥自然环境优势、社会经济优势和生产地域优势及潜力的地区，采用具备国内领先水平的麦芽生产工艺流程，生产优质麦芽，产品能够达到国标优级麦芽水平，形成较大的市场规模，进行标准化集中生产加工，达到较高的生产水平和国内较大的生产规模，将会以更高品质的麦芽产品面向国内外市场，在市场竞争中争取主动权，是打造国际化麦芽加工产业核心竞争力的必然选择。

该项目建设是提供就业岗位、解决就业问题的重要途径。洋浦年产50万吨麦芽厂（一期）项目的实施将打造中国规模最大、国际一流、海南自贸港首家具有国际影响力的麦芽加工厂，也将成为超大型高端麦芽研发加工生产基地，该项目的落地无疑将会铸就高质量的发展平台，可直接提供就业岗位60个，项目运营后间接带动的就业人数更多，大量的就业岗位将由当地供应，这将有效地增加就业岗位供给，缓解就业压力。

该项目建设是增加当地税收的需要。洋浦年产50万吨麦芽厂（一期）项目构成的收入稳定，能创造大量的税收收入，项目在计算期直接为政府创造税收总计3.81亿元（年均2455.32万元）。同时，该项目建成后将会辐射相关产业联动式发展，间接所带来的税收效益将更为可观。

三 项目建设的可行性

（一）投资方实力可行性

该项目投资方海南崂滨精酿啤酒有限公司的管理团队长期从事本行业生产经营，经营范围为啤酒、瓶（桶）装饮用水生产及销售，食品、啤酒设备、包装材料的销售，企业管理咨询（金融类投资及资产管理除外），市场营销策划，餐饮管理，普通货运，货物及技术进出口（但国家限定经营或禁止进出口的商品和技术除外）等各个方面，是经营出色的企业，积累了较为丰富的组织、管理、运营经验和技术经验，具有一定的技术、人才及资金优势，能够有效保证洋浦年产50万吨麦芽厂（一期）项目建设全过程的建设运营。因此，该投资方在项目建设上的经济、技术综合实力是可行的。

（二）政策可行性

"零关税"是自贸港基本制度安排，全球自贸港生产资料进口均免关税，部分自贸港免进口环节增值税和消费税。用好生产资料进口免税政策，将有利于促进海南省旅游业、现代服务业和高新技术产业快速成长，有利于打造具有国际竞争力的产业集群，有利于构建海南现代化产业体系。"零关税"是海南自贸港的发展方向，全球的自贸港生产资料进口均免关税，部分自贸港免进口环节增值税和消费税。

《海南自由贸易港建设总体方案》（2020年6月1日）表明，对于进口生产原辅料免征进口关税、进口环节增值税和消费税，并且对原产于海南或含进口料件加工增值超过30%的货物进入内地免征进口关税，即对鼓励类产业企业生产的不含进口料件或者含进口料件在海南自由贸易港加工增值超过30%（含）的货物，经"二线"进入内地免征进口关税，照章征收进口环节增值税、消费税。

洋浦年产50万吨麦芽厂（一期）项目将严格按照《海南自由贸易港建设总体方案》（2020年6月1日）进行规划建设，通过低成本引进国外优质麦芽加工原辅料，将其以先进加工技术转化为服务于国内外啤酒产业的高品质麦芽产品，不断赋予麦芽产品高附加值，完全符合海南自贸港建设总体方案规划标准,将充分利用免税政策的发展红利,打造中国规模最大、国际一流、海南自贸港首家具有国际影响力的"零关税"麦芽加工厂,提升我国在全球麦芽加工市场定价的话语权。因此,该项目建设符合海南自贸港建设总体规划,在政策上具有可行性。

(三)市场可行性

1. 全球大麦市场概况

大麦在世界谷类作物中播种面积仅次于小麦、水稻、玉米,位居第四,根据美国农业部发布的数据,2019~2020 年度全球大麦产量创下 1994~1995 年度以来的最高。2019 年全球大麦产量大幅增长,达到 15679.9 万吨,同比增长 12.3%。其中欧盟和俄罗斯产量最高,分别占据全球大麦产量的 40.7% 和 13.06%。此外,巴西、阿根廷、乌克兰是重要的大麦产国加出口国,阿尔及利亚、澳大利亚、加拿大均是重要的大麦出口国家。

2. 国内大麦市场概况

(1) 国内大麦产量

据国家统计局数据,2013~2018 年,我国大麦播种面积逐年下降,从 2013 年的 440.79 千公顷下降到 2018 年的 262.48 千公顷。2013~2018 年我国大麦产量也呈现不断下降的走势,2018 年中国大麦产量为 95.65 万吨,同比下降 11.86%。

通过上述数据分析,可以发现近几年来国内大麦播种面积和产量总体上呈现下降趋势。国内啤麦产业整体还处在传统啤麦种植方式,基本上是散户种植,成本高,技术相对落后,麦农的收益得不到保障。与中国啤酒行业的发展状况相比,其原材料行业的发展呈现相对较大的滞后性,不仅产能不足,产品质量也有待提高。在高度开放的背景下,我国大麦产业从产量、价格上都明显缺乏国际竞争力,难以满足国内需求,预计短期内中国大麦进口量仍将保持较高水平。

(2) 中国大麦进口量

大麦主要用于酿造啤酒和作为饲料原料。我国啤酒行业的发展推动大麦需求增长,由于国内生产大麦价格高于进口大麦价格,且国家对于大麦产业保护度过低，进口大麦占据了国产大麦的市场空间，我国是全球第二大大麦进口国家。据相关数据，2015~2019年中国大麦进口数量呈波动下降趋势，2019年我国大麦进口数量为593万吨，同比下降13.05%，2020年1~5月中国大麦进口数量为195万吨。

（3）我国大麦进口关税

据2020年中华人民共和国海关总署的相关数据，目前我国进口国外的大麦用于啤酒酿造的主要属于"其他大麦"的进口商品类，其具体进口关税如下表所示。

表7-2 大麦进口关税税率

税号	商品名称	协定税率		最惠国进口税率	澳大利亚	
					反倾销税率	反补贴税率
1003100000	其他大麦	美国	8%	3%	73.60%	6.90%
		格鲁吉亚	1.20%			
		亚太贸易协定	0%			
		新西兰	0%			
		秘鲁	0%			
		哥斯达黎加	0%			
		冰岛	0%			
		瑞士	0%			
		韩国	0%			
		东盟	0%			
		巴基斯坦	0%			
		智利	0%		合计:80.5%	

由此分析可知，澳大利亚原是中国最大的大麦供应国，随着反倾销反补贴政策的出台，相比于其他进口国的关税税率，中国会将采购转移到其他主要生产国，包括法国、加拿大、阿根廷和一些规模较小的欧洲出口国，这也将是该项目在进口大麦时首要考虑的问题。

从进口均价看，2019年中国大麦进口均价为2633.04千美元/万吨，2020年1~5月中国大麦进口均价为2430.94千美元/万吨。

我国啤酒产业和畜牧业快速发展带动了国内大麦需求的持续增长，但由于产业扶持政策缺乏、科研基础较为薄弱、国内价格高于国际价格、进口关税水平低等原因，近年来大麦进口量一直保持在高水平。如果未来我国大麦进口需求持续增长，进口大麦的可获得性可能存在问题。在定价权方面，由于与其他进口大国存在竞争，加上国内啤酒产业较为分散、在进口时难以形成合力，尽管我国是世界第二大大麦进口国，但在进口大麦时对价格缺乏影响力，往往是国际价格的被动接受者。因此，在未来的大麦进口过程中，要更加注重创造出进口原材料的高附加值，充分利用国外麦芽原料打造国内麦芽加工基地，实现新的突破，这也为洋浦年产50万吨麦芽厂（一期）项目提供了良好的发展契机。

此外，自2014年以来，啤酒市场连续多年的增长势头戛然而止，啤酒市场的竞争白热化、同质化，不论是走高端路线还是低端路线，各个啤酒生产商都出现销量下滑的现象，这直接导致用于传统啤酒生产的麦芽需求量下滑。然而，2011年以来我国精酿啤酒产业发展迅速。2015~2017年，在消费升级带动下，精酿啤酒市场增速更是高达30%以上。与传统啤酒相比，精酿啤酒需要的麦芽更多，品质要求更高。精酿啤酒的兴起使得国内啤酒麦芽市场出现供不应求的状况。

按照全球精酿啤酒发展的趋势，中国未来将是全球精酿啤酒麦芽需求量最大的地区，但从目前发展来看，中国精酿啤酒产业不及传统啤酒市场的1%，市场规模不足50亿元，市场没有形成消费潮流，精酿啤酒市场处于培育阶段。目前国内没有一家企业具备精酿啤酒麦芽的生产能力，一是因为国内精酿啤酒上游原料大麦依赖进口，二是国内缺乏相应的麦芽加工技术，预计到2024年国内精酿啤酒用麦芽市场规模将达到6.7亿元。

基于上述市场分析，可以发现国内大麦产量不足、价格偏高，而国外大麦产量丰富，麦芽原材料物美价廉，通过低成本引进国外优质原材料后，以先进的加工技术提高麦芽产品附加值，利用洋浦保税区的政策优势来打造规模化"零关税"麦芽加工生产基地，充分弥补国内巨大的麦芽市场缺口。与此同时，中国庞大的啤酒消费市场及不断上升的消费量，使得麦芽市场的前景十分乐观，麦芽市场发展潜力巨大。该项目建设将会以一流的生产技术,生产高等级、安全、绿色麦芽产品,解决当前麦芽生产过程中成本及技术问题,以低成本原料、高效率生产技术进行麦芽产品的精深加工,助力实现我国啤酒产业品质升级。因此,该项目建设具备充分的市场可行性。

(四)项目基础条件好

洋浦年产50万吨麦芽厂(一期)项目所在地位于海南洋浦保税港区,该区毗邻东盟贸易区,靠近国际主航线,是经马六甲海峡进入中国的海运第一节点,处于环北部湾经济圈最佳位置,依托周边海域丰富的自然资源,得天独厚的区域、港口、资源和政策优势,有利于促进投资贸易高效便捷化,为境内外企业的投资和运作提供了极为便捷的条件,为国际物流和加工贸易的发展提供便捷服务,能够有效保证该项目建设过程中享有独特的资源优势,降低原材料运输成本。此外,项目所在空间的可塑性强,现有设施条件完好,用地充足,道路、给排水、供电、信息配套等公用工程条件完善。因此,该项目建设的基础条件好,能够充分满足项目建设过程中的各项基础设施要求。

(五)交通条件优越

项目区位优势明显,交通方便,公路运输四通八达,物流顺畅,有利于项目的运营和发展。

第三节 建设地址区位分析

一 项目选址原则及拟选地址

(一)选址原则

(1)项目场地防洪、排涝、竖向布置和场内运输符合现行国家标准《室外给水设计规范》(GB 50013—2014)、《洁净厂房设计规范》(GB50073—2013)、《厂矿道路设计规范》(GBJ 22—2010)的有关规定,厂址选择符合工业布局和城市规划的要求。

(2)项目场地平面布置应结合地形、地物、工程条件、工艺要求及竖向布置，做到有利生产、方便生活，节约用地，符合环保。

（3）根据生产工艺和建（构）筑物使用功能，项目采取分区布置，厂址满足本企业近期所必需的场地面积和适宜的地形坡度，同时，也要适当留有发展的余地。

（4）具有满足生产、生活及发展规划所必需的水源和电源。

（5）地面地形平缓、开阔，有利于场地布置，交通方便。

（6）项目所在地区无风景区、名胜古迹、自然保护区、水土保持禁垦区、生活饮用水源的卫生防护地带，无放射污染或有害气体污染严重及传染病、地方病流行或常发区等特殊区域。

（二）拟选地址

洋浦年产 50 万吨麦芽厂（一期）项目拟选地址位于洋浦经济开发区，用地面积 70 亩。

该地段建设环境优良，项目区地势大致平坦、环境适宜、交通便利、位置优越，无不良地质状况，无高压线路，无需要保护的文物和古建筑，周边道路等配套设施已建设到位，适合本项目的建设。

项目对周围相关环境无不良影响，项目建设不影响城市防洪和排涝，建设用地不压覆矿床和文物，项目建设用地条件和位置均佳。

（三）项目选址优势

（1）所在地是大宗农产品的重要集散地。

（2）具有国际深水码头，水、陆交通方便，有铁路专用线或专用码头，车船运输方便。

（3）仓库所在地有权威的质检机构。

（4）海南洋浦将成为自贸港建设的先行区，享有自贸港各项优惠政策。

二　选址分析

通过对项目的选址从自然条件、区位交通条件、经济条件等众多方面的评估，可以看出该预选场址自然条件优越，资源丰富，基础设施不断跟进，交通便利，经济发展速度快，是一个很好的项目建设地选址。

第四节　项目实施进度

项目建设工期共30个月：2021年1月至2023年6月。

2021年前，完成项目前期工作，包括项目可行性研究、项目立项审批、详规、环评、招标、勘探设计、施工手续报批等。

建设期2021年1月至2023年6月主要建设内容：平整土地、道路工程、制麦塔、清选楼、立仓、制冷站、水泵房、水池、机修车间及五金、锅炉房、办公楼、食堂及倒班楼、绿化工程、停车位工程等。

项目工程建设进度详见表7-3。

表7-3　项目建设进度一览表

序号	项目	2021年前	2021年 第一季度	2021年 第二季度	2021年 第三季度	2021年 第四季度	2022年 第一季度	2022年 第二季度	2022年 第三季度	2022年 第四季度	2023年 第一季度	2023年 第二季度
1	前期工作											
2	平整土地											
3	道路工程											
4	制麦塔											
5	清选楼											
6	立仓											
7	制冷站											
8	水泵房											
9	水池											
10	机修车间及五金											
11	锅炉房											
12	办公楼											
13	食堂及倒班楼											
14	绿化工程											
15	停车位工程											

第五节 劳动定员及开发

一 管理机构

（一）项目建设管理

项目建设实行总经理负责制，下设职能部门，各司其职，各负其责。财务管理实行"三专"管理，确保专款专用，提高资金使用效果。

（二）机构设置及职能

项目建成后，按现代企业制度进行运作与经营，实行自主经营，独立核算，自负盈亏。项目实行董事会领导下的总经理负责制。公司设立董事会，为公司的最高权力机构。

根据"高效、精简"的配置原则，公司设总经理办公室，负责部门的总体管理工作。具体公司管理部门结构图如下：

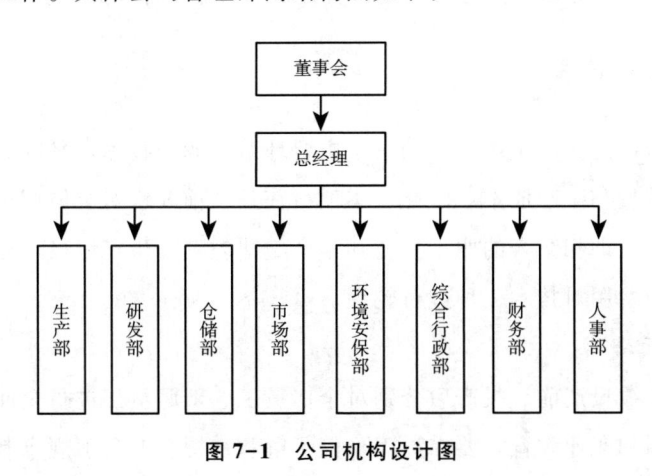

图 7-1 公司机构设计图

二 人力资源管理

项目建成后将坚持以岗定员，科学管理，尊重知识，尊重劳动法规，认真搞好岗前培训，并在实际工作中运用绩效管理法实现奖惩严明，提高人员的素质，培养一批有能力、有素质、有文化的生产技术及管理服务人员，带动整个洋浦年产50万吨麦芽厂（一期）项目基地建设朝着国际化、标准化的定位方向发展。

所有需要凭证上岗的人员，均按有关规定，参加有关主管部门组织的业务培训，持证上岗，并定期进行资质和证书审核。

员工实行全员绩效管理监督管理制度，分不同的工种实行年度、季度、月度的绩效考核，将全员的工作纳入合理的绩效管理中。同时，完善员工各项管理制度，修订《员工手册》、员工管理规范，确保各项管理都有制度可依。

三 劳动定员

项目员工全部实行合同制，员工的招聘与解雇按照双方依据国家《劳动法》所签订的劳动合同执行。员工的工资、劳动保险、生活福利和奖励等事项，依据国家《劳动法》有关规定和项目制定的劳动管理实施办法执行。

四 培训管理

职工培训是企业组织生产的一个主要环节，职工技术水平的高低直接影响到产品质量和生产成本。因此，本项目在投产前要求对全体职工进行全面培训和重点培训相结合的职工技能和生产纪律教育，生产线投产后企业每年提取一定的费用对技术工种进行轮训。

1. 全面培训

在生产线投产前、投产后分别对全体员工、新聘员工进行全面的、不分工种的培训和职业教育。要求员工不仅了解和掌握企业各项规章制度、职业道德等知识，而且了解本项目的生产过程、产品特性和经营策略，使员工对企业和产品有较全面的认识。

2. 重点培训

（1）技术工人的培训

要求所有技术工人了解生产线中的各个主要环节的设备性能和工艺特

征；重点掌握各自工种岗位的技术要求，熟练操作相关的设备、设施，同时能够排除所辖设备的小故障。

（2）化验人员的培训

化验人员包括生产化验人员和原料管理员。主要对他们进行原料的取样方法、原料品种的认证、原料规格的检验方法、生产工艺中的技术指标检测、产成品的品质化验等专业技术职能知识的培训，时间一至二周。确保在原料的收购和生产过程中起到控制成本、监督质量的作用。

（3）质检人员的培训

要求全面掌握国家有关的质量检验规定和方法，重点培训本项目中各主要加工环节和关键质量控制点的检验方法和控制标准，确保产品质量。

（4）销售人员的培训

主要以礼仪、销售策划、销售方法、资金回收、经济合同、售后服务与信息归纳反馈等方面的专业知识为内容进行培训，同时对生产线的全过程进行培训，使他们了解生产过程、产品性质、产品质量等与销售有关的知识。

第六节 投资估算及资金筹措

一 投资估算依据

项目建设投资估算是指投资项目从建设前期的准备工作到项目全部建成验收为止所发生的全部投资费用估算。按照项目建设方案和建设内容，分别对项目投资内容按有关标准和实际情况逐一估算。投资估算依据如下：

《中华人民共和国国家计划委员会计价格》（2002）

《建设工程监理与相关服务收费管理规定》（发改价格〔2007〕670号）

《基本建设项目建设成本管理规定》（财建〔2016〕504号）

《工程建设监理收费标准》（发改价格〔2007〕670号）

《工程勘察设计收费管理规定》（计价格〔2002〕10号）

《关于调整防空地下室易地建设费收费标准的通知》（琼价费管〔2010〕

329号）

《海南省园林绿化与仿古建筑工程综合定额》（2013）

《海南省市政工程计价定额》（2011）

《海南省房屋建筑与装饰工程综合定额》（2017）

《海南省物价局关于降低部分招标代理服务收费标准的通知》（琼价费管〔2011〕225号）

《关于规范工程造价咨询服务收费的指导意见》（琼价协〔2016〕004号）

《海南省安装工程综合定额》（2017）

《市政工程投资估算编制办法》（建标〔2007〕164号）

《建筑工程建设项目可行性研究报告编制办法》

《海南工程造价信息》（2020年第1期）

二 投资估算

（一）工程费用

项目工程费用按照近期价格水平进行测算。

主要包括：

（1）主体工程：制麦塔、清选楼、立仓等。

（2）辅助工程：制冷站、水泵房、水池、机修车间及五金、锅炉房、办公楼、食堂及倒班楼。

参考《海南工程造价信息》（2020年第1期）。

（二）工程其他费用

根据国家有关部门对其他工程费用取费率规定计取。

项目建设管理费依据财建〔2016〕504号规定计取；工程监理费依据发改价格〔2007〕670号规定计取；勘测费依据计价格〔2002〕10号规定计取；设计费依据计价格〔2002〕10号规定计取；工程保险费依据按工程费用0.3%计；招标代理费依据琼价费管〔2011〕225号规定计取；工程量清单及招标预算控制价编制费依据琼价协〔2016〕004号规定计取；工程量清单及招标预算控制价审核费琼价协〔2016〕004号规定计取；施工阶段全过

程工程造价控制服务依据琼价协〔2016〕004号规定计取；工程概算编制依据琼价协〔2016〕004号规定计取；竣工结算审核费依据琼价协〔2016〕004号规定计取；标底审核依据琼价协〔2016〕004号规定计取；场地准备费及临时设施费依据计标（85）352号规定计取；可研报告编制费依据计价格〔1999〕1283号规定计取；可研报告评估费依据计价格〔1999〕1283号规定计取；编制环境影响报告书依据琼价费管〔2011〕214号规定计取；评估环境影响报告书依据琼价费管〔2011〕214号规定计取；铝合金门窗检测费依据琼发改收费〔2004〕1301号规定计取；建筑节能检测费依据琼建科〔2013〕104号规定计取；防雷检测费依据琼发改收费〔2007〕150号规定计取；雷击风险检测费依据琼价审批〔2009〕39号规定计取；消防检测费依据琼计价管〔2002〕424号规定计取；初步设计文件及概算评审费依据琼发改招概审〔2015〕1722号规定计取；室内空气检测费依据琼价费管〔2013〕504号规定计取；白蚁防治费依据海房字〔2006〕（2元/m²计）；地质灾害危险性评估费依据发改办价格〔2006〕745号规定计取。土地费用按50万元/亩计算。

（三）基本预备费

按工程费与工程建设其他费之和的7%计取。

（四）财务费用

财务费用=银行贷款×年利率×贷款年数

借款24000万元，年利率5%，建设期贷款2.5年。

综上，项目总投资估算为60197.17万元。

三 资金使用计划与资金筹措

（一）资金使用计划

项目建设总投资估算为60197.17万元。

其中包括：

(1) 工程费用40067.29万元；

(2) 工程建设其他费用5911.38万元；

（3）预备费 3218.50 万元；

（4）财务费用 3000.00 万元；

（5）铺底流动资金：8000.00 万元。

（二）资金筹措

项目建设投资估算为 60197.17 万元。

资金来源为自筹资金和银行贷款。

第七节　财务评估

一　财务评估模式

本报告依据国家颁布的《建设项目经济评价方法与参数》及国家现行的财会税务制度，对项目进行财务评价。财务分析按盈利性项目的模式进行，主要分析项目的收入、税金和成本费用，项目利润估算，项目盈利能力评估等，考察项目各项综合效益指标。项目基准收益率为 8%，计算期拟定为 12 年。

此外，由于该项目建设是通过引进国外麦芽原料在海南自贸港进行加工生产，因此该项目关税严格按照《海南自由贸易港建设总体方案》（2020 年 6 月 1 日）的要求，该方案表明，对于进口生产原辅料免征进口关税、进口环节增值税和消费税，并且对原产于海南或含进口料件加工增值超过 30% 的货物进入内地免征进口关税。因此，该项目建设免征进口关税。

二　项目收入、成本和税费测算

（一）项目收入

项目收入主要为：麦芽销售收入，下脚料、麦粉销售（做饲料原料）。各收入详见下表。

表 7-4 项目收入一览表

序号	项 目	数量（万吨）	单价（元/吨）	年产值（亿元）	计算期产值（亿元）
1	麦芽销售收入	20.00	3800	7.60	71.44
2	下脚料、麦粉销售（做饲料原料）	0.67	500	0.03	0.31
	合 计			7.63	71.75

（二）项目成本

（1）麦芽加工及原材料成本

麦芽收入×68%计取。

（2）营销费用

按总收入×4.5%计取。

（3）管理费用

按总收入×5%计取。

（4）员工薪酬及福利

项目职工共60人，包含高级管理人员3人，按人均工资3万元/月计算，管理人员8人，按人均工资0.9万元/月计算；技术人员9人，按人均工资0.8万元/月计算；普通员工40人，按人均工资0.55万元/月计算。

（5）折旧费

对固定资产计提折旧，残值率5%，按10年直线折旧。

（6）财务费用

银行贷款利息偿还。

（7）维修费用

按折旧费用18%计算。

（三）项目税费

（1）增值税=销项增值税-进项增值税

销项增值税：收入/（1+9%）×9%。

进项增值税：计税成本／（1+9%）×9%。

（2）城市建设维护税＝增值税×7%。

（3）教育税附加＝增值税×3%。

（4）地方教育税附加＝增值税×2%。

（5）企业所得税＝税前利润×企业所得税率25%。

三　利润测算

税前利润＝收入－经营成本－经营税金

项目缴纳企业所得税，税率按照25%计算。企业所得税＝税前利润×25%。

税后利润＝税前利润－所得税。

四　项目盈利能力评估指标

项目盈利能力评估指标主要包括内部收益率（FIRR）、财务净现值（FNPV）、静态投资回收期、总投资收益率（ROI）等，详见下表。

表7-5　盈利能力评估指标分析表

序号	项目	单位	数值	计算方法
1	内部收益率(FIRR)	%	8.92	$\sum_{t=1}^{n}(CI-CO)_t(1+FIRR)^{-t}=0$
2	财务净现值(FNPV)	万元	10404.28	$FNPV=\sum_{t=1}^{n}(CI-CO)_t(1+i_c)^{-t}$
3	静态投资回收期(含建设期)	年	8.0	（累计净现金流量开始出现正值的年份-1）+（上年累计净现金流量的绝对值/当年净现金流量）
4	总投资收益率(ROI)	%	12.05	$ROI=\dfrac{NP}{TI}\times100\%$
5	投资利税率	%	16.06	投资利税率＝$\dfrac{EBIT}{TI}\times100\%$
6	经营利税率	%	10.78	经营税前利润/总收入

注：指标解释及计算方法如下文。

内部收益率（FIRR）：

财务内部收益率（FIRR）系指能使项目在计算期内净现金流量现值累计等于零时的折现率，即 FIRR 作为折现率使下式成立：

$$\sum_{t=1}^{n}(CI-CO)_t(1+FIRR)^{-t}=0$$

式中：CI 为现金流入量；CO 为现金流出量；$(CI-CO)_t$ 为第 t 年的净现金流量；n 为计算期。

财务净现值（FNPV）：

财务净现值系指按设定的折现率计算的项目计算期内净现金流量的现值之和，可按下式计算：

$$FNPV=\sum_{t=1}^{n}(CI-CO)_t(1+i_c)^{-t}$$

式中：i_c 为设定的折现率（同基准收益率）。

项目投资回收期：

项目投资回收期系指以项目的净收益回收项目投资所需要的时间，一般以年为单位。项目投资回收期从项目建设开始年算起。项目投资回收期可采用下式计算：

$$Pt=T-1+\frac{\left|\sum_{i=1}^{T-1}(CI-CO)_i\right|}{(CI-CO)_T}$$

式中：T 为各年累计净现金流量首次为正值或零的年数。

总投资收益率（ROI）：

总投资收益率系指项目达到设计能力后正常年份的年净利润或运营期内年平均息税前利润（NP）与项目总投资（TI）的比率，总投资收益率按下式计算：

$$ROI=\frac{NP}{TI}\times 100\%$$

式中：NP 为项目正常年份的年息税前利润或运营期内年平均息税前利润；TI 为项目总投资。

投资利税率：

年息税前利润与投资总额的比率。投资利税率按下式计算：

$$投资利税率 = \frac{EBIT}{IT} \times 100\%$$

五 财务不确定性分析

（一）盈亏平衡分析

盈亏衡分析系指通过计算项目达产年的盈亏平衡点（BEP），分析项目成本与收入的平衡关系，判断项目的适应能力和抗风险能力。以营业收入水平比表示的盈亏平衡点（BEP）计算公式为：

$$BEP = \frac{固定成本}{营业收入 - 营业税金及附加 - 可变成本} \times 100\%$$

计算结果表明，只要销售额达到设计的 45.26%，项目就可保本。

（二）敏感性分析

该项目做了全部投资的敏感性分析。考虑项目实施过程中一些不确定因素的变化，分别对销售价格降低 20%、经营成本上涨 20% 和建设投资上涨 20% 的单因素变化对财务内部收益率、财务净现值的影响作敏感性分析，计算结果详见下表。

表 7-6 主要因素敏感性分析

敏感因素	财务净现值（万元）	内部收益率(%)	与基本情况差异(%)
基本情况	10404.28	8.92	0.00
建设投资上涨 20%	6346.61	8.47	-5.00
经营成本上涨 20%	5410.22	8.30	-7.00
销售价格下降 20%	3006.84	8.03	-10.00

六　银行贷款本息偿还分析

（一）偿还计划

项目银行贷款本息偿还计划详见下表。

表 7-7　银行本息偿还计划表

单位：万元

序号	项　目	建设期 （2 年）	经营期（年）			
			3	4	5	6	7
1	期初应还贷款余额		24000.00	19000.00	14000.00	9000.00	4000.00
2	当期应计利息		1200.00	950.00	700.00	450.00	200.00
3	当期本金偿还额		5000.00	5000.00	5000.00	5000.00	4000.00
4	当期财务费用		1200.00	950.00	700.00	450.00	200.00
5	期末应还本息余额		19000.00	14000.00	9000.00	4000.00	0.00

（二）项目偿还能力分析

项目偿还能力分析详见下表。

表 7-8　项目银行贷款偿还能力分析表

单位：万元

序号	项　目	建设期 （2 年）	经营期（年）					合计
			3	4	5	6	7	
一	本期银行贷款本息偿还额		7200	6950	6700	6450	6200	33500
1	本金偿还计划		6000	6000	6000	6000	6000	30000
2	银行利息偿还		1200	950	700	450	200	3500
二	可用于偿还的资金		7539	9726	11913	11827	11740	52745
1	财务费用		1200	950	700	450	200	3500
2	净利润		1380	3817	6255	6418	6581	24451
3	固定资产折旧		4959	4959	4959	4959	4959	24794
三	偿还能力分析							
1	本期偿还结余		339	2776	5213	5377	5540	19245
2	偿债备付率		1.1	1.4	1.8	1.8	1.9	1.6

根据上表分析可得：可用于项目银行贷款本息偿还的资金充足，平均偿还备付率1.6，项目银行贷款偿还能力良好。

七 财务评估小结

该项目的建设符合国家宏观经济政策和产业政策，符合海南省及项目所在地发展总体规划和相关政策，从财务盈利能力分析看，总投资收益率较理想，财务内部收益率大于行业基准收益率，财务净现值大于零，表明项目具有较强的盈利能力；从清偿能力分析来看，项目具有较强的清偿能力；从财务不确定性分析看，项目具有很强的抗风险能力。因此，该项目的建设从财务层面上分析，具有较好的效益，对整个行业发展具有积极的促进作用，该项目是可行的。

第八节 社会经济效益分析

一 填补海南自贸港麦芽加工产业空白，促进啤酒产业升级发展

洋浦年产50万吨麦芽厂（一期）项目顺应当前啤酒市场的时代需求，始终坚持高起点定位，旨在打造国际一流、海南自贸港首家具有国际影响力的麦芽加工厂，建成海南麦芽加工产业发展先行区，以此填补海南自贸港麦芽加工产业空白。项目实施将以先进的一流生产技术，生产高等级、安全、绿色麦芽产品，提高海南麦芽加工制造产业层次，促进啤酒产业升级发展，推动海南省乃至全国的啤酒产业发展进程，以更高品质麦芽不断助力啤酒行业转型升级，推动中国啤酒进军中高端啤酒市场，不断增强其核心竞争力。

二 打造规模化麦芽加工基地，增强国际话语权

我国大麦进口量大，但在大麦贸易定价权方面处于弱势地位。《海南自由贸易港建设总体方案》（2020年6月1日）表明，对于进口生产原辅料免征进口关税、进口环节增值税和消费税，并且对原产于海南或含进口料件加工增

值超过30%的货物进入内地免征进口关税。洋浦年产50万吨麦芽厂（一期）项目将依托洋浦保税区及海南自贸港免税的相关经济政策及资源优势，建设集麦芽加工生产、仓储、转口贸易、物流运输为一体的"零关税"国际化麦芽加工厂，构成一条"优质原料引进、优质麦芽加工"的双优特色产业链，围绕麦芽加工，形成一体化链条式发展格局。该项目充分利用海南自贸港免税政策的发展红利，一方面能够通过引进大麦原材料来降低麦芽成本，另一方面运用先进的生产技术生产出品质高、无污染、优质高效的麦芽产品，以此来稳定麦芽指标，提高麦芽质量，形成麦芽产品高附加值。该项目旨在以一流的生产技术打造中国规模最大、国际一流的规模化"零关税"麦芽加工研发基地，不断增强我国在全球国际化麦芽加工产业市场定价的话语权。

三 助力麦芽产业链延伸发展，迎合国内外优质麦芽产品市场需求

目前，国内啤酒酿造产业的发展仍旧存在着大麦原料不足、麦芽品质不高等原材料供应的数量与质量问题。随着人们生活水平的不断提升，对于啤酒品质的要求也越来越高，作为啤酒酿造业的主要原材料——麦芽品质的提高将是啤酒市场未来发展的关键所在。海南省洋浦保税港区洋浦年产50万吨麦芽厂（一期）项目以更高品质的麦芽产品助力啤酒行业的升级发展，满足广大消费群体的高品质需求。此外，该项目通过江海联运，运用专用新型农产品运输集装箱，将麦芽产品供给辐射全国各地及东南亚地区，能够有效满足国内外麦芽产品供应市场的需求，助力国内外啤酒产业的高质量发展。因此，该项目的建成对于助力麦芽产业链延伸式发展，迎合国内外优质麦芽产品供应市场具有重要的积极作用。

四 打造就业平台，创造大量就业机会

洋浦年产50万吨麦芽厂（一期）项目将建设集麦芽加工生产、仓储、转口贸易、物流运输为一体的大规模国际化麦芽加工厂，拉动国内外大麦加工产业链的研发、仓储、贸易、物流等多业态的发展，项目的顺利建成将会形成各个相关方面的人才需求，这将为广大群众提供优质广阔的就业平台。

此外，该项目建成后也会为当地百姓提供大量的就业机会，能够在一定程度上缓解社会的就业压力。

五 发挥连带作用，拉动相关产业协同发展

洋浦年产50万吨麦芽厂（一期）项目旨在建设集麦芽加工生产、仓储、转口贸易、物流运输为一体的大规模国际化麦芽加工厂，该项目的建成将会带动洋浦保税区加工贸易、建筑、物流、啤酒等各个相关产业的联动式发展，从而带动区域内经济的进一步发展。此外，该项目将建设具有相当规模的库容量，仓库配套设施齐全，有较强的中转、进出库装卸能力的麦芽物流仓库，该仓库的建成对于推进洋浦保税港区构建大宗农产品商品集散中心和区域航运中心具有重要意义。因此，该项目的建成将发挥连带的辐射作用，对于拉动相关产业的协同发展具有十分重要的意义。

六 税收效益明显

海南省洋浦保税港区洋浦年产50万吨麦芽厂（一期）项目财务内部收益率大于行业基准收益率，项目盈利能力较强，经济效益好，计算期内创造税费约3.81亿元。同时，随着产业带动效应的显现，项目建成间接所带来的税收效益将更大。

第九节 研究结论与建议

一 结论

洋浦年产50万吨麦芽厂（一期）项目符合国家宏观经济政策和鼓励产业发展的政策，符合《海南自由贸易港建设总体方案》的规划建设要求，严格按照《海南自由贸易港建设总体方案》进行规划建设，该方案表明，对于进口生产原辅料免征进口关税、进口环节增值税和消费税，并且对原产于海南或含进口料件加工增值超过30%的货物进入内地免征进口关税。该

第七章 洋浦年产 50 万吨麦芽厂（一期）项目研究

项目建设将充分利用免税政策的发展红利，依托良好的政策、交通、区位等条件，建设集麦芽加工生产、仓储、转口贸易、物流运输为一体的国际化"零关税"麦芽加工厂项目，使之成为中国规模最大、国际一流、海南自贸港首家具有国际影响力的"零关税"麦芽加工厂，打造超大型高端麦芽研发加工生产基地，不断加速全省乃至全国麦芽市场的转型升级。

此外，该项目建设具有相当规模的库容量，仓库配套设施齐全，有较强的中转、进出库装卸能力的麦芽物流仓库。通过江海联运，专用新型农产品运输集装箱，产品"零关税"无门槛供给辐射全国各个地区及东南亚地区。不断提升海南自贸港麦芽加工进出口贸易的服务承载力，为海南自贸港麦芽加工产业的转型升级开辟新道路，形成新的经济增长极，从而打造为服务于中国［海南］自由贸易区［港］麦芽相关产业发展的新力量。

项目建成后，其社会、经济效益显著。一方面，该项目基地的建成将填补海南自贸港麦芽加工产业空白，促进啤酒产业升级发展；将会打造规模化的"零关税"麦芽加工研发基地，不断增强国际化麦芽加工产业市场的话语权。项目建成后，通过构建麦芽加工生产、仓储、转口贸易、物流运输一体化的加工产业链，将会以丰富的高质量麦芽产品供应国内外市场，充分迎合全球的高品质啤酒消费需求。与此同时，该项目的建成也将有利于带动加工、研发、贸易、物流等相关产业的协同发展，不断活跃当地的经济发展建设。另一方面，该项目创造了大量的就业增收机会，直接提供就业岗位 60 个，且优先保证当地群众上岗就业，解决群众就业难、业不对口、生活压力大等问题，缓解了当地的民生问题，通过拉动就业为百姓提高生活水平提供可靠保障。项目在计算期内的总净利润约 5.8 亿元，计算期内直接创造总税收贡献约 3.81 亿元，间接拉动的经济效益及税收效益将成数倍增长。此外，项目建设的资源供给可靠，运营理念科学合理，财务评价指标理想、社会拉动效益强、投资回报率高。

通过分析，海南省洋浦年产 50 万吨麦芽厂（一期）项目投资风险较小，效益好，可以形成多方共赢的局面。项目收入来源稳定，经营收益率较高，具有稳定的净现金流。同时，项目可创造大量就业机会和可观的税收。

因此，项目建设是必要的，立项开发是可行的，建议政府批准立项，并提供积极支持。

二 建议

为确保洋浦年产50万吨麦芽厂（一期）项目建设的顺利实施，全面落实项目设定的各项目标，建议项目在建设过程中注意落实以下措施：

第一，严格按照国家基本建设程序和资金投资管理程序，对每道环节实施严格的管理，并采取各项有效措施，加强工程管理，确保工程质量；

第二，明确领导小组职责，加强项目实施的组织管理，保证项目顺利实施；

第三，核实本项目施工合同、合作合同，核实施工单位资质和资信，做好受托支付工作，保证资金专款专用；

第四，建设专业质检团队，加强项目质量监督，做好后续的验收工作，对完成的项目进行及时补缺和整改；

第五，根据项目本身采取一些科学可行的应对风险的措施，尽量将风险降到最低，确保项目保质保量完成。

第八章
临高县东英镇现代化渔光休闲产业园项目研究

第一节　项目概述

一　项目概况

项目名称：临高县东英镇现代化渔光休闲产业园

建设地点：海南省临高县东英镇和新村委会头洋下村

项目性质：新建项目

建设周期：12个月（2021年11月至2022年11月），项目按一期建设完工

用地规模：陆地用地面积570亩（约38公顷），拟申请2000亩（约133.33公顷）海洋牧场海域使用权

投资总额：项目总投资51266.69万元，包含：渔业（养殖）总投资27266.39万元，光伏发电总投资（包含所有费用）24000.30万元

二　项目定位及建设内容

（一）项目定位

临高县东英镇现代化渔光休闲产业园为资源综合利用型的"渔光休闲

一体"项目，打造集生态养殖、产研结合、渔光互补、休闲观光于一体的综合示范基地。

本项目的渔光互补，即水下养殖、水上发电、水边休闲、科研保障的发展模式，也就是利用养殖土地免费为光伏发电提供土地使用，反过来光伏发电为养殖免费提供遮风挡雨避光的工厂化养殖空间，又为养殖提供恒稳廉价的电力保障；工厂化养殖空间又为水产科研成果转化提供实践场地，反过来水产科研转化成果又为养殖提供高新技术；利用靠近海岸边的排水带光伏框架为观光休闲提供廉价的优美空间，观光休闲又为养殖产品的销售和推广提供了广泛的渠道，达到资源优势互补、土地空间充分利用、社会效益和经济效益最大化的目的。

本项目建设海水育种育苗南繁基地，为园区养殖和海洋修复提供优质廉价的各类水生苗种。

本项目利用全国著名的水产院校及科研机构的科研团队和成果建设水产研究院为本园区养殖和海洋修复提供不断创新的高新技术，让本企业长期处于优势竞争的地位。

本项目利用海水育种育苗南繁基地条件建立临高和新海洋底播养殖合作社，吸纳和新村民500人以上入股合作社，从事海洋底播养殖产业。拟向政府申请2000亩海域使用权，为海洋底播和休闲渔业提供充分条件。本项目建设休闲渔业又为临高国际慢城添加了渔业观光元素，让游客流连忘返，变成临高的亮丽风景线。

（二）建设内容

临高县东英镇现代化渔光休闲产业园建设内容包括：

①管理区（办公区、加工车间、维修部、冷库仓储）。②生活区。③水产研究院（实验室、工厂化实践区、外塘实践区）。④源水处理区。⑤种苗工厂化繁育区。⑥东风螺工厂化养成区。⑦东星斑工厂化养成区。⑧新品种工厂化示范区。⑨中间培育区（东星斑苗、贝类苗、海参苗、沙虫苗等中间培育）。⑩湿地公园（废水污水处理区）。⑪渔业休闲公园（渔船居住体验馆、渔民美食体验馆、临高渔业发展史展览馆、观赏鱼展览馆、捕捞俱乐

部、潜水俱乐部、树下海沙俱乐部、临高县非遗哩哩美戏艺术团、临高县非遗木偶戏艺术团、海产品展销馆、钓鱼俱乐部、海洋底播养殖俱乐部）。⑫ 2000亩海洋牧场（潜水观光、捕捞、养殖）。⑬光伏电站区。

三 研究工作依据和范围

（一）研究工作依据

《中共中央 国务院关于全面推进乡村振兴加快农业农村现代化的意见》（2021年1月4日）

《海南自由贸易港建设总体方案》（2020年6月1日）

《国务院关于印发中国（海南）自由贸易试验区总体方案的通知》（国发〔2018〕34号）

《中共中央 国务院关于支持海南全面深化改革开放的指导意见》（中发〔2018〕12号）

《中共中央办公厅 国务院办公厅关于印发〈国家生态文明试验区（海南）实施方案〉的通知》（厅字〔2019〕29号）

《国家发展改革委关于印发〈海南省建设国际旅游消费中心的实施方案〉的通知》（发改社会〔2018〕1826号）

《国务院办公厅关于加快转变农业发展方式的意见》（国办发〔2015〕59号）

《农业部关于加快推进渔业转方式调结构的指导意见》（农渔发〔2016〕1号）

《海南省人民政府关于促进现代渔业发展的意见》（琼府〔2016〕116号）

《中共海南省委 海南省人民政府关于加快建设海洋强省的决定》（琼发〔2013〕11号）

《国家能源局关于可再生能源发展"十三五"规划实施的指导意见》（国能发新能〔2017〕31号）

《国务院关于促进光伏产业健康发展的若干意见（国发〔2013〕24号）》

《国家发展改革委关于2020年光伏发电上网电价政策有关事项的通知》（发改价格〔2020〕511号）

《关于 2021 年风电、光伏发电开发建设有关事项的通知》（国家能源局）

《海南能源综合改革方案》（2020）

《海南省人民政府关于支持产业项目发展规划和用地保障的意见（试行）》（琼府〔2019〕13 号）

《海南省发展和改革委员会关于开展 2021 年度海南省集中式光伏发电平价上网项目工作的通知》（琼发改便函〔2021〕584 号）

（二）相关规划和技术规范

《海南省海洋经济发展"十四五"规划》

《海南省休闲渔业发展规划（2019—2025 年）》

《海南省乡村振兴战略规划（2018—2022 年）》

《全国重要生态系统保护和修复重大工程总体规划（2021—2035 年）》

《海南省旅游发展总体规划（2017—2030）》

《海南省全域旅游建设发展规划（2017—2030）》

《海南省总体规划（空间类 2015—2030）》

《国家电网公司光伏电站接入电网技术规定》（国家电网科〔2011〕663 号）

《光伏发电项目工程验收规范标准》（GBT50796—2012）

《光伏发电站设计规范》（GB50797—2012）

（三）研究工作范围

本报告按照科学性、经济性、可操作性和实事求是的原则，并以国家和地方现行有关法规、政策、标准和规范及委托方提供的相关资料为依据，从区域社会、经济发展原则、态势、定位等，对"临高县东英镇现代化渔光休闲产业园"建设的背景、必要性、市场前景、项目区位分析、渔业规划、光伏发电规划、环境评价、节能分析、实施进度、工程招标、投资估算、财务评估、社会经济效益评价等多方面工作进行考察，提出了关于项目投资建设是否可行的评价。

四　主要经济技术指标

项目主要经济技术指标包括陆地用地面积、总建筑面积、容积率、绿地率等，项目总投资，收入、成本、税费、净利润、投资回收期等，详见表 8-1。

表 8-1 项目经济技术指标一览表

序号	项 目	单位	数量	备注
一	用地面积			
1	陆地	亩	570	约 38 公顷
2	海域（拟）	亩	2000	约 133.33 公顷
二	项目产能			
(1)	东星斑	吨	264.25	
(2)	东风螺	吨	257.06	
(3)	花刺参	吨	120.96	
(4)	光伏发电量	万度	3499.96	最大装机容量 30MWp
三	工程建设			
1	建筑面积			
(1)	育种育苗工厂养殖区	m²	25504.0	
(2)	东星斑工厂化养殖区	m²	10800.0	
(3)	新品种种苗工厂化养殖区	m²	10800.0	
(4)	东风螺工厂化养殖区	m²	28800.0	
(5)	研发试验工厂化养殖区	m²	4802.0	
(6)	海参沙虫中间培育（高位池）	m²	24010.0	
(7)	东星斑中间培育（高位池）	m²	24010.0	
(8)	贝类中间培育（高位池）	m²	24010.0	
(9)	蓄水池处理区	m²	9604.0	
(10)	污水处理区	m²	7200.0	
(11)	水产研究院	m²	1200.0	
(12)	产品初加工车间	m²	300.0	
(13)	维修部	m²	200.0	
(14)	仓库	m²	500.0	
(15)	冷库	m²	200.0	
(16)	综合办公区	m²	1500.0	
(17)	生活区	m²	1800.0	
	合计	m²	175240.0	
2	光伏发电			
(1)	装机规模	MWp	30.00	
(2)	年发电量	万度	3499.96	
(3)	年利用小时数	h	1166.64	

续表

序号	项 目	单位	数量	备注
3	休闲渔业（二期）			第二期开发
4	绿地率	%	5.00	
5	建筑密度	%	45.00	
6	绿化	m²	19000.10	
7	道路	m²	7397.32	
8	机动车位	辆	60	
四	投资			
1	渔业（养殖）总投资	万元	27266.39	
(1)	工程费	万元	26266.39	
(2)	财务费	万元	1000.00	
2	光伏发电总投资（包含所有费用）	万元	24000.30	
合 计		万元	51266.69	
五	财务相关			计算期年均
1	总收入	万元	13751.71	15434.58
2	总成本	万元	11118.86	10931.90
3	营业税金及附加	万元	65.37	132.99
4	所得税	万元	70.61	143.63
5	净利润	万元	2496.87	4226.06
6	投资收益率（税前）	%	8.78	计算期年均
7	投资收益率（税后）	%	8.24	计算期年均
8	经营利税率	%	29.17	计算期年均
9	经营利润率	%	27.38	计算期年均
10	税前财务内部收益率（%）	%	8.63	
11	税前项目投资回收期（年）	年	9.6	
12	税前财务净现值（Ic=8%）	万元	2034.6	
13	税后财务内部收益率（%）	%	8.33	
14	税后项目投资回收期（年）	年	9.7	
15	税后财务净现值（Ic=8%）	万元	1050.1	
16	盈亏平衡点	%	43.43	
17	银行借款时长	年	10	含建设期
六	社会效益			
1	就业人数			
(1)	直接就业人数	个	656	
(2)	间接带动就业	个	数万渔民	
2	计算期年均税收	万元	276.62	
七	生态效益			
1	年减少标准煤	吨	4304.95	
2	年均减少 CO_2 排放	吨	11278.97	
3	年均减少 SO_2 排放	吨	36.59	
4	年均减少 NOx 排放	吨	31.86	

第二节　项目背景

一　政策背景

（一）海南鼓励现代渔业发展

2018年4月13日，习近平在庆祝海南建省办经济特区30周年大会上的讲话中指出：要加强国家南繁科研育种基地（海南）建设，打造国家热带农业科学中心，支持海南建设全球动植物种质资源引进中转基地。

《海南省人民政府关于促进现代渔业发展的意见》（琼府〔2016〕116号）中强调：传统渔业向现代渔业转型升级，走出一条资源节约、产出高效、产品安全、环境友好的现代渔业发展道路。大力发展生态健康养殖，扶持发展现代养殖业，加快推进池塘标准化建设，扩大深水网箱养殖和工厂化养殖规模，推进水产养殖应用物联网技术，至2020年，全省建成高标准池塘30万亩，占池塘养殖总面积的60%，工厂化养殖水体达100万立方米，物联网技术逐步应用于水产养殖生产，不断提升海南省水产养殖规模化、集约化、可控化水平。

（二）推进海洋产业建设，实现产业融合

《中共中央国务院关于支持海南全面深化改革开放的指导意见》（2018）中指出：海南是海洋大省，要坚定走人海和谐、合作共赢的发展道路，提高海洋资源开发能力，加快培育新兴海洋产业支持海南建设现代化海洋牧场，着力推动海洋经济向质量效益型转变，并提出加强南繁科研育种基地（海南）建设，打造国家热带农业科学中心，支持海南建设全球动植物资源引进中转基地。

《海南省休闲渔业发展规划（2019—2025年）》明确提出，整合资源增强休闲渔业发展的内生动力，将休闲渔业与海洋牧场、渔港经济区、海洋经济发展示范区、海洋公园、海洋旅游、海岛开发、美丽乡村建设等工作有机结合，加强休闲渔业产业链各环节的有效连接，实现休闲渔业的多元化、集约化开发经营。加快推进休闲渔业全产业链融合发展，通过资源优化配置，将休闲娱乐、休闲旅游、餐饮美食、生态建设、文化传承、科普宣传等活动与渔业有机结合，打造完整的休闲渔业产业链和价值链，创新"休闲渔业+"行业发展模式。"渔光互补"发展模式，将渔业养殖与光伏发电相结合，实现渔业发展的产业链延伸，渔业与清洁能源发电项目融合发展，有利于推动海南生态文明建设，增加海洋渔业的经济附加值，是打造多元化休闲渔业的新思路。

（三）中央一号文件：加强现代农业设施建设

2020年中央一号文件《中共中央 国务院关于抓好"三农"领域重点工作确保如期实现全面小康的意见》强调，加强现代农业设施建设，提早谋划实施一批现代农业投资重大项目，支持项目及早落地，有效扩大农业投资。以粮食生产功能区和重要农产品生产保护区为重点加快推进高标准农田建设，修编建设规划，合理确定投资标准，完善工程建设、验收、监督检查机制。同时，中央一号文件强调启动农产品仓储保鲜冷链物流设施建设工程。加强农产品冷链物流统筹规划、分级布局和标准制定。安排中央预算内投资，支持建设一批骨干冷链物流基地。国家支持家庭农场、农民合作社、供销合作社、邮政快递企业、产业化龙头企业建设产地分拣包装、冷藏保鲜、仓储运输、初加工等设施，对其在农村建设的保鲜仓储设施用电实行农业生产用电价格。依托现有资源建设农业农村大数据中心，加快物联网、大数据、区块链、人工智能、第五代移动通信网络、智慧气象等现代信息技术在农业领域的应用。

另外，中央一号文件强调发展富民乡村产业。支持各地立足资源优势打造各具特色的农业全产业链，推动农村一二三产业融合发展。加快建设现代农业产业园，支持农村产业融合发展示范园建设。继续调整优化农业结构，加强绿色食品、有机农产品、地理标志农产品认证和管理，打造地方知名农产品品牌，增加优质绿色农产品供给。强化全过程农产品质量安全和食品安全监管，建立健全追溯体系，确保人民群众"舌尖上的安全"。引导和鼓励工商资本下乡，切实保护企业家合法权益。制定农业及相关产业统计分类并加强统计核算，全面准确反映农业生产、加工、物流、营销、服务等全产业链价值。

（四）海南积极推进乡村振兴工作

《海南省乡村振兴战略规划（2018—2022 年）》强调打造王牌，振兴产业。对海南来讲，农业是经济的基础，热带特色高效农业更是海南现代化经济体系的一张王牌。乡村不仅是人居之所，独具浓郁热带风情的乡村还是观光休闲度假之地。现代农业是一二三产业融合发展的有机整体。海南有着丰富的乡村自然生态风光、旅游、文化资源，要加快建设国家热带现代农业基地。以规模化、市场化为导向，深入推进农业供给侧结构性改革，做强做精做优热带特色农业，使热带特色农业真正成为优势产业和海南经济的一张王牌，夯实乡村振兴物质基础。同时，《海南省乡村振兴战略规划（2018—2022 年）》提出实施"四个兴农"战略。

质量兴农：到 2022 年，争取全省 100% 的"三品一标"（无公害农产品、绿色食品、有机食品和地理标志农产品）农产品持证出岛，100% 农业投入品经营企业落实农业投入品经营诚信档案和购销台账，100% 农药经营门店落实农药实名购买制度；瓜果菜违禁药物检出率在 1% 以下，畜禽、水产品违禁药物检出率在 0.5% 以下。

绿色兴农：创建国家生态循环农业示范省，制定和实施全省畜牧业关停并转和环保改造方案，实施农作物秸秆综合利用工程。2018 年底前全面完成畜禽养殖区划分，禁养区内规模养殖场全部关闭、搬迁或转产；到 2022 年，主要农作物秸秆综合利用率提高到 90% 以上，畜禽粪污综合利用率达到 85% 以上，改良酸性土壤 110 万亩次。

科技兴农：建立热带高效农业主导品种和主推技术发布机制、"一主多元"农技推广体系、农业科技创新联盟。到 2022 年，新布局建设一批农业科技 110 区域服务中心，选派 500 名科技人员到基层一线开展农业科技服务；全省新建农业科技示范点 500 个以上，推广新品种 300 个以上、新技术 400 项以上。

品牌兴农：对海南现有 500 个农业品牌进行资源整合，培育创建海南农产品公用品牌30个，认定海南省名牌农产品50个，实现海南农产品公用品牌总产值占全省农产品总产值50%以上。

（五）清洁能源是未来的发展趋势

在全球能源形势紧张、全球气候变暖严重威胁经济发展和人们生活健康的今天，世界各国都在寻求新的能源替代战略，以求得可持续发展和在日后的发展中获取优势地位。太阳能光伏发电以其清洁、源源不断、安全等显著优势，成为被关注重点，在太阳能产业的发展中占有重要地位。我国政府已将光伏产业发展作为能源领域的一个重要方面，并纳入了国家能源发展的基本政策之中。我国出台了《可再生能源法》，明确规定了政府和社会在光伏发电开发利用方面的责任和义务，确立了一系列制度和措施，鼓励光伏产业发展，支持光伏发电并网，优惠上网电价和全社会分摊费用，并在贷款、税收诸多方面对光伏产业给予种种优惠。

海南作为国家生态文明试验区，在2020年发布《海南省能源综合改革方案》，鼓励利用酒店、住宅、厂房等资源建设分布式光伏发电。推进海上风电、光伏、海洋能及其与海洋农牧、旅游等特色产业相结合的绿色低碳发展。《海南省国民经济和社会发展第十四个五年规划和二〇三五年远景目标纲要》（2021）中提及，为使海南成功建设自贸港，实现"十四五"规划，坚持生态文明建设走在全国前列，海南省政府持续推进清洁能源岛等工作，使得生态文明建设形成海南样板，生态文明制度体系更加完善。通过不断优化升级三大优势产业，发展清洁能源产业，努力推进海南新能源发电项目，发展风电、光伏、电力储能、智能电网等相关配套产业，构建出特色鲜明、优势突出、可持续发展的清洁能源产业体系。

2021年，海南省发展和改革委员会发布《关于开展2021年度海南省集中式光伏发电平价上网项目工作的通知》，指出"十四五"期间海南省光伏发电项目建设将坚持分布式和集中式并举，积极大力发展分布式光伏发电项目，有序发展集中式光伏发电项目，将另行研究制定大力发展分布式光伏发电项目实施意见，各市县政府要结合本地实际，研究出台相关支持分布式光伏发电项目的政策。

二 渔业及光伏行业总体发展背景

（一）海洋渔业发展概况

海洋渔业对缓解我国人多地少的矛盾，发展国民经济具有重要的意义。海洋渔业从广义上讲包括从事海洋捕捞和海水养殖的生产事业。其中海洋捕捞属采集性工业；海水养殖分为鱼虾类养殖、贝类养殖和藻类养殖三大类。海南岛海岸线长，沿海有暖、寒流交汇，沿岸岛屿星罗棋布，港湾较多，滩涂面积广阔，是发展海洋渔业的有利条件。

海洋渔业行业上游主要为海水养殖和海洋捕捞所需的原材料和生产资料，包括水产饲料、渔船等。海洋渔业行业下游包括流通行业和终端消费，主要以物流、电子商务、连锁商超、餐饮等行业为主。

海洋渔业作为我国渔业的重要组成部分之一，其产值占我国渔业总产值的48%左右，2019年我国渔业总产值为12572.4亿元，海洋渔业总产值约为6023.30亿元，占比为47.91%。

2011年我国海洋捕捞总产值为1488.45亿元，2019年我国海洋捕捞总产值为2248.74亿元，2011~2019年我国海洋捕捞总产值复合增长率为4.69%；2011年我国海洋养殖总产值为1931.36亿元，2019年我国海洋养殖总产值为3774.56亿元，2011~2019年我国海洋养殖总产值复合增长率为7.73%。

但是，我国的海洋渔业存在发展不平衡等问题，主要表现为我国海洋养殖企业投资较为分散，规模小，缺乏大型综合型绿色环保的养殖体系。我国的养殖生态环境治理水平有待提高。

（二）休闲渔业发展概况

休闲渔业就是利用渔村设备、渔村空间、渔业生产的场地、渔法渔具、渔业产品、渔业经营活动、自然生物、渔业自然环境及渔村人文资源，经过规划设计，以发挥渔业与渔村休闲旅游功能，增进国人对渔村与渔业之体验，提升旅游品质，并提高渔民收益，促进渔村发展。换句话说，休闲渔业就是利用人们的休闲时间、空间来充实渔业的内容和发展空间的产业。

"十二五"以来，我国休闲渔业持续快速发展。2017年全国休闲渔业产值为708.42亿元，占渔业经济总产值的2.86%，占渔业第三产业产值的10.45%，与2010年相比增长235.35%，年均增长18.87%；休闲渔业产值占渔业产值的比重从2010年的3.13%增长到2017年的5.75%，增长了2.62个百分点。

据海南省发展改革委不完全统计，2018年，海南省休闲渔业产值为13.9亿元，经营主体450个，从业人员2200人（其中包括海钓俱乐部60家、游艇俱乐部15家、渔排渔筏55家、个人船东305家、深海网箱养殖企业4家、水产养殖企业11家）；全省从事休闲渔业、垂钓、渔事体验观光的船舶共1500余艘，其中大型钢制渔船40艘，近海小型船艇1000艘，游钓艇400艘，其他船艇60多艘；全年休闲垂钓及游钓体验总计129.7万人次，其中深海专业海钓1.7万人次，近海垂钓16万人次，近岸矶钓80万人次，近海游钓艇帆船观光体验32万人次。

海南休闲渔业发展要充分挖掘海南全省得天独厚的海洋资源、生态环境、交通条件、文化底蕴等优势潜力，根据国家相关战略规划和推进海洋强省的总体战略部署，着眼休闲渔业发展基础和资源要素配置条件，构建"一圈、两极、三区、一点"的国际旅游消费中心热带休闲渔业发展格局。

三 "渔光互补"产业背景

（一）渔光互补光伏发电

渔光互补是一种光伏与池塘养殖相结合渔业模式，是将光伏组件立体布置于水面上方，下层用于水产养殖、上层用于光伏发电。渔光互补一地两用的特点，能够极大提高单位面积土地的经济价值。

我国是能源消费大国。大力发展新能源与可再生能源已成为我国调整资源使用结构、缓解人口与资源消耗供需矛盾、降低环境污染，实现可持续发展的重要举措。光伏发电作为一种取之不尽、用之不竭的清洁能源，潜力巨大，渔光互补可利用鱼塘铺设光伏电池板，提高土地的综合利用效益，是实现可持续发展的重要机遇。

（二）国内外发展案例

（1）国外发展现状

水面光伏在日本、新加坡、挪威等地均有成熟应用。日本是目前水面漂浮式光伏电站应用最多的国家。

一般认为2007年建造的位于日本爱知县的20kW项目是第一个真正意义上的水上光伏系统。

2012年挪威船级社（DNV）的研究人员推出了所谓的动态漂浮式海上太阳能发电场概念。4200个560W的薄膜太阳能电池板组成一个2MW的六边形太阳能阵列，将多个阵列连接在一起，则可组成一个50MW或以上的光伏电站。

（2）国内发展现状

对比我国，自2015年下半年起至今，各省市陆续有小型水面光伏电站并网发电。从2014年下半年开始，各省市特别是两淮地区推开了对水面漂浮光伏发电的研究，探索水光互补路线，并陆续有水面光伏项目并网发电。2015年9月，河北省临西县朗源水上光伏发电项目正式并网发电，总装机容量8MW；

2016年2月16日，湖北枣阳熊河水库漂浮光伏发电项目顺利并网发电。该项目于2015年10月动工，总装机容量1200千瓦，已投产装机容量1050千瓦。虽然起步较晚，但不可否认，接下来的几年，我国将会有更多的水面光伏项目开工、并网发电。

2016年，国家能源局实施的光伏"领跑者"基地规划陆续推出，其中，两淮采煤沉陷区3.2GW水面光伏规划成为新亮点。

到2018年，两淮采煤沉陷区主导产业及带动产业总产值突破1000亿元。水面光伏或将成为光伏产业新突破口，新千亿元市场启动在即。

《太阳能发展"十三五"规划》中指出，"力争2025年底，水面光伏产业格局初步显现"。可以看出国家在能源优化升级上重点和策略的转变。"十三五"规划也鼓励综合利用沿海滩涂、采煤沉陷区、渔业养殖等方式，因地制宜开展各类"光伏+渔业"应用工程。未来水面光伏将成为光伏产业新突破口，解决光伏发展与用地问题的矛盾，推动水面光伏产业智能化发展。

（三）"渔光互补"打造产业融合

《海南自由贸易港投资新政三年行动方案（2021—2023）》《海南省休闲渔业发展规划》多次提及产业融合概念，致力于整合资源增强渔业发展的内生动力。通过产业融合，实现产业链的延长和拓展，打造出全产业链的综合生产模式，实现经济的高效益高质量发展。

"渔光互补"实现了渔业养殖与光伏发电相结合，在鱼塘、内河（哑河）、内湖泊及水库等水面上方架设光伏板阵列，光伏板下方水域可以进行鱼虾养殖，光伏阵列为养鱼提供良好的遮挡，形成"上可发电、下可养鱼"的发电模式。具有综合利用土地、提高土地附加值的特点，实现了互利共赢，提高了单位面积土地的经济价值，促进了我国环境保护和生态建设的发展。有数据分析，使用光伏发电的鱼塘每亩利润与未安装光伏发电组件鱼塘比较，经济效益提高3倍以上。

"渔光互补"光伏发电模式创新地把光伏和渔业这两个会占用大量土地资源的产业相结合，输出了环境友好的清洁能源。

（四）海南自由贸易港建设发展清洁能源需求

《海南自由贸易港建设总方案》及《海南自由贸易港投资新政三年行动方案（2021—2023）》中提及，加快推动清洁能源生产工作，优化升级清洁能源、节能环保、高端食品加工产业；持续推进热带特色高效农业建设，以热带水果和冬季瓜菜、"三棵树"、渔业转型为重点，拓展农业发展路径，实现渔业与旅游业的相互结合。

"渔光互补"光伏发电模式有如下作用：

1. 光伏组件形成工厂的遮风避雨的遮阳效果，可降低水面或提高温度，降低鱼虾被水烫死或被水冻死的概率。

2. 减少水面植物光合作用，在一定程度抑制了藻类的繁殖，提高了水质，为鱼类提供一个良好的生长环境。

3. 带来额外的光伏发电收益，使养殖附加值成倍增加。

4. 为养殖提供恒稳、廉价的绿色电力保障。

5. 水上光伏发电站可以与水产养殖、垂钓娱乐、旅游观光等相结合，打造发电、养殖、旅游休闲等一体化的综合产业基地，实现跨界融合，实现双赢和多赢局面，形成独具一格的特色景观。

在满足渔业生产的同时进行光伏发电和休闲渔业旅游观光，将三大产业"三合一"，在养殖的同时实现经济效益的增长，是未来海洋养殖业的一个重要发展模式，这种循环、可持续的发展方式，将实现人与自然和谐共赢。

第三节 项目建设的必要性

一 推动生态渔业提质增效的需要

《国家生态文明试验区（海南）实施方案》提出推动生态农业提质增效，全面建设生态循环农业示范省，加快创建农业绿色发展先行区，推进投入品减量化、生产清洁化、产品品牌化、废弃物资源化、产业模式生态化的发展模式。围绕实施乡村振兴战略，做强做优热带特色高效农业，打造国家热带现代农业基地，培育推广绿色优质安全、具有鲜明特色的海南农产品品牌，保护地理标志农产品，加强农业投入品和农产品质量安全追溯体系建设。

临高县东英镇现代化渔光休闲产业园项目构建渔业生态经济复合系统，建成集渔业养殖、发电、冷链、研发、旅游为一体的生态渔业良性物质循环体系，确保生产产品高质、高产、绿色、生态，同时打造热带生态渔业品牌，最终获得较高的经济效益、生态效益和社会效益，实现推动生态渔业提质增效的目标。

二 促进渔业、渔民转型的现实需要

靠山吃山、靠水吃水，渔民世代临水而居、靠捕鱼为生、整体年龄偏大、文化水平偏低，在国家推行"禁渔"的大背景下，渔民转产转业面临诸多现实困难。

临高县东英镇现代化渔光休闲产业园项目将为渔民专业提供更多多样化

的选择，首先在择业选择上，公司作为农业龙头企业，帮助搭建平台，实现退捕渔民就业，介绍合适岗位，帮助渔民找门路、实现转产就业。其次在择业观念上，渔民转变旧有观念，进入企业工作，拥有了有保障的工作和稳定收入来源。

在海洋生物资源枯竭，水域污染，国家推行"禁渔"的背景下，促进海洋渔业的产业结构转型成为迫切需求。渔业传统捕捞作业区域减少、可捕资源量下降，以捕捞为代表的第一产业对渔业经济的贡献逐步弱化，渔业产业已进入结构调整、渔业增长方式改变和培育新的增长点的新时期。

为此，企业积极瞄准渔业产业转型升级，推进渔业一二三产业融合发展，促进渔业增加值持续增长。发展"光渔互补"实现发电与养殖的结合，发展休闲渔业项目，整合渔场、渔具、渔业资源及渔民文化，成为当前促进一二三产业融合发展的有效抓手。

三 促进渔光互补关联经济的发展需要

海南省发布《海南自由贸易港投资新政三年行动方案（2021—2023）》《海南省人民政府关于现代化渔业发展的意见》《海南省休闲渔业发展规划》《海南省现代化海洋牧场建设试点方案》，将渔业的发展纳入提升地区经济，实现渔业现代化、乡村振兴的重要举措。

利用"渔光互补"理念将进一步打造海洋产品特优品牌，无污染、无公害农产品，强化品牌效应，拓宽市场销路。大量渔业产品在养殖、捕捞、运送过程中，需要有本地的关联企业相衔接；光伏发电项目，在建设，电力输入等环节，需要与专业公司进行合作；而第三产业休闲渔业、观光业的发展，离不开旅游规划公司、相关酒店。

这种"农工商一体化"的产业链条，将激活多产业链条发展，各个产业的衔接如同树根一般相互交错，密不可分，形成了互相补充、互相依存的发展模式。建设此项目，每年将为周边村集体和农户增加上亿元收入，对促进农产品生产、农产品商贸、物流配送服务、旅游等行业的收入增长十分有利，将有效带动临高区域经济的发展。

四 生产可再生清洁能源、保护环境的需要

随着人口和经济的持续增长，能源消费量也在不断增长，矿物资源的消耗会产生大量的污染物，对于不可再生资源的无节制使用，引起了全球气候变暖、臭氧层破坏、生态圈碳失衡、酸雨频发等环境问题。我国将面临资源枯竭与环境问题的严峻挑战，开发和利用拥有巨大资源保障、环境友好的可再生资源是减少污染物排放、保护环境、促进国民经济可持续健康发展的当务之急。

光伏发电不产生燃煤发电带来的污染物排放问题，电池板可循环使用、系统材料可再利用，可进一步降低能源的消耗和污染物排放，是一项新型的绿色环保措施，有利于建设环境和谐的社会。

五 实现土地资源节约、集约利用的需要

土地资源是自然资源的重要组成部分，是人类社会最基本的生产资料与劳动对象，是国民经济与社会发展最重要的基本物质基础。

海南省土地资源类型多样，地形呈穹隆状，中间高，四周低。土地资源是当前海南岛最为宝贵的资源，《中国（海南）自由贸易试验区总体方案》中指出，自贸试验区的实施范围为海南岛全岛。自贸试验区土地、海域开发利用须遵守国家法律法规，贯彻生态文明和绿色发展要求，符合海南省"多规合一"总体规划，并符合节约集约用地用海的有关要求。海南的土地资源十分有限，要坚决杜绝土地浪费现象。

本项目作为光伏与鱼塘养殖结合的综合利用项目，通过鱼塘上光伏电力工程实现清洁能源发电，部分发电用于鱼塘养殖，这种"上可发电、下可养鱼"的发电模式，综合利用土地，提高了单位土地经济效益，实现了土地资源的节约、集约利用。

六 缓解就业问题、促进渔民增收的需要

就业是民生之本，是社会民生的重要一环。临高县东英镇现代化渔光休

闲产业园项目将铸就高质量的发展平台，吸引大量渔民和渔业技术人员加入工作，另外吸纳大量渔民入股海洋底播养殖合作社，增加本村的固定收入。

项目在建设之初和运营过程中，能够解决大量的农村剩余劳动力的就业。"渔光互补"的发展模式，对相关技术人员、渔民、养殖技术人员有大量需求，与此同时，与第三产业旅游相互结合，发展休闲渔业、休闲观光等项目，需要大量的服务人员，每年为村集体和农户增加大量收入，是实现农民收入更快增长的重要突破口，也是促进农民就业、增收最直接、最现实的有效途径。

七 加速渔业产业化进程的需要

渔业产业化主要包括规模化、专业化、商品化。从宏观上讲，要使农村的非渔产业不断发展；农村的种植业、养殖业走上专业化，为商品化生产奠定基础；农村经济逐步走上工业化、现代化。从微观而言，农村劳动力为主体的生产要素，从种植业大量流向非农产业；种植养殖的规模逐渐扩大，商品率不断提高，使农民的劳动生产率和纯收入不断提高。在此条件下为科技扎根于农业、农村开辟了广阔的道路，同时也为劳动者素质的提高创造了较好的环境。生态农业规划专家指出，农业产业化是农业走上社会主义现代化不可逾越的一个过程，是生态农业建设的重要组成部分，也是可持续发展战略的基本出发点和内容。

临高县东英镇现代化渔光休闲产业园项目将建设"光伏+渔业+旅游"新型模式，创造新的利益增长点，推进加速渔业产业化进程。

第四节　项目区位分析

一　项目地址及选址原则

（一）本项目选址

临高县东英镇现代化渔光休闲产业园项目选址位于海南省临高县东英镇和新村委会头洋下村。

(二)选址原则

1. 建设地址临近交通道路旁边，交通便利，方便出行。且所在地空旷开阔，气候条件适宜，为项目的相关产业发展提供了良好的发展环境。

2. 符合国家法规、乡村发展规划和土地利用规划等有关规划、条例的规定，特别是符合对用地性质、强度等方面的规定。

3. 项目建设地址对于当地的环境不会形成威胁，不会改变当地的初始环境以及自然风貌。

4. 项目建设地址有较为低廉、较大规模的用地，有较好的水、电、通信等基础设施条件。

二 选址分析

通过对项目的选址从自然条件、区位交通条件、经济条件等众多方面的评估，可以看出该选址自然条件优越，资源丰富，基础设施不断跟进，交通便利，经济发展速度快，符合所在乡镇产业重点发展方向。所在地是一个很好的项目建设用地选址。

第五节 项目实施进度

(一)建设周期

12个月（2021年11月至2022年11月）

项目按一期建设完工

(二)前期准备

2021年11月前，完成项目前期工作，包括项目可行性研究、项目立项审批、详规、环评、招标、勘探设计、施工手续报批等。

第六节 劳动定员及开发

一 管理机构

（一）项目建设管理

项目建设实行总经理负责制，下设职能部门，各司其职，各负其责。财务管理实行"三专"管理，确保专款专用，提高资金使用效果。

（二）机构设置及职能

项目建成后，按现代企业制度进行运作与经营，实行自主经营，独立核算，自负盈亏。项目实行董事会领导下的总经理负责制。公司设立董事会，为公司的最高权力机构。

根据"高效、精简"的配置原则，公司设总经理办公室，负责各部门的总体管理工作。具体公司管理部门结构如下图：

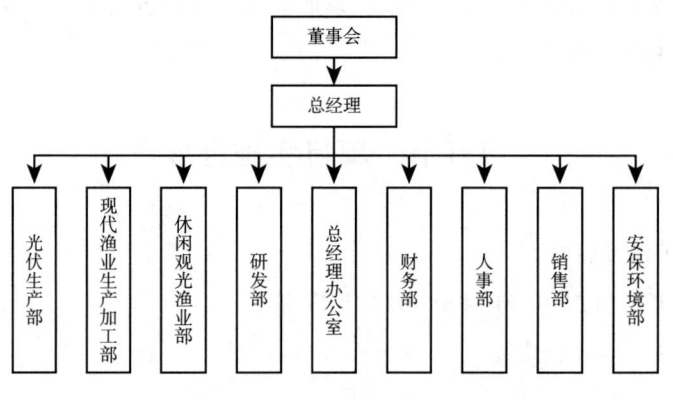

图 8-1 公司机构设计图

二 人力资源管理

项目建成后将坚持以岗定员，减少一切不必要冗员，科学管理，尊重知识，尊重劳动法规，认真搞好岗前培训，并在实际工作中运用绩效管理法，实现奖惩严明，提高人员的素质，培养一支有能力、有素质、有文化，求上进的工作人员队伍，带动整个项目建设朝着专业化、标准化的方向发展。

所有需要凭证上岗的人员，均按有关规定，参加有关主管部门组织的业务培训，并定期进行资质和证书审核。

全体员工实行全员绩效管理监督管理制度，分不同的工种实行年度、季度、月度的绩效考核，将全员的工作纳入合理的绩效管理中。同时，完善员工各项管理制度，修订《员工手册》、员工管理规范，确保各项管理都有制度可依。

三 劳动定员

项目员工全部实行合同制，员工的招聘与解雇按照双方依据国家《劳动法》所签订的劳动合同执行。员工的工资、劳动保险、生活福利和奖励等事项，依据国家《劳动法》有关规定和项目制定的劳动管理实施办法执行。另外，本项目建立临高和新海洋底播养殖合作社，吸纳和新村民500人以上入股合作社，从事海洋底播养殖产业。综合以上，本项目直接提供就业岗位656人。

四 培训管理

对该项目所涉及的相关人员的培训是生产经营和员工提高服务技能和适应性的重要保障，本项目根据不同的员工进行短、中、长期的专项培训。

为保证新员工尽快适应环境，掌握岗位技能，新员工培训项目包括项目的战略定位与企业文化、劳动安全知识、员工手册说明、相关操作技能和服务技能等。

对于督导人员（主管级）的培训计划涉及专业服务、功能分块管理水平、时间管理等方面的培训。

根据本项目的性质，为使管理人员、服务人员以及技术人员具有相应的管理能力、服务水平和科研能力，拟选派少量素质较好的管理人员、服务人员到专门的相关服务培训机构和专业机构学习。同时，还应将一定数量的管理人员有组织地选派到国内同类型的相关发展区域进行调研以及参观学习，培养出更加高端、更加有水平、高质量的团队。

第七节 投资估算及资金筹措

一 投资估算依据

项目建设投资估算是指投资项目从建设前期的准备工作到项目全部建成验收为止所发生的全部投资费用估算。按照项目建设方案和建设内容，分别对项目投资内容按有关标准和实际情况逐一估算。投资估算依据如下：

《中华人民共和国国家计划委员会计价格》（2002）

《建设工程监理与相关服务收费管理规定》（发改价格〔2007〕670号）

《基本建设项目建设成本管理规定》（财建〔2016〕504号）

《工程建设监理收费标准》（发改价格〔2007〕670号）

《工程勘察设计收费管理规定》（计价格〔2002〕10号）

《关于调整防空地下室易地建设费收费标准的通知》（琼价费管〔2010〕329号）

《海南省园林绿化与仿古建筑工程综合定额》（2013）

《海南省市政工程计价定额》（2011）

《海南省房屋建筑与装饰工程综合定额》（2017）

《海南省物价局关于降低部分招标代理服务收费标准的通知》（琼价费管〔2011〕225号）

《关于规范工程造价咨询服务收费的指导意见》（琼价协〔2016〕004号）

《海南省安装工程综合定额》（2017）

《市政工程投资估算编制办法》（建标〔2007〕164号）

《建筑工程建设项目可行性研究报告编制办法》

《海南工程造价信息》（2021年第1期）

二 项目总投资估算

(一)渔业(养殖)总投资

1. 工程费

工程费包括建安工程费和工程建设其他费用。

2. 财务费用

该财务费用计算渔业贷款财务费用,建设期渔业投资建设贷款利息费用约为1000万元。

3. 光伏发电总投资

光伏发电总投资 = 30MW × 单位千瓦动态投资 8000.10 元/kW = 24000.30 万元。该光伏发电总投资已经涵盖光伏发电项目从准备建设到建设完毕的所有费用总和。

4. 项目投资总额

详见下表。

表 8-2 项目总投资估算表

序号	项目	金额(万元)	备注
1	渔业(养殖)总投资	27266.39	
(1)	工程费	26266.39	
(2)	财务费	1000.00	
2	光伏发电总投资(包含所有费用)	24000.30	30MW,单位千瓦动态投资 8000.10 元/kW
	合计	51266.69	

三 资金筹措

(一)投资总额

项目总投资 51266.69 万元,包含:

1. 渔业(养殖)总投资 27266.39 万元

(1) 工程费：26266.39 万元

(2) 财务费：1000.00 万元

2. 光伏发电总投资（包含所有费用）24000.30 万元

（二）资金来源

自筹资金和银行借款。

第八节 财务评估

一 财务评估模式

本报告依据国家颁布的《建设项目经济评价方法与参数》及国家现行的财会税务制度，对项目进行财务评价。财务分析按盈利性项目的模式进行，主要分析项目的收入、税金和成本费用，项目利润估算，项目盈利能力评估等。考察项目各项综合效益指标。计算期拟定为15年（建设期1年，运营期14年）。

二 项目收入、成本和税费测算

（一）项目收入

1. 渔业收入

（1）东星斑收入。东星斑工厂化养殖区+新产品工厂化养殖区建筑面积共21600m^2（32.4亩），为了计算方便将两者合并计算收入。作为室内建池，土地利用率只能为75%，即建池的面积为21600×75% = 16200m^2，每个池面积为4m×4m = 16m^2，共建1012个池。东星斑的养殖周期为15个月，以年计算收入时必须乘以系数0.8 = 12÷15，养殖密度为40只/m^2，成活率85%，收成时单重0.6kg，养殖成本132元/kg，市场价220元/kg。毛利率为40%。

故此，一个池子年收入 = 16×40×85%×0.6×0.8×220 = 57446.4 元，1012个池子年收入 = 57446.4×1012 = 5813.58 万元。1012个池子年毛利润 = 5813.58 万元×40% = 2325.43 万元。

(2) 东风螺收入。东风螺工厂化养殖区建筑面积为28800m², 建池土地利用率为75%, 即为28800×75%＝21600m², 每个池面积为3.5×5.57＝19.25m², 室内建池1120个, 养殖周期6个月, 以年为单位计算收入时, 应乘以1.3系数。养殖密度为1300只/m², 成活率85%, 收成单重0.0083kg/只, 养殖成本50元/kg, 市场收购价100元/kg, 毛利润率50%。故此, 一个池子年收入＝19.25×1300×85%×0.0083×100×1.3＝22951.67元, 1120个池子年收入＝22951.67×1120＝2570.59万元。1120个池子年毛利润＝2570.59万元×50%＝1285.29万元。

(3) 海参收入（海参、沙虫、东星斑、贝类等）。中间培育区共24010×3＝72030m²（108亩）, 单个池子面积2000m², 共建36个。为了计算方便以海参为标准统一计算。养殖周期为一年, 放苗阶段为5g, 养殖密度7只/m², 收成阶段为400g/只, 5g苗成活率为60%, 养殖成本30元/kg, 成品收购价60元/kg, 毛利润率50%。故此, 单个池子年收入＝2000×7×60%×0.4×60＝201600元, 36个池子年收入＝36×201600＝725.76万元。36个池子年毛利润＝725.76万元×50%＝362.88万元。

(4) 育种育苗收入。因育种育苗工厂化养殖区计算比较复杂, 为计算方便以东风螺标准进行其收入计算。即25504m²利用率75%, 每个池子面积19.25m², 共建有1324个池子, 每个池子年收入22951.67元。1324个池子年收入为3038.7万元, 1324个池子年毛利润＝3038.7×50%＝1519.3万元。估计其收入不低于东风螺的收入。

2. 光伏发电收入

装机规模30MWP, 单板容量550WP, 年利用小时数1166.64, 年均发电量3499.96万度, 并网收购价格0.458元/度, 因而年发电收入＝3499.96×0.458＝1602万元。

（二）项目成本

(1) 养殖综合成本

东星斑＝对应收入×60%

东风螺＝对应收入×50%

海参＝对应收入×50%

育种育苗＝对应收入×50%

（2）财务费用：按年利率5%预估。

（3）折旧费：对固定资产计提折旧，房屋车间厂房等固定资产按5%计残值，采用直线折旧法，折旧年限25年。设备等固定资产按3%计残值，采用直线折旧法，折旧年限15年。

（4）维修费用：按折旧费用5%计算。

（三）项目营业税金及附加税

《中华人民共和国增值税暂行条例实施细则》（2011年修订）："第三十五条　条例第十五条规定的部分免税项目的范围，限定如下：（一）第一款第（一）项所称农业，是指种植业、养殖业、林业、牧业、水产业。农业生产者，包括从事农业生产的单位和个人。农产品，是指初级农产品，具体范围由财政部、国家税务总局确定。"

（1）增值税＝销项增值税－进项增值税

销项增值税：计税收入／（1+13%）×13%

进项增值税：计税成本／（1+13%）×13%

（2）城市建设维护税＝增值税×1%

（3）教育税附加＝增值税×3%

（4）地方教育税附加＝增值税×2%

三　利润测算

税前利润＝收入－经营成本－增值税及附加税

《中华人民共和国企业所得税法》（2018年修订）："第二十七条　企业的下列所得，可以免征、减征企业所得税：（一）从事农、林、牧、渔业项目的所得。"项目缴纳企业所得税，税率按照25%计算。企业所得税＝税前利润×15%。

税后利润＝利润总额（年）－所得税

四 项目盈利能力评估指标

项目盈利能力评估指标详见下表。

表 8-3 项目盈利能力指标一览表

序号	项 目	单位	数量
1	投资收益率（税前）	%	8.78
2	投资收益率（税后）	%	8.24
3	经营利税率	%	29.17
4	经营利润率	%	27.38
5	税前财务内部收益率（%）	%	8.63
6	税前项目投资回收期（年）	年	9.6
7	税前财务净现值（Ic=8%）	万元	2034.57
8	税后财务内部收益率（%）	%	8.33
9	税后项目投资回收期（年）	年	9.7
10	税后财务净现值（Ic=8%）	万元	1050.08

五 盈亏平衡分析

盈亏平衡分析系指通过计算项目达产年的盈亏平衡点（BEP），分析项目成本与收入的平衡关系，判断项目的适应能力和抗风险能力。以营业收入水平比表示的盈亏平衡点（BEP）计算公式为：

$$BEP = \frac{固定成本}{营业收入 - 营业税金及附加 - 可变成本} \times 100\%$$

计算结果表明，只要销售额达到设计的 43.43%，项目就可保本。

六 银行借款偿还分析

（一）项目资金筹措

项目总投资预估：51266.69 万元人民币。包含：自筹资金 11266.69 万元，占比 21.98%；银行借款 40000 万元，占比 78.02%。项目贷款比例合理。

（二）银行借款还款分析

在我国现行财务制度下，贷款偿还期是指固定资产投资贷款偿还期，在国家财政规定及项目具体条件下，项目投产后可用作还款的利润、折旧以及其他收益额偿还固定资产投资贷款本息所需要的时间。

该项目计算期 15 年（含建设期 1 年），银行借款期 10 年（含建设期）还清所有固定资产投资银行借款本金及利息，即计算期第 10 年还完所有本息。建设期为计算期第 1 年，建设期银行借款 1 年，每年产生利息计入建设成本。计算期第 2 年开始偿还本金，根据营业收益计划每半年按照一定的额度偿还本金和利息。同时，项目定价采用前期相对保守、后期稳步增长的策略，前期定价低于目前同业的平均价格，这样可以确保项目具有较强的市场价格竞争力，进而保证项目能稳定回款。

项目收入来源较广，各项收入稳定，经营收益率较好，具有稳定的净现金流用于银行借款的本金和利息偿还。每期可用于银行借款的偿还资金大于每期本金及利息的偿还计划金额。该项目的银行借款偿还能力较优。

七 财务评估小结

该项目的建设符合国家宏观经济政策和产业政策，符合海南省及项目所在地发展总体规划和相关政策，从财务盈利能力分析看，总投资收益率较理想，财务内部收益率大于行业基准收益率，财务净现值大于零，表明项目具有较强的盈利能力；从财务不确定性分析看，项目具有很强的抗风险能力。因此，该项目的建设从财务层面上分析，可知项目建设具有较好的效益，对整个行业的发展具有积极意义，所以从财务上看，该项目是可行的。

第九节　社会经济生态效益分析

一　渔业+光伏显著提升经济效益

临高县东英镇现代化渔光休闲产业园建设渔光互补光伏电站，属于三类以上光伏效能地区的丰富地区，充分利用现代水产养殖场房顶资源、室外水域开发建设光伏发电项目。"上可发电、下可养鱼"，"一种资源、两个产业"的集约发展模式，不仅不需占用农业、工业和住宅用地，而且提高了水面资源利用效率，使同一块土地的产出倍增。光伏阵列还可以为养鱼提供良好的遮挡，渔业养殖和光伏发电互融互补，具有综合利用土地、提高土地附加值的特点，实现了互利共赢，提高了单位面积土地的经济价值，并促进了环境保护和生态建设的发展。使用光伏发电的鱼塘每亩利润与未安装光伏发电组件鱼塘比较，经济效益可以提高5倍以上。

此外，渔光互补鱼塘由于能有效控制养殖水体水温、pH值升降，搭配池塘底排污、节水循环等系统，以及电化水杀菌、复合增氧、风送式自动投饵、水质在线智能监测等现代渔业设施，能够保持良好生态环境，持续产出优质水产品，实现鱼、电"双丰收"。

二 海水养殖技术科研效益明显

本项目给海水养殖业提供了高科技的良具良法。本项目建立起水产研究院可以带动全国最优秀的海水养殖专家学者进驻本院进行科技成果转化实验和前沿课题试验研究，不但为本项目提供先进技术支撑，也为全省养殖业提供示范。

三 年生产清洁能源电力约3499.96万度，推进生态文明建设

在全球能源形势紧张、全球气候变暖严重威胁经济发展和人们生活健康的今天，世界各国都在寻求新的能源替代战略，以求得可持续发展和在日后的发展中获取优势地位。环境状况已经警示我国所能拥有的排放空间已经十分有限了，再不加大清洁能源和可再生能源的份额，我国的经济和社会发展就将被迫减速。

提高可再生能源利用率，尤其是发展太阳能发电是改善生态、保护环境的有效途径。太阳能光伏发电以其清洁、源源不断、安全等显著优势，成为关注重点，在太阳能产业的发展中占有重要地位。

临高县东英镇现代化渔光休闲产业园项目发展光伏发电，总装机容量30MWp，年生产绿色电力约3499.96万度，保障本区及周边用电稳定，积极促进生态文明建设和增加绿色GDP。

四　显著带动就业，增加收入，促进建成小康社会

经济发展是扩大就业的根本，是就业之母，就业是民生之本，是人民改善生活的基本前提和基本途径。项目能带动多群体就业，为农村大量剩余劳动力创造农业内部就业机会，保护农民从事农业的积极性。吸收大量农村闲置劳动力和显著促进农民工就地就近就业。项目现代化渔业养殖和休闲渔业组团及其功能区，属于劳动密集和服务密集型产业，能新增大量就业岗位。预计项目本身可以带动就业人数达656人，项目外围可以同时带动几十万渔民转产转业。这将有利于缓解当地居民就业路子窄、就业机会少等系列就业难题，将会为项目所在地广大群众提供更多的就业创业机会，帮助更多的当地居民解决就业问题。因此，项目就业效益显著，能增加当地居民的收入，促进小康社会建设。

五　推进实现社会主义新农村建设和乡村振兴

临高县东英镇现代化渔光休闲产业园项目打破农业产业的界限，把农业产业与光伏发电、农业加工及第三产业结合起来，一方面通过渔光互补，增加产业经营效益；另一方面，以农林牧副渔业资源、乡村田园资源、乡村风景资源、乡村民俗文化资源、渔业文化、海洋风情、乡村历史文化资源等为依托，开发乡村休闲渔业产业。项目通过构建农业生态经济复合系统，促进农村农民增收，有助于推进"生产发展、生活宽裕、乡风文明、村容整洁、管理民主"的社会主义新农村建设。同时，临高县东英镇现代化渔光休闲产业园项目将建设现代生态农业经济体系，推进美丽乡村建设，实现乡村产业可持续快速发展，为当地全面实现乡村振兴打下良好的基础。

第八章　临高县东英镇现代化渔光休闲产业园项目研究

六　周边产业带动效益明显

临高县东英镇现代化渔光休闲产业园项目以点带面，周边产业辐射带动效益明显。项目将构建农业生态经济复合系统，建成集水产养殖、科研示范、生态休闲、休闲渔业旅游观光于一体的特色渔光互补产业园、综合示范基地、清洁能源生产示范基地、工业旅游与观光农业示范基地，最终实现较高的经济效益、生态效益和社会效益。特别是本项目建立海水育种育苗南繁基地，可以带动海南几十万渔民从事海洋底播养殖事业，不但修复海洋环境，还解决了渔民转产转业的老大难问题。

项目总投资资金量大，项目建设期需要大量建材，将由当地供给，这将对建材业有较大促进作用。项目实施后，能有效带动周边农业、旅游、交通等相关产业的连带发展。通过"投资—消费—收入—再投资—再消费—再收入"这一循环、周转的过程，将对当地社会经济部门产生连锁效应和最终影响，包括直接效应、间接效应、诱发效应和继发效应。在这一循环、周转的过程中，当地经济总量相对于投入会成数倍地增长，将连带拉动当地相关产业数百亿产值。

七　保护和改善生态环境，防治污染，保障食品安全性

临高县东英镇现代化渔光休闲产业园项目发展生态渔业、休闲渔业，能够保护和改善生态环境，防治污染，维护生态平衡，提高农产品的安全性，变农业和农村经济的常规发展为持续发展，把环境建设同经济发展紧密结合起来，在最大限度地满足人们对农产品日益增长的需求的同时，提高生态系统的稳定性和持续性，增强农业发展后劲。项目能显著保护和改善生态环境，防治污染，保障食品安全性。

八　项目带动税收效应明显

政府需要增加财政收入来促进社会发展，税收是财政收入中最为重要的组成部分之一。项目财务内部收益率大于行业基准收益率，项目盈利能力较

强，经济效益好，计算期（15年）内创造税费数千万元。随着产业带动效应，项目间接带来的税收效益巨大。

九 其他效益

（1）推动当地渔业现代化发展，推进现代渔业科研事业发展。

（2）培养新型农民，提升农民素质。

（3）为大学生提供就业机会，解决大学生就业问题。

（4）集约化生产，节省土地，留出足够的空间和资源供其他产业平衡发展。繁荣市场经济，为当地绿色GDP做出贡献。

（5）充分利用太阳能，开发清洁能源。

（6）为保障当地能源稳定做出贡献。

第十节 研究结论

一 结论

临高县东英镇现代化渔光休闲产业园是资源综合利用型的"渔光一体"项目，打造集生态养殖、绿色发电、科研示范、渔业休闲于一体的特色渔光互补产业园。项目陆地面积570亩，拟申请海洋牧场海域使用权2000亩，年产东星斑264.25吨、东风螺257.06吨、花刺参120.96吨，光伏电站装机容量30兆瓦，年发电3499.96万度。项目确保生产高品质、高产、绿色、生态水产品，同时打造热带生态渔业品牌，最终实现较高的经济效益、生态效益和社会效益，助力乡村振兴，实现渔业信息化、生态化、现代化发展。因此，本项目具备产业发展的可行性。

项目所在空间的可塑性强，现有设施条件较好，用地充足，道路、给排水、供电、信息配套等公用工程较为完善。项目区位优势明显，交通方便，物流顺畅，有利于项目的运营和发展。项目属我国第三类太阳能资源区域，太阳能资源良好，并网接入条件优越，适合建设大型太阳能光伏发电站。厂址区未发现活动断裂通过，在区域构造上基本稳定。工程选用性价比较高的多晶硅电池组件，这也与国内外的太阳能光伏电池使用情况的发展趋势相吻合。本工程在光伏系统、电气、土建、养殖、水工、消防等方面均具备可行方案，各项风险较小，无不良经济和社会影响。综上所述，本项目具备工程建设的可行性。

项目建设的资源供给可靠，运营理念科学合理，通过发展渔光互补产业，创造新的利益增长点，对于促进海南自由贸易港的生态文明、乡村振兴、生态渔业、现代渔业、美丽乡村等产业集约、集群化发展，促进当地经济增长，具有十分重要的意义。同时，财务评价指标理想、投资回报率高，本项目具备财务的可行性。

项目建设海水育种育苗南繁基地和水产研究院，为本项目养殖和全省海洋修复提供了优质多样廉价的种苗优势和技术优势，本项目具备了高科技和新品种的可行性。同时，项目建设光伏发电内容，为本园区和周边提供了稳定的廉价电力，本项目具备运营成本的可行性。

项目就业效益显著，通过带动多群体就业，吸收大量农村闲置劳动力和显著促进农民工就地就近就业，能增加当地居民的收入，促进小康社会建设，项目整体产业带动就业岗位 656 人，同时带动几十万渔民转产转业。项目盈利能力较强，经济效益好，计算期（15 年）内能给政府创造数千万元的税收，项目间接创造的税收将更多。另外，项目以点带面，周边产业辐射带动效益明显，保护和改善生态环境，防治污染，保障食品安全性，促进生态文明建设。

通过分析，项目投资风险较小，社会、经济、生态效益好，可以产生多方共赢的局面。项目收入来源稳定，经营收益率较高，具有稳定的净现金流。同时，项目能有效促进当地渔业转型升级，开发清洁能源，推进实现乡村振兴，可创造大量就业机会和可观的税收。因此，项目建设是必要的，开发及运营是可行的，建议政府和金融机构给予积极支持。

二　建议

为确保全面落实项目设定的各项目标，建议项目在建设过程中注意落实以下措施：

第一，制订专门的实施计划，明确筹建小组职责，加强项目的组织管理，保证项目的顺利建设和营运。

第二，严格按照国家基本建设程序和资金投资管理程序，对每个环节实施严格的管理，并采取各项有效措施，加强工程管理，确保工程质量。

第三，核实本项目施工合同、安装合同，核实施工企业资质和资信，核实合同价款，保证建设资金专款专用。

第四，根据项目本身采取一些科学可行的应对风险的措施，尽量将风险降到最低，确保项目保质保量完成。

第九章
海南智能医学产业园项目研究

第一节 项目概述

一 项目概况

项目名称：海南智能医学产业园

建设地点：海南省海口市美安科技新城（生物医药产业园区）

建设性质：新建项目

建设周期：2020年3月至2023年2月，分2期实施，共计3年。

规模：用地面积60000.3平方米（约90亩），建设规模184867.59平方米（地上建筑177667.56平方米）

投资总额

项目建设投资估算为100289.78万元，其中工程费用78350.08万元，工程建设其他费用6306.85万元，土地费用4050.00万元，预备费4232.85万元，财务费用7350.00万元。

二 项目战略定位

项目将打造中国海南自贸区［港］的医疗实业产业化高地，从"科技化、数字化、品牌化、项目成果产业化"进行定位发展。

（一）科技化定位

该项目通过引进目前世界先进、国内领先的"鹰派特生命支持与辅助服务系统（ILASS）"，为全民医疗提供一个全功能医疗急救支持与全天候养老护理与监护系统平台，运用高端的医疗科技手段以及先进的医疗器械共同综合提升海南省医疗服务行业的质量与效率。项目建设鹰派特生命支持与辅助服务系统（ILASS）研发中心、南药开发海南省重点实验室及热带生物药用国家工程技术中心，打造园区高科技高水平研发平台。

（二）数字化定位

构建智能医学大数据中心，可为医疗监管部门、医疗服务提供方、医药医疗产品的研发方、医疗保险方及个人健康产品提供服务。医疗监管部门：应用大数据分析可实现对国内疾病趋势和公共卫生状况的全面分析。医疗服务提供方：对大数据分析的功能如临床决策支持、用药与医嘱自动报错、医疗服务水平评估、异地病患监控等。医药医疗产品的研发方：对大数据分析的应用具体体现在一方面是对药物的研发、测试以及临床实验过程予以支撑，另一方面是对药物的市场和销售策略进行辅助。医疗保险方：对大数据分析的功能。个人健康产品：提供方对大数据分析的功能，全方位检测、预防及诊疗服务。

该项目按照"医教研一体，医理工融合"的建设思路，紧密结合医疗健康与人工智能、机器人、大数据等新兴产业，创新性地发展"产、学、研、用"四位一体化模式，转变传统医学发展模式，有效促进海南省医学供给侧改革，提升海南省医疗服务质量与效率，打造"医疗数字化，智能实时监控"的数字化智能健康治疗防御系统。

（三）品牌化定位

该项目始终坚持"海南第一、国内先进"的高端定位，充分运用海南省独特的热带物种资源，打造专属于海南的医药产业品牌。此外，通过与拥有强大医师资源的中国功能医师集团的联合，使之成为中国功能医学集团入驻生根发展的战略合作平台。该平台的建设有助于延长海南省医学产业发展的产业链，推动海南省医学领域相关精准医学检测、智能医疗、智能医疗器械产业的发展，为海南省打造面向世界、面向未来的全新化医学品牌发展模式。

（四）项目成果产业化定位

项目建设鹰派特生命支持与辅助服务系统（ILASS）研发中心、南药开发海南省重点实验室及热带生物药用国家工程技术中心，加速研发成果的产业化转化。同时该项目构建功能医学产业孵化园，破除传统的"主医主疗"思想，不止步于仅关注传统的医院本身，更着眼于整个医疗产业的系统化长远发展，发挥海南智能医学产业园的产业集聚效应，建设出面向国内及全世界招商引资的智能医学"聚宝盆"，关注中国乃至全球的医学发展状况，实现新时代下医学发展新模式中的"智能医学"新格局。

三 项目发展目标

（一）产业发展目标

（1）医学产业：将打造以海南为中心，辐射整个华南地区乃至全国的智能医疗技术基地，促进医学领域的供给侧结构性改革，提升海南省医学产业的总体效益。

（2）科技产业：建立起强大的研发平台及成果转化中心，即鹰派特生命支持与辅助服务系统（ILASS）研发中心、南药开发海南省重点实验室及热带生物药用国家工程技术中心，研发成果产业化转化中心，推动海南省相关领域内的科技产业联动式发展。

（3）康养产业：将搭建具有国际影响力的功能医学高新技术医疗产业孵化平台，通过引进国外先进的医疗器械，进而吸引优秀技术型人才聚集，通过引进国外先进的前沿医学技术及医疗器械，初步形成"海南第一，国内先进"的智能医学康养地，发展海南省独具特色的高质量康养产业。

（二）创新创业

打造具有国际影响力的鹰派特生命支持与辅助服务系统（ILASS）研发

中心、南药开发海南省重点实验室及热带生物药用国家工程技术中心以及高新技术智能医疗产业孵化基地，吸引国内外各知名企业商业团体在此投资；形成具有高关注度的海南省医疗领域相关产业集群，致力于铸造高层次、宽领域的海南省智能医学系统化示范体系。充分利用大数据时代的前沿高端技术，引进国内外先进的智能医学技术，打造面向世界的开放型智能医学产业基地，以"智能医学"的发展为核心，利用海南得天独厚的生态地理环境，发展集"产、学、研、用"于一体的完整健康产业链，将从医学技术的研究到医疗器械的发明，再到医药产品的研发及应用推广的各个环节整合成系统化的发展模式，延长产业链，推动海南省医学领域实现从高端定位至落地式发展的全方位提升，产生大规模的产业辐射效应，带动相关康养服务业、高端医疗服务业、科研技术行业等各产业的融合发展，初步完成综合服务发展平台、产业创新服务平台、投融资服务平台、创业服务平台等创新创业平台的构建。

四 研究工作依据和范围

（一）研究工作依据

《海南省人民政府关于印发海南省健康产业发展规划（2019—2025年）的通知》（琼府〔2019〕1号）

《国务院关于印发中国（海南）自由贸易试验区总体方案的通知》（国发〔2018〕34号）

《国务院关于印发促进大数据发展行动纲要的通知》（国发〔2015〕50号）

《国务院办公厅关于促进和规范健康医疗大数据应用发展的指导意见》（国办发〔2016〕47号）

《国务院关于印发新一代人工智能发展规划的通知》（国发〔2017〕35号）

《国务院办公厅关于推进医疗联合体建设和发展的指导意见》（国办发〔2017〕32号）

《关于印发海南省医疗健康产业发展"十三五"规划的通知》（琼府办〔2016〕288号）

《中共中央 国务院关于印发〈"健康中国2030"规划纲要〉的通知》（中发〔2016〕23号）

《国务院办公厅关于促进"互联网+医疗健康"发展的意见》（国办发〔2018〕26号）

《国务院关于同意设立中国（海南）自由贸易试验区的批复》（国函〔2018〕119号）

《中共中央国务院关于支持海南全面深化改革开放的指导意见》

《中华人民共和国国民经济和社会发展第十三个五年规划纲要》

《推动共建丝绸之路经济带和21世纪海上丝绸之路的愿景与行动》（2015）

《国务院关于印发"十三五"国家战略性新兴产业发展规划的通知》（国发〔2016〕67号）

《建设项目经济评价方法与参数（第三版）》

项目建设相关现行国家、行业标准

项目公司提供的有关材料及相关数据

（二）研究工作范围

本报告按照科学性、经济性、可操作性和实事求是的原则，并以国家和地方的现行有关法规、政策、标准和规范及委托方提供的相关资料为依据，从区域社会、经济发展原则、态势、定位等，对"海南智能医学产业园"建设的背景、必要性、市场前景、项目区位分析、建设方案、环境评价、节能分析、实施进度、工程招标、投资估算、财务评估、社会经济效益评价等多方面工作进行考察，提出了关于项目投资建设是否可行的评价。

五 主要经济技术指标

项目主要经济技术指标包括用地面积、容积率、绿地率等；工程费用、工程建设其他费用、土地费用、预备费等；总收入、税费、净利润、直接就业人数等。

表 9-1 项目经济技术指标一览表

序号	项目	单位	数量	备注
一	用地面积	m²	60000.30	90亩
二	建筑面积	m²	184867.59	
(一)	地上建筑	m²	177667.56	
1	鹰派特生命支持与辅助服务系统(ILASS)研发中心	m²	20000.10	
2	南药开发海南省重点实验室及热带生物药用国家工程技术中心	m²	24000.12	
3	功能医学产业孵化基地	m²	60000.30	
4	智能医学大数据中心	m²	13333.40	
5	前沿医技培训中心(康复医疗)	m²	16000.08	
6	科研项目成果转化中心	m²	44333.56	
(二)	地下建筑	m²	7200.04	
(三)	容积率		2.96	
(四)	绿地率	%	19.60	
(五)	道路工程	m²	11760.06	
(六)	绿化工程	m²	18612.09	
三	工程造价		100289.78	
1	工程费用	万元	78350.08	
2	工程建设其他费用	万元	6306.85	
3	预备费	万元	4232.85	
4	土地费用	万元	4050.00	
5	财务费用	万元	7350.00	
四	财务指标			
(一)	总收入	万元	90666.01	
(二)	税费合计	万元	6429.44	
1	增值税	万元	2437.70	
2	城市维护建设税	万元	170.64	
3	教育费附加税	万元	73.13	
4	企业所得税	万元	3747.97	
5	内部收益率(FIRR)	%	12.15	
(三)	其他财务指标			
1	财务净现值(FNPV)	万元	16511.35	
2	静态投资回收期(含建设期)	年	11.9	
3	动态投资回收期(含建设期)	年	15.5	

续表

序号	项　　目	单位	数量	备注
4	投资收益率（ROI）	%	11.21	
5	投资利税率	%	14.95	
6	经营利税率	%	12.40	
7	经营净利润率	%	16.54	
8	净利润	万元	11243.90	
五	直接就业人数	人	1150.00	
六	亩产效益			
1	投资强度	万元/亩	1114.33	
2	每亩年总产值	万元/亩	1007.40	
3	每亩年纳税额	万元/亩	71.44	

六　初步结论

项目积极贯彻落实国家大健康发展战略以及《海南省健康产业发展规划（2019—2025年）》的发展要求，始终坚持以高端定位、前瞻性规划为发展原则，以"科技化、数字化、品牌化、项目成果产业化"的理念为发展定位，致力于推进高质量智能医疗产业融合式发展，旨在建设增进人民福祉、为全民生命健康保驾护航的国内具有前沿性的智能医学产业园。此外，该项目的建设将会推动海南省乃至整个华南地区智能医学、康养产业的快速发展。

项目占地面积90亩，总建筑面积184867.59平方米，总投资100289.78万元。投资强度达1114.33万元/亩。投产期总营业收入90666.01万元，每亩年总产值1007.40万元/亩。每年累计年纳税6429.44万元，每亩年纳税额71.44万元/亩。每年净利润达11243.90万元，项目盈利能力较好。

通过分析，海南智能医学产业园项目投资风险较小，效益好，可以产生多方共赢的局面。且该项目是海南自贸区建设重点发展的三大产业之一，也是《海南省健康产业发展规划（2019—2025年）》中鼓励发展的项目之一，因此，该项目建设是必要的，立项开发是可行的，建议尽早立项建设。

第二节　项目建设背景、必要性及可行性

一　项目建设背景

（一）《海南省健康产业发展规划（2019—2025年）》鼓励形成健康科技创新重要增长极

根据海南省人民政府《关于印发海南省健康产业发展规划（2019—2025年）的通知》，将依托海口市西海岸片区、观澜湖片区、江东片区和市区中心四个区域高水平健康服务布局，发挥海口高新区高新技术产业集群优势，大力开展健康科技研究成果临床转化应用创新，打造国家级转化医学基地，辐射带动亚太地区高端人才聚集，形成健康科技创新重要增长极。

海南智能医学产业园的建设项目是通过建设产、学、研、用四位一体的完整医学产业链，为海南省医学领域发展注入新元素，将智能医学、功能医学以及目前世界上先进的医学行业技术性医学器械一并引入海南智能医学产业园，充分利用海南"长寿之乡"的环境禀赋、"天然药库"的资源基础以及"先行先试"的政策优势，通过筹划建设发展"南药开发海南省重点实验室"，利用优质化种苗种植技术以及处于世界前列的顶尖医药研发技术，开创性地建设海南省医药转化基地，丰富发展海南医学的具体内涵，形成以海口市为中心的辐射全国的医疗技术发源基地，有利于促进海南省形成健康科技创新重要增长极，实现海南省医疗产业领域的落地式发展。

（二）信息化变革下对智慧医疗的迫切发展需求

目前，虽然我国智慧医疗建设发展总体上呈现稳健上升的态势，但是医疗行业的智能化、信息化水平还不够高，医疗资源的整合和共享难以得到充分的展现。如何通过机器、人工智能以及互联网的优势来帮助医生解决难题，成为当下智慧医疗的建设难点。

随着当前信息变革的深入化发展,"互联网+医疗+科研"的智慧化医疗的需求与日俱增,通过"人工智能+大数据"的新型发展模式助力海南省智能医疗的快速发展,为该项目的建设打开了更为广阔的发展市场。海南智能医学产业园的建设顺应了信息化变革下对于智慧医疗发展的迫切需求,通过"互联网+医疗+科研"的发展模式,将智能医学、功能医学作为项目的发展重点,充分运用信息化技术与科技化手段,对于推动海南省智慧医疗的发展具有重要的意义。

(三)新时代下健康中国建设对医学人才培养的新要求

党的十八届五中全会首次提出要推进"健康中国"建设。此后,《"健康中国2030"规划纲要》又提出,要"加强医教协同,建立完善医学人才培养供需平衡机制"。推进健康中国建设,是全面建成小康社会、基本实现社会主义现代化的重要基础,是全面提升中华民族健康素质、实现人民健康与经济社会协调发展的国家战略,是积极参与全球健康治理、履行2030年可持续发展议程国际承诺的重大举措。

海南智能医学产业园项目的建设响应国家对于健康中国的医疗行业人才的重视与培养,旨在打造出成熟的产业孵化园,为培养相关行业的高素质医疗型人才提供优质平台。

(四)大健康理念下对于医疗产业供给侧改革的迫切需求

随着人们对生活水平质量要求的不断提升,人们对于健康理念的关注度日益提升,如何有效地满足人民群众对医疗保健服务的更高需求,是我国当前乃至今后在深化医改中所面临的主要挑战。为了更好地贯彻落实大健康理念,深入推进医疗产业的供给侧改革,提升医疗产业的发展服务质量与效率显得尤为重要。

海南智能医学产业园项目的建设积极顺应与时俱进的现代大健康理念潮流,通过引进先进的医疗器械以及前沿的医疗技术加快推进海南省医疗产业的供给侧改革,不断提升国内医疗服务行业的质量与效率,为人民群众提供有效的医疗服务供给,致力于为人民群众的健康保驾护航。

二 项目建设的必要性

（一）延长医疗行业产业链，打造北部健康产业增长极的需要

近年来，海南健康产业起步稳、成长快，总体呈现良好发展态势，产业规模持续扩大，特色不断凸显，集聚格局初步形成。2018年上半年实现增加值99.83亿元，同比增长23.2%，占同期全省GDP的4.1%。海南健康产业虽然获得一定发展，但仍处在起步阶段，医疗服务水平不高，健康制造业层次相对偏低，难以带动和支撑产业链上下游拓展，产业链条较短，新业态发展较为缓慢，区域差异化特色有待凸显，产业集聚度有待提升；科技支撑相对薄弱，高端产业孵化和服务平台缺乏，还未形成龙头企业和品牌效应；人才智力支撑不强，人才供给与产业发展需求不相适应。

海南智能医学产业园项目建设通过依托海南自由贸易试验区和中国特色自由贸易港建设，加快构建"产、学、研、用"四位一体的完整产业链，通过先进的医学技术以及医疗器械，从药物资源原材料到最终的药物应用以及医学器械的技术推广，通过各环节的不断发展完善，拓展和延伸了海南医学产业链，将海南打造成为全国健康产业先行先试试验区、健康产业高质量融合集聚发展示范区、健康产业科技创新驱动综合示范区，不断提升其国内外影响力与竞争力，为打造北部健康增长极积蓄力量。

（二）助力海南实现南药产业规范化，促进特色医药推广的需要

根据《海南省健康产业发展规划（2019—2025年）》，要实现南药产业的规范化、规模化提升工程。通过依托海南独有的热带资源环境禀赋和民族文化特色，打造涵盖中医药民族医药健康服务、药用动植物种养殖、药食同源健康食品保健品制造等南药产业体系，推动产业链由传统农业生产向规模化、品牌化、高附加值的价值链中高端升级，打造全球知名的南药产业集群。

该项目建设中重点研发我国热带、亚热带地区药用生物的开发利用项目，研制新产品，开发新技术。在此基础上，筹建"南药开发海南省重点实验室"，吸引更多科研机构和科技人才加入研发队伍，将促进南药资源保护、规范化生产、开发利用,以珍稀濒危和特色南药为重点研究对象,通过打造热带生物药用国家工程技术中心,利用海南省特色热带生物资源,借助南药栽培学、南药资源学、南药天然药物化学、南药分子生物学等理论和手段,开展南药基础研究和产业开发研究,为南药现代化科技产业发展提供有力的科技支撑。有利于助力海南省实现南药产业规范化,从而为推动海南特色区域医药产业发展进程做出重要贡献。

(三)构建"全民医学"新格局,促进医疗产业集约集群化发展的需要

在"互联网+"的时代背景下,各行各业都在全力探索着革新与进步。自"十三五"规划中明确提出大健康概念后,人们对诊疗保健的需求也开始发生了质的变化,从被动、应对性的就医诊疗,逐渐转向主动、常态性的预防保健。中国作为人口大国,医疗卫生资源仅占世界的2%,医疗资源分配不均,城乡医疗服务水平悬殊等问题都在推动着众多医疗机构走向智能化、信息化。

海南智能医学产业园项目的建设正是立足目前世界医疗电子化、智能化、大网络化的发展趋势,引进国内外优秀的医疗资源以及处于世界前沿的先进医学技术,创建出一个具有前瞻性的海南智能医学产业园,通过智能医学的推广应用,可以提高医疗诊断准确率与效率,提高患者的自诊比例,降低患者对医生的需求量,扩大自助式医疗诊断规模,从而推动实现"全民医学"的新格局,为全民健康构建有力的保护屏障。因此,该项目对于构建海南省的"全民医学"新格局、促进医疗产业集约集群化发展都具有十分重要的意义。

(四)加快发展应急医疗,拓展海南省医疗发展新征程的需要

随着我国经济发展、社会进步和公众安全意识的提高,社会各方对应急产品和服务的需求不断增长。发展应急产业有利于急救状态下生命体征的维护,为医学救治创造条件,挽救生命。在全国大健康的理念新潮之下,应急医疗对于医疗健康服务业而言无疑是一项具有广阔发展前景的服务型产业。

该项目的建设不仅对于传统的医疗救治阶段具有质的提升,同时创新当

前的医疗领域发展模式，通过引进国内外著名的应急医疗系统"鹰派特生命支持与辅助服务系统（ILASS）"，拓展提升个体、社会组织等的自诊自救能力，提升亚健康人群的自诊自救能力，开辟医疗发展领域的新途径，不断加快发展应急医疗的步伐，为进一步拓展海南省急救医疗发展新征程开拓新思路，拓展新渠道。

三 项目建设的可行性

（一）符合政府的产业政策

医疗产业是当前国家及海南省政府鼓励的产业，符合国家发展改革委第9号令《产业结构调整指导目录》"鼓励类"第十三条医药业的第8条：基本药物质量和生产技术水平提升及降低成本。海南智能科技园的建设通过引进国内外前沿性的医疗技术与医疗器械，对于提升医疗药物质量以及医疗生产技术水平都具有重要的意义。

同时，2019年《海南省人民政府关于印发海南省健康产业发展规划（2019—2025年）的通知》中强调海南省药物研究与开发科技园项目作为重大工程项目，提出依托海口国家高新区，建成集药物安全性评价、药物研发为一体的，全国先进、与国际接轨的公共技术平台。而海南智能医学产业园的建设正好搭乘上了健康产业的顺风车，为实现到2025年，基本建成产学研用一体化协同发展的国家级转化医学基地，在前沿医学和生命科学技术创新、疑难重症研究攻关、重大新药创制、诊疗新技术等关键领域取得一批突破性成果，对全省乃至全国健康产业发展形成有力支撑，医药工业产值约440亿元等一系列健康规划的发展目标奠定了良好的基础。

此外，该规划中还强调要促进健康制造业做大做强。健康制造业涵盖药品、医疗器械、康复辅助器具等健康产品生产制造，是海南健康产业向高品质转型升级、迈向全球价值链中高端的技术支撑和物质保障。海南智能医学产业园的建设通过引进一大批国外前沿医学技术的医疗器械，并全力协助其进行产业转型，这为海南健康产业向高品质转型升级奠定了坚实的物质基础。

— 第九章 海南智能医学产业园项目研究

《国务院办公厅关于促进"互联网+医疗健康"发展的意见》指出，要发展"互联网+"医疗服务，鼓励医疗机构应用互联网等信息技术拓展医疗服务空间和内容，构建覆盖诊前、诊中、诊后的线上线下一体化医疗服务模式。要提高医院管理和便民服务水平，围绕群众日益增长的需求，利用信息技术，优化服务流程，提升服务效能，提高医疗服务供给与需求匹配度。到2020年，二级以上医院普遍提供分时段预约诊疗、智能导医分诊、候诊提醒、检验检查结果查询、诊间结算、移动支付等线上服务。有条件的医疗卫生机构可以开展移动护理、生命体征在线监测、智能医学影像识别、家庭监测等服务。健全"互联网+医疗健康"标准体系，健全统一规范的全国医疗健康数据资源目录与标准体系。加强"互联网+医疗健康"标准的规范管理，制订医疗服务、数据安全、个人信息保护、信息共享等基础标准，全面推开病案首页书写规范、疾病分类与代码、手术操作分类与代码、医学名词术语"四统一"。

2016年《国务院办公厅关于促进和规范健康医疗大数据应用发展的指导意见》中将夯实健康医疗大数据应用基础、全面深化健康医疗大数据应用、规范和推动"互联网+健康医疗"服务、加强健康医疗大数据保障体系建设等作为重点任务和重大工程，并且强调健康医疗大数据是国家重要的基础性战略资源。健康医疗大数据应用发展将带来健康医疗模式的深刻变化，有利于激发深化医药卫生体制改革的动力和活力，提升健康医疗服务效率和质量，扩大资源供给，不断满足人民群众多层次、多样化的健康需求，有利于培育新的业态和经济增长点。因此，我们要顺应新兴信息技术发展趋势，规范和推动健康医疗大数据融合共享、开放应用。

通过以上的分析可知，海南同享阳光智能医学有限公司将要打造的海南智能医学产业园项目完全符合海南推进医疗健康业发展和产业融合发展的各项政策的要求，是政府鼓励发展的项目，从政策角度具备建设可行性。

（二）项目基础条件好

海南智能医学产业园项目所在地位于海南省海口市美安科技新城，占地宽广，目前还未入驻其他类似产业，所在空间的可塑性高，现有设施完善，用地充足，道路、给排水、供电、信息配套等公用工程条件完善；此项目的建设单位有健全的财务会计核算制度，社会信誉及财务状况良好，运营规范。相关医疗健康产业的医疗基地选址考察经验丰富，医疗产品开发技术高，管理制度健全，建设单位有较强的经营能力、市场竞争力和较高的服务水平，可以达到项目建设的各项要求。

项目区位优势明显，新规划的海口快线通过美安新区区域，交通方便，公路运输四通八达，物流顺畅，有利于项目的运营和发展。

（三）市场可行性

1. 国内群众健康需求多层次化增长的市场化需求

《海南健康产业发展规划（2019—2025年）》中，把健康放在优先发展的战略地位，把健康产业打造成为国民经济支柱性产业，对发展健康产业提出了新的要求；居民消费结构持续升级，群众健康需求持续增长并呈现出多层次、多元化、个性化的特征，快速推进的新型城镇化和人口老龄化进程也进一步推动健康需求迅猛增长。

现阶段，我国社会的主要矛盾已经转变为人民日益增长的美好生活需要和不平衡不充分的发展之间的矛盾，老龄化问题和亚健康问题成为新时代下不可忽视的巨大挑战。据估算，中国老年产业的规模到2030年将达到22万亿元，对GDP拉动达到8%；在我国14亿多人群中，医保基金只能用于主流传统医疗，未把亚健康人群的康复费用列入社保基金范畴。而14亿多人群中，有消费能力的亚健康人群占30%，这些群体为健康需求，只能在国外寻求亚健康调理，导致大量资金流出国门。人民群众对亚健康调理的需求与国内对亚健康医疗诊治发展的不平衡，产生了越来越大的矛盾。因此，亚健康人群调理的强大消费能力和需求是健康产业的明日之星，值得企业投资发展。

我国是世界上人口最多的国家之一，也是老龄化人口最多的国家，且患病、失能老年人和处于亚健康的年轻人比例较高，近三分之一的老人和年轻人长期活动受限，老年人在医疗卫生、预防保健、康复护理、生活照料、精神慰藉等多方面的需求叠加，年轻人在自己身体健康和缓解压等方面的需求增加，这些多层次化的健康需求现状都对智能化医学的服务需求极为迫切。目前该行业处于发展初期，服务供给严重不足，巨大的市场需求决定了其必然是未来发展最迅猛的行业之一。

2. 国际日益增长的医疗康养需求

随着全球化经济的飞速发展，国际水平上出现了一大批消费能力强、需求层次高的阶层，其对健康的关注意识也很强，把保健养生休闲摆在重要位置。

同国内现状一样，国外人民生活节奏快，来自各方面的精神压力日益增加，再加上环境污染越来越严重，大多数人处于身心疲惫的亚健康状态，年轻人患病率不断升高。国外的老龄化趋势也在不断增强，其中，日本是全球老龄化问题最严重的国家。老龄化导致消费低迷，收入下降，养老负担沉重，造成了经济的长期衰退。而康养行业的发展能有效缓解这些社会问题，改善亚健康人群的健康状态，在国际市场上也是需求巨大。

中国的国际影响力在不断提升，让国际社会可以看到中国、了解中国；中国改革开放程度的不断加深，让越来越多的外国人能够便捷地来到中国。2018年上半年，中国入境外国游客人数达2377万人次，其中亚洲占76.7%，美洲占8.0%，欧洲占12.1%，大洋洲占1.9%，非洲占1.3%，可见，海外需求市场不断扩大。而智慧医疗作为新时代不可小觑的服务业发展的新增长极，其发展是大势所趋，也顺应了国际市场的需求，其国际市场发展潜力也十分巨大。

3. 全球智能医学的广阔发展前景

在医疗健康大数据来源多样化且快速增长的背景下，随着近些年深度学习技术的不断进步，智能医学逐步从前沿技术转变为现实应用。在医疗健康行业，人工智能的应用场景越发丰富，智能医学技术也逐渐成为影响医疗行业发展、提升医疗服务水平的重要因素。通过智能医学在医疗领域的应用，可以提高医疗诊断准确率与效率；提高患者自诊比例，降低患者对医生的需求量；辅助医生进行病变检测，实现疾病早期筛查；大幅提高新药研发效率，降低制药时间与成本。

4. 项目综合市场分析

健康医疗产业目前的行业发展空间巨大。从行业发展现状看，受环境恶化、日益庞大的老龄群体等因素影响，人们对健康医疗的基本需求日益增加，这给健康医疗行业提出了更高的要求，加剧了医疗资源不足的矛盾，给现有医疗体系带来了挑战。而当前所推行的"智能医学"的战略也正契合了人们追求高质量生活的大健康理念，现阶段的"互联网+医疗+科研"的健康医疗模式发展潜力巨大，智慧医疗市场在当今的高质量生活的时代中迅速兴起。环境污染、高压力、亚健康等现代都市生活的一系列问题让人们越来越注重追求健康的生活方式，从而使得医疗健康行业的发展日益蓬勃，其发展前景十分可观。

据相关数据统计，在互联网健康医疗诸多领域中，健康管理一枝独秀，处于领跑地位。发展智慧医疗将成为传统医疗行业转型的突破口。海南智能医学产业园的项目建设正是通过发展智慧医疗，以智能医学为发展和核心，建设集"产、学、研、用"于一体的智能医学产业园，为海南省打造具有国际影响力的康养医疗基地。所以，该项目的建设市场潜力巨大，能够为整个海南省乃至中国的医疗健康产业发展做出重大贡献，同时对世界各国人群的健康发展影响力深远，其建设具有很高的经济社会价值。

第三节　建设地址区位分析

一　选址原则

1. 建设地址临近交通要道，交通便利，方便出行。且所在地空旷开阔，气候条件适宜，为项目的医疗相关产业发展提供了清新健康的发展环境。

2. 符合国家法规、城市发展规划和土地利用规划等有关规划、条例的规定，特别是符合对用地性质、强度等方面的规定。

3. 项目建设地址对于当地的环境不会形成威胁，不会改变当地的初始环境以及自然风貌。

4. 项目建设地址有较为低廉、较大规模的用地，水、电、通信等基础设施条件较好。

二 本项目拟选地址

海南智能医学产业园拟选地址位于美安生态科技新城（生物医药产业园区）。美安生态科技新城是海口国家高新区未来的主体园区，同时也是生态经济旅游示范区，地处海口西部，规划面积39.86平方公里，是按照产业融合模式重点打造的集产业发展、科技创新、商贸物流等功能为一体的生态科技新城，将努力建成以医疗大健康为主导的高新技术产业集群。

三 选址分析

通过对项目的选址从自然条件、区位交通条件、经济条件、教育文化等众多方面的评估，可以看出该预选场址自然条件优越，资源丰富，基础设施不断跟进，交通便利，经济发展速度快。所在地是一个很好的项目建设地选址。

第四节 项目实施进度

一 项目建设分期

按"总体规划，分期实施"进行建设，规划建设期为2020年3月至2023年2月，分2期实施，共计3年。

一期工程：2020年3月至2021年12月

二期工程：2022年1月至2023年2月

主要建设内容：

一期工程：

（1）鹰派特生命支持与辅助服务系统（ILASS）研发中心

（2）南药开发海南省重点实验室及热带生物药用国家工程技术中心

（3）功能医学产业孵化基地

（4）研发成果转化中心

（5）绿化工程

（6）道路工程

二期工程：

（1）智能医学大数据中心

（2）前沿医技培训中心（康复医疗）

二 项目实施进度表

项目实施进度详见下表。

表 9-2 项目实施进度表

序号	建设项目	2020年 3~7月	2020年 8~12月	2021年 1~6月	2021年 7~12月	2022年 1~6月	2022年 7~12月	2023年 1~2月
一	项目一期							
1	鹰派特生命支持与辅助服务系统（ILASS）研发中心	■	■					
2	南药开发海南省重点实验室及热带生物药用国家工程技术中心			■	■			
3	功能医学产业孵化基地		■	■				
4	研发成果转化中心			■	■			
5	绿化工程							
6	道路工程							
二	项目二期							
1	智能医学大数据中心					■	■	
2	前沿医技培训中心（康复医疗）						■	■

第五节 劳动定员及开发

一 管理机构

（一）项目建设管理

项目建设实行总经理负责制，下设职能部门，各司其职，各负其责。财务管理实行"三专"管理，确保专款专用，提高资金使用效果。

（二）机构设置及职能

项目建成后，按现代企业制度进行运作与经营，实行自主经营，独立核算，自负盈亏。项目实行董事会领导下的总经理负责制。公司设立董事会，为公司的最高权力机构。

根据"高效、精简"的配置原则，公司设总经理办公室，负责7个部门的总体管理工作。具体公司管理部门结构如下图：

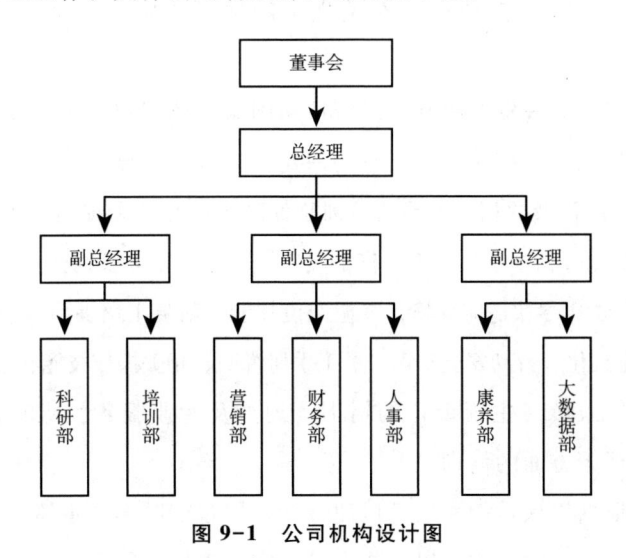

图 9-1 公司机构设计图

二 人力资源管理

项目建成后将坚持以岗定员，科学管理，尊重知识，尊重劳动法规，认真搞好岗前培训，并在实际工作中运用绩效管理法，奖惩严明，提高人员的素质，培养一批有能力、有素质、有文化、求上进的科研服务、医疗服务及管理服务人员，带动整个海南智能医学产业园项目基地建设朝着国际化、标准化的定位方向发展。

所有需要凭证上岗的人员，均按有关规定，参加有关主管部门组织的业务培训，持证上岗，并定期进行资质和证书审核。

员工实行全员绩效管理监督管理制度，分不同的工种实行年度、季度、月度的绩效考核，将全员的工作纳入合理的绩效管理中。同时，完善员工各项管理制度，修订《员工手册》、员工管理规范，确保各项管理都有制度可依。

三 劳动定员

项目员工全部实行合同制，员工的招聘与解雇按照双方依据国家《劳动法》所签订的劳动合同执行。员工的工资、劳动保险、生活福利和奖励等事项，依据国家《劳动法》有关规定和项目制定的劳动管理实施办法执行。

员工待遇分为工资及福利，工资按照国家法律规定、职务及工种的不同进行设定，员工福利按照员工工资的一定比例进行计算。

对该项目所涉及的相关人员的培训是保障生产经营和提高员工服务技能和适应性的重要保障，本项目根据不同的员工进行短、中、长期的专项培训。

为保证新员工尽快适应环境，掌握岗位技能，新员工培训项目包括项目的战略定位与企业文化、劳动安全知识、员工手册说明、相关操作技能和服务技能等。

对于督导人员（主管级）的培训计划涉及专业服务、功能分块管理水平、时间管理等方面的培训。

同时，根据本项目的性质，以建设和发展智能医学为主体，设计采用先进的医疗设备和技术，主要以工作人员为客户提供智能医学服务为主。为使管理人员、服务人员以及科研人员具有相应的管理能力、服务水平和科研能力，拟选派少量素质较好的管理人员、服务人员和科研人员到专门的相关服务培训机构和科研机构学习。同时，还应将一定数量的管理人员有组织地安排到国内同类型的相关智能医学发展区域进行调研以及参观学习，为打造更完美的智能医学康养基地培养出更加高端、更加有水平、有质量的智能医学服务团队以及科研团队。

第六节 投资估算及资金筹措

一 投资估算依据

项目建设投资估算是指投资项目从建设前期的准备工作到项目全部建成验收为止所发生的全部投资费用估算。按照项目建设方案和建设内容，分别对项目投资内容按有关标准和实际情况逐一估算。投资估算依据如下：

《中华人民共和国国家计划委员会计价格》（2002）

《建设工程监理与相关服务收费管理规定》（发改价格〔2007〕670号）

《基本建设项目建设成本管理规定》（财建〔2016〕504号）

《工程建设监理收费标准》（发改价格〔2007〕670号）

《工程勘察设计收费管理规定》（计价格〔2002〕10号）

《关于调整防空地下室易地建设费收费标准的通知》（琼价费管〔2010〕329号）

《海南省园林绿化与仿古建筑工程综合定额》（2013）

《海南省市政工程计价定额》（2011）

《海南省房屋建筑与装饰工程综合定额》（2017）

《海南省物价局关于降低部分招标代理服务收费标准的通知》（琼价费管〔2011〕225号）

《关于规范工程造价咨询服务收费的指导意见》（琼价协〔2016〕004号）

《海南省安装工程综合定额》（2017）

《市政工程投资估算编制办法》（建标〔2007〕164号）

《建筑工程建设项目可行性研究报告编制办法》

《海南工程造价信息》（2019年第6期）

二 投资估算

(一) 工程费用

项目工程费用,包括土建工程、装修装饰工程、生产设备与工器具安装工程、电气工程、给排水工程、通风工程、消防工程、道路工程、绿化工程等。主要建筑包括鹰派特生命支持与辅助服务系统(ILASS)研发中心、南药开发海南省重点实验室及热带生物药用国家工程技术中心、功能医学产业孵化基地、智能医学大数据中心、前沿医技培训中心(康复医疗)、研发成果转化中心等。项目各部分施工费用按照近期价格水平进行测算。参考《海南工程造价信息》(2019年第6期)。

(二) 工程其他费用

根据国家有关部门对其他工程费用取费率规定计取。

项目建设管理费依据财建〔2016〕504号规定计取;工程监理费依据发改价格〔2007〕670号规定计取;勘测费依据计价格〔2002〕10号规定计取;设计费依据计价格〔2002〕10号规定计取;工程保险费依据按工程费用0.3%计;招标代理费依据琼价费管〔2011〕225号规定计取;工程量清单及招标预算控制价编制费依据琼价协〔2016〕004号规定计取;工程量清单及招标预算控制价审核费琼价协〔2016〕004号规定计取;施工阶段全过程工程造价控制服务依据琼价协〔2016〕004号规定计取;工程概算编制依据琼价协〔2016〕004号规定计取;竣工结算审核费依据琼价协〔2016〕004号规定计取;标底审核依据琼价协〔2016〕004号规定计取;场地准备费及临时设施费依据计标(85)352号规定计取;可研报告编制费依据计价格〔1999〕1283号规定计取;可研报告评估费依据计价格〔1999〕1283号规定计取;编制环境影响报告书依据琼价费管〔2011〕214号规定计取;评估环境影响报告书依据琼价费管〔2011〕214号规定计取;铝合金门窗检测费依据琼发改收费〔2004〕1301号规定计取;建筑节能检测费依据琼建科〔2013〕104号规定计取;防雷检测费依据琼发改收费〔2007〕150号规定计取;雷击风险检测费依据琼价审批〔2009〕39号规定计取;消防检测费

依据琼计价管〔2002〕424号规定计取；初步设计文件及概算评审费依据琼发改招概审〔2015〕1722号规定计取；室内空气检测费依据琼价费管〔2013〕504号规定计取；白蚁防治费依据海房字〔2006〕（2元/m²计）；地质灾害危险性评估费依据发改办价格〔2006〕745号规定计取。

（三）土地费用

依据《海口市城镇土地定级及基准地价》（2018年版）

土地费用：45万元/亩，90亩，共计4050万元。

（四）基本预备费

按工程费与工程建设其他费之和的5%计取。

（五）财务费用

财务费用＝银行借款×银行利率×建设期年限

银行借款2.1亿元，银行利率4.9%，建设期三年。

三 资金使用计划与资金筹措

（一）资金使用计划

项目建设投资估算为100289.78万元，其中工程费用75662.07万元，工程建设其他费6097.59万元，土地费用4050.00万元，预备费4087.98万元，财务费用10290.00万元，以及其他费用。

（二）资金筹措

项目建设投资估算为100289.78万元，包括：

自有资金：50289.78万元

银行借款：50000万元

第七节　财务评估

一　财务评估模式

本报告依据国家颁布的《建设项目经济评价方法与参数》及国家现行的财

会税务制度，对项目进行财务评价。财务分析按营利性项目的模式进行，主要分析项目的收入、税金和成本费用，项目利润测算，项目盈利能力评估等，考察项目各项综合效益指标。项目基准折现率为8%，计算期拟定为10年。

二　项目收入、税金和成本费用

（一）项目收入

项目收入主要为：鹰派特生命支持与辅助服务系统（ILASS）研发中心产品及技术研发转化价值收入，南药开发海南省重点实验室及热带生物药用国家工程技术中心产品研发转化价值收入，功能医学诊疗院收入，智能医学大数据中心运用收入，前沿医技培训中心（康复医疗）培训及会议收入，物业管理收入等。

鹰派特生命支持与辅助服务系统（ILASS）研发中心产品及技术研发转化价值收入＝500项×转化率80%×转化价值30万元/项＝12000万元。

南药开发海南省重点实验室及热带生物药用国家工程技术中心产品研发转化价值收入＝400项×转化率85%×转化价值50万元/项＝17000万元。

功能医学诊疗院收入＝2000人/天×365天×600元/人＝43800.00万元。

智能医学大数据中心运用收入＝2000项×6万元/项＝12000.00万元。

前沿医技培训中心（康复医疗）培训及会议收入＝600场/年×8万元/次＝4800.00万元。

物业管理收入＝177667.56m²×5元/月×12月＝1066.01万元。

（二）项目成本费用

项目成本费用主要包括：

（1）主营业务成本

鹰派特生命支持与辅助服务系统（ILASS）研发成本＝相应收入×70%

南药开发海南省重点实验室及热带生物药用国家工程技术中心研发成本＝相应收入×70%

功能医学诊疗院成本＝相应收入×45%

智能医学大数据中心成本＝相应收入×40%

前沿医技培训中心（康复医疗）培训及会议成本＝相应收入×50%

（2）销售费用

按总收入×3%计取。

（3）管理费用

按总收入×5%计取。

（4）财务费用

银行借款50000万元，借款利率4.9%。

（5）员工薪酬及福利

本项目职工共1150人，包含高级管理人员10人，按人均工资2.2万元/月计算，技术研发人员450人，按人均工资0.7万元/月计算，管理人员30人，按人均月工资0.8万元/月计算，普通员工660人，按人均工资0.3万元/月计算，福利费及其他待遇等按工资的一定比例估算。

（6）折旧及摊销费

按20年直线折旧法折旧，残值5%计算。

（7）维修费用

按折旧及摊销20%计算。

（三）应交税费

（1）增值税＝销项增值税－进项增值税

增值税率按16%进行计算。

销项增值税＝收入/（1+16%）×16%

进项增值税＝成本/（1+16%）×16%

（2）城市维护建设税

城市维护建设税＝增值税×7%

（3）教育费附加税

教育费附加税＝年增值税×3%

（4）企业所得税

企业所得税率为25%。

三 利润测算

税前利润＝收入－经营成本－增值税及附加税

项目缴纳企业所得税，根据《中华人民共和国企业所得税法》，项目缴纳企业所得税，税率为25％。企业所得税＝税前利润×25％。

税后利润＝利润总额（年）－所得税。

四 项目盈利能力评估指标

项目盈利能力评估指标主要包括内部收益率（FIRR）、财务净现值（FNPV）、静态投资回收期、动态投资回收期、总投资收益率（ROI）、资本金净利润率（ROE），详见表9-3。

表9-3 盈利能力评估指标分析

序号	项目	单位	数值	计算方法
1	内部收益率（FIRR）	％	12.15	$\sum_{t=1}^{n}(CI-CO)_t(1+FIRR)^{-t}=0$
2	财务净现值（FNPV）	万元	16511.35	$FNPV=\sum_{t=1}^{n}(CI-CO)_t(1+i_c)^{-t}$
3	静态投资回收期（含建设期）	年	11.92	（累计净现金流量开始出现正值的年份-1）+（上年累计净现金流量的绝对值/当年净现金流量）
4	动态投资回收期（含建设期）	年	15.5	（累计财务净现值出现正值的年份-1）+（上年累计财务净现值的绝对值/当年净现金流量）
5	总投资收益率（ROI）	％	11.21	$ROI=\dfrac{NP}{TI}\times100\%$
6	投资利税率	％	14.95	投资利税率＝$\dfrac{EBIT}{TI}\times100\%$
7	经营利税率	％	12.40	经营税前利润/总收入
8	经营净利润率	％	16.54	经营净利润/总收入

注：指标解释及计算方法如下文。

内部收益率（FIRR）：

财务内部收益率（FIRR）系指能使项目在计算期内净现金流量现值累计等于零时的折现率，即FIRR作为折现率使下式成立：

$$\sum_{t=1}^{n}(CI-CO)_t(1+FIRR)^{-t}=0$$

式中：CI为现金流入量；CO为现金流出量；$(CI-CO)_t$为第t年的净现金流量；n为计算期。

财务净现值（FNPV）：

财务净现值系指按设定的折现率（一般采用基准收益率$i_c=8\%$）计算的项目计算期内净现金流量的现值之和，可按下式计算：

$$FNPV=\sum_{t=1}^{n}(CI-CO)_t(1+i_c)^{-t}$$

式中：i_c为设定的折现率（同基准收益率），本项目设定行业基本折现率为8%。

项目投资回收期：

项目投资回收期系指以项目的净收益回收项目投资所需要的时间，一般以年为单位。项目投资回收期从项目建设开始年算起。项目投资回收期可采用下式计算：

$$Pt=T-1+\frac{\left|\sum_{i=1}^{T-1}(CI-CO)_i\right|}{(CI-CO)_T}$$

式中：T为各年累计净现金流量首次为正值或零的年数。

总投资收益率（ROI）：

总投资收益率指项目达到设计能力后正常年份的年净利润或运营期内年平均息税前利润（NP）与项目总投资（TI）的比率，总投资收益率按下式计算：

$$ROI=\frac{NP}{TI}\times100\%$$

式中：NP 为项目正常年份的年息税前利润或运营期内年平均息税前利润；TI 为项目总投资。

投资利税率：

年息税前利润与投资总额的比率。投资利税率按下式计算：

$$投资利税率 = \frac{EBIT}{TI} \times 100\%$$

五　财务不确定性分析

（一）盈亏平衡分析

盈亏平衡分析系指通过计算项目达产年的盈亏平衡点（BEP），分析项目成本与收入的平衡关系，判断项目的适应能力和抗风险能力。以营业收入水平比表示的盈亏平衡点（BEP）计算公式为：

$$BEP = \frac{固定成本}{营业收入 - 营业税金及附加 - 可变成本} \times 100\%$$

计算结果表明，只要营业能力达到设计能力的 60.92%，项目就可保本。

（二）敏感性分析

该项目作了全部投资的敏感性分析。考虑项目实施过程中一些不确定因素的变化，分别对销售价格降低 20%、经营成本提高 20% 和建设投资提高 20% 的单因素变化，对财务内部收益率、财务净现值影响作敏感性分析，计算结果详见表 9-4。

表 9-4　主要因素敏感性分析

敏感因素	财务净现值(万元)	内部收益率(%)	与基本情况差异(%)
基本情况	16511.35	12.15	0.00
建设投资上涨 20%	14898.19	11.54	-5.00
经营成本上涨 20%	11836.99	10.94	-10.00
销售价格下降 20%	8173.12	9.84	-19.00

从表9-4中可以看出，各因素的变化都不同程度地影响财务内部收益率及财务净现值，其中销售价格的降低最为敏感，经营成本次之，建设投资再次之。但经营成本和建设投资提高20%或销售收入降低20%后，财务内部收益率仍均大于行业基准收益率，财务净现值仍均大于零。由此可见，项目具有较强的抗风险能力。

六 银行借款本息还款计划

（1）银行利率：4.9%

（2）银行本息偿还时间：5年

财务费用详见表9-5。

表9-5 项目营运期银行借款本息还款计划

单位：万元

序号	项目	第一年	第二年	第三年	第四年	第五年
1	年初本息	50000	40000	30000	20000	10000
2	年末利息	2450	1960	1470	980	490
3	偿还本金	10000	10000	10000	10000	10000
4	偿还利息	2450	1960	1470	980	490
5	年底本息余额	40000	30000	20000	10000	0
6	可用于还款资金					
6.1	提取折旧资金	5014.49	5014.49	5014.49	5014.49	5014.49
6.2	年净利润	11243.90	11243.90	11243.90	11243.90	11243.90
	合计	16258.39	16258.39	16258.39	16258.39	16258.39

由上表可得：营运期1~5年偿还本金每年均为10000万元。营运期1~5年每年财务费用分别为2450万元、1960万元、1470万元、980万元、490万元。营运期1~5年每年可用于还款资金分别为16258.39万元、16748.39万元、17238.39万元、17728.39万元、18218.39万元。可用于银行本息还款资金充足。

七 财务评估小结

该项目的建设符合国家宏观经济政策和产业政策，符合海南省及项目所在地发展总体规划和相关政策,从财务盈利能力分析看,总投资收益率较理想,财务内部收益率大于行业基准收益率,财务净现值大于零,表明项目具有较强的盈利能力;从清偿能力分析来看,项目具有较强的清偿能力;从财务不确定性分析看,项目具有很强的抗风险能力。因此,该项目的建设从财务层面上分析,具有较好的效益,对整个行业发展具有重要的促进作用,该项目是可行的。

第八节 社会经济效益分析

一 项目具有多项独创性,将成为新的利益增长点

海南智能医学产业园项目的鹰派特生命支持与辅助服务系统(ILASS)研发中心、南药开发海南省重点实验室及热带生物药用国家工程技术中心、功能医学产业孵化基地、智能医学大数据中心和前沿医技培训中心(康复医疗)、研发成果转化中心等项目组团,在海南乃至全国都具有很强的独创性和前沿性,具有广阔市场。项目坚持"海南第一,国内先进"的高端定位,打造海南省医学领域发展的一个前瞻性的高科技项目,建成海南功能医学及健康医疗产业发展先行区,填补海南省智能医学产业的历史空白。项目的实施将处于当前世界发展前沿的智能医学技术纳入海南省医学发展领域,紧密结合医疗健康与人工智能、机器人、大数据等新兴产业,创新式地发展"产、学、研、用"四位一体化模式,提高海南健康制造产业层次,促进医疗康养行业升级发展,推动海南省乃至整个华南地区智能医学的发展进程,能够为海口带来新的利益增长点。

二 实现进口替代,先进急救系统的国产化

鹰派特生命支持与辅助服务系统系美国生产的目前世界上最先进的普及型生命支持及辅助服务系统,现已经进入产品实用化阶段。在我国正在申请准入市场批文。项目建设的此系统研发中心园区,将实现进口替代,先进急

救系统的国产化。将全力协助其产业化转换。在完成产业化转换后，将在生产园区建立基地生产，面向全世界销售。它将是进入家庭、社区、乡镇及大型医院的通用设备。

建立鹰派特生命支持与辅助服务系统（ILASS）技术研发中心，推进产品和技术的进一步研发。研发出更适合全世界特别是亚洲区域鹰派特生命支持与辅助服务系统（ILASS）系列产品，主要包括 YPT 754 系列呼吸机、YPT900 系列全自动空氧医用气源、YPT200 系列间歇式负压吸引器和 YPT1000 智能管理平台等产品。

鹰派特生命支持与辅助服务系统是一个全功能医疗急救支持和全天候养老护理与监护系统的平台。主要包括有创、无创呼吸机；辅助通气设备；心电与血氧监护仪；除颤、全自动心肺复苏；间歇式负压吸引；全自动医用气源；智能电动病床；电磁式空气净化器；智能水处理；辅助培训教学设备等。广泛用于医院临床、急救中心、野战部队、灾难救助、现场救护、医疗保健、养老社保中心等，大型办公、活动中心以及家居环境的改善。

三 打造科技研发中心，加速科研成果产业化转化

海南智能医学产业园项目打造科技研发中心，加速科研成果产业化转化，特别是南药、热带生物医药、生命急救系统、功能医学等科研成果的产业化转化。

四 以集约现代化高新技术产业及服务业助推海南自贸区发展

海南智能医学产业园项目构建的鹰派特生命支持与辅助服务系统（ILASS）研发中心、南药开发海南省重点实验室及热带生物药用国家工程技术中心、功能医学产业孵化基地、智能医学大数据中心和前沿医技培训中心（康复医疗）等属于高新技术产业和现代服务业，是海南自贸区建设发展的主导产业，通过项目的实施，能以集约现代化高新技术产业及服务业助推海南自贸区发展。

海南智能医学产业园项目将依托海南热带地区的丰富生物资源，以智能

医疗为核心，进行科学规划，将海南打造成健康产业高质量融合集聚发展示范区、健康医疗产业科技创新驱动综合示范区，建设国内最具前沿性的医疗康养发展平台和发源基地。发挥海南智能医学产业园的产业集聚效应，吸引国内外知名康养医疗企业入驻产业示范基地，促进海南康养医疗产业集约集群化发展，拉动"大健康产业"全产业链融合发展，创造大量的就业机会。

项目按照"医教研一体，医理工融合"的建设思路，创新发展"产、学、研、用"四位一体化模式，通过搭建产业孵化园区，对项目所引进的拥有世界前沿技术的"鹰派特生命支持与辅助服务系统（ILASS）"进行研发和产业孵化，全力协助它的产业化转型，实现海南省医学领域的完整产业链的发展；同时项目还将会成为中国功能医学集团入驻生根发展的战略合作平台，该平台的建设有助于延长海南省医学产业发展的产业链。项目完整产业链发展模式将拉动海南省"大健康产业"全产业链的研发、创意、服务、售后等多业态发展，这将吸引大量的优秀人才来就业和创业。项目辐射范围大，产业链长，拉动面积广，间接带动就业人数3000人以上。

此外，该项目的建设将拉动海南省医疗产业、科技产业、制造产业以及康养产业等多种相关产业的横向联动式发展，初步形成以海南省智能医学产业为核心，辐射全省乃至整个华南地区相关产业的规模化发展体系，促进海南省医学产业链的延伸式发展，推动海南省医学产业供给侧结构式改革，为人民群众提供更多元化更高质量的医学服务，推动"医疗+"的新型模式的长远发展，从而推动海南省医学产业的大踏步式前进。

五 发挥连带作用，拉动相关产业协同发展

海南智能医学产业园项目投资总额大，项目建设期需要大量建材，将由当地供给，这将对建材业有较大促进作用。项目实施后，能有效带动海南康养服务业、高端医疗服务业、人工智能行业、机器人行业、大数据行业等各产业创新融合发展，为相关行业发展寻求新的增长极。

该项目在建设过程中，对当地社会经济部门所产生的连锁效应和最终影响，包括直接效应、间接效应、诱发效应和继发效应。项目的建设将会成为

中国功能医学集团入驻生根发展的战略合作平台，推动海南省医学领域相关精准医学检测、智能医疗、智能医疗器械产业的发展，为海南省打造面向世界、面向未来的全新化医学发展模式。项目的实施将使得当地经济总量相对于投入会成倍地增长。

六 构建"智慧医学"新格局，加快发展应急医疗

海南智能医学产业园项目将顺应目前世界医疗电子化、智能化、大网络化的发展趋势，引进国内外优秀的医疗资源以及处于世界前沿的先进医学技术，提高医疗诊断准确率与效率，提高患者的自诊比例，降低患者对医生的需求量，扩大自助式医疗诊断规模，从而推动实现"全民医学"的新格局，为全民健康构建有力的保护屏障。项目建设将关注点也进一步转移到应急医疗的发展上，通过引进国内外著名的应急医疗系统"鹰派特生命支持与辅助服务系统（ILASS）"，提升亚健康人群的自诊自救能力，开辟医疗发展领域的新途径，不断加快发展应急医疗的步伐，为进一步拓展海南省医疗发展新征程做出重要贡献。因此，该项目对于构建海南省的"智慧医学"新格局，加快发展应急医疗都具有十分重要的意义。

七 税收效益明显

海南智能医学产业园项目财务内部收益率大于行业基准收益率，项目盈利能力较强，经济效益好，每年创造税费6429.44万元，包含增值税2437.70万元，城市维护建设税170.64万元，教育费附加税73.13万元，企业所得税3747.97万元。随着产业链带动效应，项目间接创造的税收将更多。

第九节 研究结论

海南智能医学产业园项目符合国家宏观经济政策和产业政策，依托区域良好的政策、交通、区位等条件，运用"互联网+科研+医疗"模

式，建成集"产、学、研、用"为一体的海南智能医学产业园，将海南打造成智慧医学健康产业高质量融合集聚发展示范区、健康医疗产业科技创新驱动综合示范区，建设具有国际影响力的全球智慧医疗康养产业园。

该项目将打造以海南为中心、辐射全国的医疗产业发展的智能医学产业园，通过与国内外知名医学企业、医学机构强强联合，将智能化医学、功能医学以及目前世界先进、国内领先的"鹰派特生命支持与辅助服务系统（ILASS）"一并纳入海南智能医学产业园中，将充分运用海南省热带生物物种资源，打造南药开发海南省重点实验室以及热带生物药用国家工程技术中心，运用先进的医疗技术将海南省的热带自然资源优势转化为商品优势以及天然医疗康养药用优势，为人民群众的身体健康提供更高品质的医疗服务，不断提升海南健康制造业的发展层次，运用先进的医疗手段和科学技术打造以海口市美安科技新城为中心的海南北部健康增长极。

项目的建设社会、经济效益显著，对于升级海南"大健康智慧医学产业"，创造新的利益增长点，促进康养医疗产业集约集群化发展，带动相关产业的发展，繁荣海南康养医疗产业经济，促进当地经济增长，具有十分重要的意义。同时，项目建设的资源供给可靠，运营理念科学合理，财务评价指标理想、社会拉动效益强、投资回报率高。项目占地面积90亩，总建筑面积184867.59平方米，总投资100289.78万元。投资强度达1114.33万元/亩。投产期总营业收入90666.01万元，每亩年总产值1007.40万元。每年累计纳税6429.44万元，每亩年纳税额71.44万元。每年净利润达11243.90万元，项目盈利能力较强。同时，项目直接带动就业人数1150人，能显著吸收智慧医学相关高层次技术、科研人才，带动当地居民就业。

通过分析，海南智能医学产业园项目投资风险较小，效益好，可以产生多方共赢的局面。项目建设是必要的，立项开发是可行的，建议尽早立项建设。

第十章

海南（海口）国际法律服务中心项目研究

第一节 项目概述

一 项目概况

项目名称：海南（海口）国际法律服务中心

建设地点：琼山区龙昆南路段道客村回迁地块（编号C20-1）红城湖棚改项目范围内

建设性质：新建项目

建设周期：2021年1月初至2022年12月底

规模：用地面积18033.33m²（约27.05亩：一期20.2亩+二期6.85亩），建筑面积82780m²（其中计容面积71960m²）。

投资总额：项目建设总投资估算为60102.01万元，其中工程费用38758.85万元，工程建设其他费用15681.16万元，预备费2722.00万元，建设期财务费用2940.00万元。

二 项目定位

在经济全球化、中国不断深化改革开放、推进贸易自由化、深度参与

"一带一路"建设的大环境下,为更好地服务海南"一区一港""三区一中心"战略,建设海南(海口)国际法律服务中心项目,项目定位为:

(1)涉外法律一站式综合服务中心

项目打造涉外法律一站式综合服务中心,与国内外知名法律服务机构合作,邀请、带动更多国内外高端法律团队入驻,积极发挥法律行业专业团队力量,以"一站式"高质量综合涉外法律服务来提升和保障企业(个人)在海南自贸港、"一带一路"建设乃至世界范围投资的便利性、安全性和营利性。

(2)涉外法律国际交流与合作平台

牵头搭建涉外法律国际交流与合作平台,吸引更多优秀的国内外律师事务所及法律专家人才深入了解并参与海南自贸港建设,推动海口成为中外法律研究、交流、合作、创新的重要窗口。提升海南涉外法律服务行业的国际影响力。

(3)涉外法律精英创新人才孵化器

涉外法律人才队伍建设是社会主义法治建设的有机组成部分,是顺利推进对外开放事业的重要保障,对于我国融入国际社会、促进对外联系与经贸发展、建设社会主义法治国家等具有极其重要的意义。项目将形成涉外法律精英创新人才孵化器,促进我国涉外法律人才的培养机制和涉外法律人才的高品质队伍建设,以应对日趋增强的全球化发展态势。

三 建设内容和意义

海南(海口)国际法律服务中心项目始终坚持以"高起点、高标准、全方位法律服务"为建设原则,建设集综合办公、商务配套、人才服务于一体的海南(海口)国际法律服务中心项目,展现"专业""科技""现代""生态""时尚"的形象。项目主要建设内容包括:海南(海口)国际法律服务中心大厦、国际律师公寓楼、国际商务配套和地下室等。

该项目建设以提供涉外法律服务为特色,打造涉外法务全产业链,涉及涉外法务方方面面,吸引大量法务工作人员来此创业和就业,打造专业法务人才高地，推进海南自贸港营造出良好的法务服务环境，助推建立健全与海南自贸港建设需求相适应的涉外法律服务体系，使之成为具有国际化水准、综合型服务的涉外法律服务标杆项目，对于推进海南自贸港法治化建设、推动海南法律体系与国际法律接轨具有重要意义。

四 研究工作依据和范围

（一）研究工作依据

《中共中央国务院关于支持海南全面深化改革开放的指导意见》

《中共中央关于坚持和完善中国特色社会主义制度、推进国家治理体系和治理能力现代化若干重大问题的决定》（2019年10月31日）

《中共中央办公厅 国务院办公厅印发〈关于加快推进公共法律服务体系建设的意见〉》（2019年7月10日）

《关于发展涉外法律服务业的意见》（2016年12月30日）

《国务院关于印发中国（海南）自由贸易试验区总体方案的通知》（国发〔2018〕34号）

《最高人民法院关于为海南全面深化改革开放提供司法服务和保障的意见》（法发〔2018〕16号）

《海南经济特区律师条例》（2019年9月27日）

《百万人才进海南行动计划（2018—2025年）》（琼发〔2018〕8号）

《海南省鼓励和支持战略性新兴产业和高新技术产业发展的若干政策（暂行）》（琼府〔2011〕52号）

《建设项目经济评价方法与参数（第三版）》

项目建设相关现行国家、行业标准

项目公司提供的有关材料及相关数据

（二）研究工作范围

本报告按照科学性、经济性、可操作性和实事求是的原则，并以国家和地方的现行有关法规、政策、标准和规范及委托方提供的相关资料为依据，从区域社会，经济发展原则、态势、定位等，对海南（海口）国际法律服务中心建设的背景、必要性、市场前景、项目区位分析、建设方案、环境评价、节能分析、实施进度、工程招标、投资估算、财务评估、社会经济效益评价等多方面工作进行考察，提出了关于项目投资建设是否可行的评价。

五 主要经济技术指标

项目主要经济技术指标包括总用地面积、总建筑面积、容积率、绿地率等；工程费用、工程建设其他费用、预备费；收入、成本、税费、净利润、投资回收期等。详见表10-1。

表10-1 项目主要经济技术指标一览表

序号	项 目	单位	数量	备注
一	建设相关			
1	总用地面积	m²	18033.33	27.05亩
2	总建筑面积	m²	82780	
2.1	地上建筑面积	m²	71960	
(1)	国际法律服务中心大厦	m²	35980	
(2)	国际律师公寓楼	m²	21588	
(3)	国际商务配套区	m²	14392	
2.2	地下建筑面积	m²	10820	
3	容积率	—	4.0	
4	建筑密度	%	35.00	
5	绿地率	%	30.00	
6	停车位	个	600	含50%电动车停车位
(1)	地下停车位	个	510	
(2)	地上停车位	个	90	
二	投资相关			
1	工程费用	万元	38758.85	占64.49%
2	工程建设其他费用	万元	15681.16	26.09%
3	预备费	万元	2722.00	4.53%
4	财务费用	万元	2940	4.89%
	合 计	万元	60102.01	100.00%

续表

序号	项 目	单位	数量	备注
三	财务相关			
1	计算期总收入	亿元	35.489	
2	计算期总成本	亿元	17.927	
3	计算期总税费	亿元	5.183	
3.1	增值税	亿元	1.285	
3.2	房产税	亿元	1.559	
3.3	城市建设维护税	亿元	0.090	
3.4	教育税附加	亿元	0.039	
3.5	地方教育税附加	亿元	0.026	
3.6	企业所得税	亿元	2.185	
4	计算期总净利润	亿元	12.380	
5	静态投资回收期(含建设期)	年	10	
6	经营利润率	%	34.88	
7	经营利税率	%	41.04	
8	投资收益率	%	11.44	
9	财务净现值	万元	20077.65	
10	内部收益率	%	11.95%	
11	盈亏平衡点	%	44.56%	
四	提供就业人数			
1	项目公司就业人数	人	168	
2	带动就业人数	人	3000	

六 初步结论

澳大利亚邱氏律师事务所（McQiu Lawyers）驻海口代表处于2019年3月26日经中华人民共和国司法部正式批准，成为海南省第一家外国律师驻华代表处。澳大利亚邱氏律师事务所（McQiu Lawyers）的"海南（海口）国际法律服务中心项目"在2019年10月1日得到沈晓明省长的批示，批准成立，并指示给予大力支持。海南省司法厅密切跟踪、积极协助推动该项目，并在每月都向省政府汇报该项目进展情况。

海南（海口）国际法律服务中心项目以"涉外法律一站式综合服务中心+涉外法律国际交流与合作平台+涉外法律精英创新人才孵化器"为定位，助推建立健全与海南自贸港建设需求相适应的涉外法律服务体系，使之成为具有国际化水准、综合型服务的涉外法律服务标杆项目。为海南自贸港建设、"一带一路"建设提供优质的法律咨询服务。以海南（海口）国际法律服务中心为依托，发挥法律专业人才优势和行业影响力，吸引更多外国律师事务所及法律专家人才深入了解并参与海南自贸港发展，推动海口成为中外法律文化交流的重要窗口。同时，牵头打造涉外法律人才的孵化基地，为中国培养大量高素质、创新型、具有国际视野的涉外法律综合型人才。

海南（海口）国际法律服务中心项目建设是海南省积极响应中央关于加强对海南自贸港法治化建设决策部署的重要举措，国际法律服务中心的建成对于海南自贸港的法治化建设将具有里程碑式的意义，它将加快党中央为推动海南自贸港法治化升级颁布的系列政策真正实现落地。通过该项目打造出海南法治化、国际化的标杆性法律服务中心，将有助于海南法律走向国际，与世界接轨，进一步培养孵化出一大批能用双语工作、通晓国家法律的精英人才，助力海南国际法律人才孵化器的建成，为海南自贸港建设提供法律人才保障。

项目总用地面积18033.33平方米（约27.05亩），总建筑面积82780平方米，总投资60102.01万元。项目盈利能力较强，收入来源稳定，计算期（20年）总收入35.489亿元，计算期直接为政府创造税收5.183亿元，间接拉动的经济效益及税收效益更将数倍增长。同时项目公司直接提供岗位168个，产业带动创业就业3000多人，将显著吸引高端法律人才来此创业和就业，以及带动当地群众就业。

通过分析，海南（海口）国际法律服务中心项目属于海南自贸港重点鼓励发展的项目之一，是省长批准、司法厅跟进的重点项目之一。该项目投资风险较小，效益好，将有效提升海南社会就业率、为国家创造可观的税收红利，为海南经济培育新动能。项目各项收入稳定，经营收益率较高，各项财务指标较好，产业带动效应和社会效益明显，可以产生多方共赢的局面。因此，该项目建设是必要的，立项开发是可行的，建议尽早立项建设。

第二节 项目背景、建设必要性及可行性

一 项目背景

在我国不断深化改革开放、推进开创高水平对外开放新局面、深入推进全球化战略、海南自贸港及"一带一路"建设的历史背景下，为更好地为我国对外开放战略服务，积极参与国际竞争与合作，为国内外企业进行境内境外投资提供法律保障，国家对发展涉外法律产业高度重视并给予积极的政策支持。

1. 全面深化对外开放、推进全球化背景下，我国鼓励发展涉外法律服务业，涉外法律服务业的发展势在必行。2016年，司法部、外交部、商务部、国务院法制办公室联合印发《关于发展涉外法律服务业的意见》（以下简称《意见》）。《意见》指出发展涉外法律服务业，是适应经济全球化进程、形成对外开放新体制、应对维护国家安全稳定新挑战的需要。2019年2月28日，司法部召开发展涉外法律服务业联席会议第二次会议，会上强调，要认真学习贯彻习近平总书记在中央政法工作会议和中央全面依法治国委员会第二次会议上关于发展涉外法律服务的重要指示精神，积极发展涉外法律服务，加强涉外律师人才培养，推动中国律师"走出去"，保障我国在海外的机构、人员合法权益。大力支持中国律师参与涉外法律服务，在国家重大涉外经贸活动中发挥更大作用。培养高素质涉外律师人才，增强涉外律师国际竞争力。健全完善保障政策，为中国律师"走出去"提供政策支持。

海南（海口）国际法律服务中心项目符合国家发展涉外法律服务业的相关系列的政策要求，形成涉外法律一站式综合服务中心，为国内外企业境内外投资提供法律保障，同时加强国际法律交流、促进法律人才孵化，为中国培养大批涉外法律人才。

2. 海南自贸港建设背景下，急需以完备的涉外法律服务促进形成一流营商环境。2018年4月13日，习近平总书记在庆祝海南建省办经济特区30周年大会上宣布，党中央决定支持海南全岛建设自由贸易试验区，支持海南逐步探索、稳步推进中国特色自由贸易港建设，分步骤、分阶段建立自由贸易港政策和制度体系。海南推进中国特色自由贸易港建设成为海南当前最鲜明的时代主题和工作重心。2019年5月10日，中央依法治国办在海口举行全面推进海南法治建设工作座谈会。会议指出要用法治来消除不应有的"灰色地带"弹性空间，让"显规则"代替"潜规则"，平等保护中外当事人的合法权益，营造稳定有序的社会环境。会议认为，海南要建设中国特色自由贸易港，必须打造国际一流的法治环境，对标国际最高标准推动法治建设，加快形成世界领先的法治化、国际化、便利化营商环境和公平开放统一的市场环境。为此会议要求，要加快建成对标国际的法律制度体系、加快形成现代政府治理体系、加快构建国际一流的多元化纠纷解决体系、加快建设国际领先的法律服务体系，为海南全面深化改革开放提供高质量法治保障和法律服务。同时会议要求，提升法律服务，加快推进公共法律服务体系建设，抓紧建成一批能够办理高端涉外法律事务的法律服务机构，抓紧培养一支通晓国际规则、具有国际视野的高素质涉外法律服务队伍，为在海南投资经营的世界各国当事人提供优质高效便捷的法律服务。

项目旨在以建设海南（海口）国际法律服务中心作为支撑平台和对外开放窗口，吸引一批国内知名的涉外法律服务机构和国外顶尖的高端法律团队进驻海口市，率先落实党中央、国务院的部署要求，为推动海南法治建设、打造国际一流营商环境做出贡献。

二 项目建设的必要性

新形势下，随着我国改革进入攻坚期和深水区，对外开放面临新形势新任务，涉外法律工作在国家法治建设、对外开放、全球化战略和现代化建设中的分量更加突出、作用更加重大。加强涉外法律服务业发展是十分必要的。

其必要性体现如下：

（1）开创高水平对外开放的新局面，需要深化发展涉外法律服务；

（2）我国担当国际舞台的新角色，需要加强涉外法律工作；

（3）是构建外资企业"引进来"与海南及国内企业"走出去"的互通平台的需要；

（4）是补齐海南法律人才短板，建立涉外法律人才孵化基地，搭建中外法律交流新桥梁的需要；

（5）是加强海南自贸港法治化建设，提升海口法治化、国际化、便利化营商环境的迫切需要；

（6）是满足海南自贸港建设的涉外法律服务增长需要；

（7）提升海南涉外法律服务品质的需求；

（8）海南自贸港建设离不开完备的法律服务产业。

三　项目可行性

海南（海口）国际法律服务中心项目从政策、市场、投资方实力、财务等方面，均具备项目实施的可行性。

（一）符合政府的产业政策，具备政策可行性

中共中央、国务院2015年12月出台《法治政府建设实施纲要（2015—2020年）》。海南省委、省政府已出台贯彻落实文件，全面推进法治海南建设。习近平总书记多次强调要充分发挥律师事务所和律师等专业机构、专业人员的作用。近几年全面依法治国的理念更加深入人心，一系列政策法规出台并实施。

党的十九届四中全会通过《关于坚持和完善中国特色社会主义制度推进国家治理体系和治理能力现代化若干重大问题的决定》，指出要加快自由贸易试验区、自由贸易港等对外开放高地建设。完善涉外经贸法律和规则体系。

《中国（海南）自由贸易试验区总体方案》明确指出，到2020年，自贸试验区建设取得重要进展，国际开放度显著提高，努力建成投资贸易便

利、法治环境规范、金融服务完善、监管安全高效、生态环境质量一流、辐射带动作用突出的高标准高质量自贸试验区。

2019年9月27日,海南省第六届人民代表大会常务委员会第十四次会议审议通过《海南经济特区律师条例》,条例中新增加了诸多涉外法律服务内容,如:允许外国和香港特别行政区、澳门特别行政区律师事务所驻海南代表机构依照有关规定从事部分涉海南的商事非诉讼法律事务;条例还对司法部规定的合伙律师事务所设立条件进行了变通:对普通合伙律师事务所的设立出资额由30万元降低到10万元;对特殊普通合伙律师事务所的设立人数由20名以上降低到10名以上;对特殊普通合伙律师事务所的设立出资额由1000万元降低到100万元。

2019年7月10日,中共中央办公厅、国务院办公厅印发《关于加快推进公共法律服务体系建设的意见》,提出要完善涉外法律服务机构建设,推出国家和地方涉外法律服务机构示范单位(项目),培养一批在业务领域、服务能力方面具有较强国际竞争力的涉外法律服务机构;推进公共法律服务平台建设,提供覆盖全业务、全时空的高品质公共法律服务;推动建立国际商事调解组织等一系列部署要求。

通过以上的分析可知,邱氏律师事务所将要打造的海南(海口)国际法律服务中心项目完全符合海南自由贸易港建设中落实党中央、国务院关于涉外法律服务部署的发展要求,以及符合加强海南、海口的法治化、国际化、便利化营商环境建设,推动自贸港的法治保障水平、助力各大产业健康融合发展的各项政策要求,是政府鼓励发展的项目,从政策角度讲具备建设可行性。

(二)涉外法律产业需求大,具备市场的可行性

1. 经济全球化背景下涉外法律的国际化需求迫切

涉外法律服务队伍水平的高低决定着涉外法律服务业的国际竞争力,随着"一带一路"倡议、自贸港建设等的实施,涉外法律服务面临良好的发展形势,但是也存在不少的问题,尤其是面对错综复杂的国际形势、日新月异的国际法律事务需求,如何提供精准高效的法律服务是当前任务的重中之

重，因此，建设高水平的涉外法律服务平台、打造高水平涉外法律团队就成了当务之急。

然而我国涉外法律服务人才数量少，高水平法律服务人才更少。涉外法律服务人才从全国来看数量不多，甚至北上广深以及经济相对发达的沿海城市，从事涉外法律服务的律师也寥寥可数。据司法部统计，目前40多万中国律师中，真正能够熟练做国际法律服务业务的约4000人，占整个律师队伍的1%左右。基于此，为了更好地适应经济全球化进程、形成对外开放新体制、应对维护国家安全稳定新挑战的需要，对于建设高水平涉外法律服务队伍的需求更为迫切，也凸显出经济全球化背景下涉外法律的国际化法律服务市场发展潜力无限。

2. 全国法律服务行业国际化涉外法律服务缺口大

改革开放以来，我国大力推动依法治国，法律服务行业由此得到了长足发展与进步，律师人数及律师事务所数量大幅增长。虽然我国法律服务行业取得显著成效，但与发达国家相比，整体水平依旧偏低。首先，我国的法律服务行业分工不够细致，很多新兴领域如知识产权领域等刚刚起步，竞争力不足。而国际化的法律服务行业，特别是涉及较复杂高端的法律业务，一般都需要多个领域的专业人才来共同完成。比如跨国收购项目大多同时涉及金融、投资、税务、证券、诉讼等多方面的问题。

未来十年，中国改革开放将以完善法治为主题，以依法执政、依法行政、依法治企为主线，积极致力于推进国家法治，致力于促进经济和社会发展。这无疑需要大量的法律人才和法律服务，法律服务行业发展值得期待。中国这样一个拥有世界五分之一人口和经济总量超10万亿美元的巨大市场，对外国企业和资本必将具有巨大的吸引力，而中国这个市场对于大多数外国人来说，毕竟有不同的社会、文化背景，不同的法律环境和经济秩序。这样，外国企业和资本对相关的法律和商业的服务需求就形成了我国法律服务业新的巨大机会。

3. 海南自由贸易港建设背景下涉外法律服务需求剧增，涉外法律服务市场前景广阔

海南作为中国的南大门，随着其由自贸区向自贸港的逐步升级，将被打

造成为中国面向太平洋和印度洋的重要对外开放门户，"21世纪海上丝绸之路"中更为重要的一环。随着围绕着海南自贸区的诸如《总体方案》《国务院关于做好自由贸易试验区第四批改革试点经验复制推广工作的通知》等国家和地方层面政策和扶植措施的密集落地，海南自贸区法制建设迎来了一波体系化升级，将为后续海南自贸区发展及自贸港筹建奠定坚实的法制基础，也将为海南自贸区法制环境建设带来前所未有的革新。

在司法建制层面，自贸港较于自贸区需要匹配更为国际化司法体系建制，在吸收现有自贸区经验的同时，完善区内争议解决机制，缩小甚至一定程度消灭未来自贸港内司法体系和争议解决机制与港外代表全球先进水平司法体系和争议解决机制的差距。纵览目前世界上比较著名的自由贸易港，其背后都依托着相对透明、先进并具有公信力的配套司法体系和争议解决机制。因此，司法建制的体系化完整、司法规则适用的统一和高效以及争议解决机制的先进和透明是"自贸港"时代司法制度发展的目标。

随着海南自由贸易港筹建过程中法制建设的逐步完善和新型法律服务需求的不断出现，海南对更高层次法律专业机构/人才的需求也将不断增加。相较于上海和前海自贸区，海南自贸区有待出台更优化的境内外律所的合作方式。比如，是否可考虑在海南实现中外合作的律师事务所，在联营基础上更进一步？为实现人才聚集，在海南不存在明显办公地域优势的情况下，是否可以将服务于自贸港建设的律师事务所的税务负担做优化处理？而借海南优秀的旅游资源优势，是否可以设立集中的法律人才培训机构？更进一步的，在中国发展多元化争议解决机制之际，配合仲裁法的修改，是否能够适时引入国际知名仲裁机构和调解机构？这些都将是未来海南自贸港建设过程中涉外法律服务发展方向，海南涉外法律服务行业将迎来历史性大发展机遇。邱氏律师事务所有能力提供以上所提及的各项关于涉外法律服务项目，高效解决海南自贸港建设过程中突出的涉外法律服务问题，邱氏律师事务所正努力筹备建立海南（海口）国际法律服务中心项目，作为服务国内外企业及各界人士进出海南、投资海南、建设海南，提供高质量、全方位的法律服务综合保障平台和吸引集聚法律人才、留住法律人才、发挥法律人才作用的重要舞台，将会助推海口建立健全与海南自贸港建设需求相适应的涉外法律服务体系。该项目迎合了国内外对于高品质法律服务及涉外国际法律服务的综合需求，该项目建设市场潜力巨大，能够为海南省乃至国内外法律服务产业发展做出重大贡献，其项目的建设具有很高的经济社会价值，这也充分说明该项目发展具备市场可行性。

（三）投资方实力可行性

1. 品牌效应显著

2019 年 2 月，经中华人民共和国司法部批准，澳大利亚邱氏律师事务所在海口市设立代表处，并于 2019 年 4 月 18 日正式揭牌成立，成为海南自贸港建设以来的第一家也是目前唯一一家成功落户海口的外国律师事务所。邱氏律师事务所创始人邱凯蒂女士（澳大利亚海南总商会法律顾问、澳中国际商会秘书及法律顾问、中国海南国际仲裁员、国际公证员）出生在海南，律所总部位于悉尼，经过十几年发展，已成为澳洲当地及华人社区内具有很高声誉的律师事务所。邱氏律师事务所驻海口代表处成为澳大利亚海商回乡创业的成功案例。澳大利亚海南总商会也表示，今后将不留余力地充当中澳尤其是琼澳两地的友好使者、情感纽带和贸易平台，继续支持和鼓励更多的澳大利亚海商回乡创业，反哺家乡。这也凸显了该项目建设独特的带动效应，能够侧面鼓励和支持未来优质的企业家及企业品牌反哺家乡，推动创新。

2. 律师团队实力雄厚

中外律师事务所合作方面：邱氏律师事务所与海南国际知识产权交易中心签订战略合作协议、与海口市政府签订涉外法律顾问协议。在 2020 年 5 月 22 日，澳大利亚邱氏律师事务所、澳大利亚 HWLEb sworth Lawyers（澳大利亚规模最大律师事务所）和海南国际知识产权交易中心举行视频会议，双方就如何发展海南国际知识产权的各项业务展开交流，洽谈合作方向。除此之外，邱氏律师事务所已经和多家国内知名律师事务所签订合作协议，包括北京盈科（海口）律师事务所、北京君泽君（深圳）律师事务所、广西佑成律师事务所，以及海南本土的云联、法立信、方圆律师事务所等。同时，投资方正在积极招揽法国、德国、英国、美国、新加坡和香港地区的律师参与海南（海口）国际法律服务中心的建设和发展。

高素质的法律队伍方面：律师团队得到了司法部批准，成为海口市第一家外企律所，具有澳大利亚国家最高级法院出庭资格，获得澳大利亚联邦法院、新南威尔士高院、新南威尔士中院、新南威尔士家庭法院、海南国际仲裁院等众多机构的认可，同时海南省高院专家库、海南省高级人民法院第一涉外民商事法院专家库以及特邀调解员等认证正在审批中。

3. 业务范围广、实践经验丰富

该投资方律师团队业务涉及公司法、商业法、合同法、企业并购、融资、银行及金融、知识产权、信托、房地产和土地法、家庭法、遗嘱、信托遗嘱、各类协议书、诉讼、仲裁、各类调解、移民法和签证申请等各类型法律服务范围，且已经从事律师行业三十余年之久，所处理的业务范围广、实践经验丰富，能够高效精准地为该项目的建设实施提供务实的业务保障。

综上所述，该项目建设的投资方品牌效应显著，团队的法律服务技术过硬、实践经验足且运营管理经验丰富，能够有效推进项目的建设进程及未来项目的整体运营，因此，项目建设从投资方实力上来说是可行的。

（四）财务可行性

项目投资建设方面，项目投资方资金雄厚，融资渠道广泛，能保障项目各项建设工作的开展有足够的资金投入。项目运营中，项目市场大，可面向国际承接法律及相关服务项目，收入来源广泛，具有稳定的现金流，能确保项目有效回收投资成本及长期经营。基于以上分析，该项目建设在财务上是可行的，能够带来可观效益。

第三节 建设地址区位分析

一 项目选址

海南（海口）国际法律服务中心项目拟选地址为海口市琼山区龙昆南

路、国兴大道交接处，与海航豪庭、海航总部、日月广场隔路相望，地形为一个不规则的三角形。国兴大道现建有海南省政府办公大楼、省图书馆、省博物馆，今后对标国际标准的海南国际法律服务中心的建立将使整个国兴大道焕然一新，提高区域的国际化程度。

该项目地点开阔平坦，无高大遮挡物，四周无公害和污染，管网齐全，周边商业配套齐全，毗邻江东新区，距离江东新区仅十几分钟车程。项目规划地块周边道路交通十分便利，市政建设齐全，雨水、污水可直接排入市政管网。南侧已经建成的城市干道，沿路有完整的市政设施建设，北侧为一条辅道，设计为本项目的主要出入口，避开城市主干道拥挤的车流。此外，该项目地点承载产业转移能力强，生态环境良好、基础设施一流、功能布局合理、产业集聚效应显著，且交通便利、区位优势明显，因此，项目选址能够满足本项目的用地需要，符合当地产业发展规划要求，故本项目拟建选择方案可行。

二 项目选址优势分析

（一）海南、海口地理环境优势

海南省位于中国最南端，与广东省湛江市隔海相望，南向东南亚诸国，地处南海国际海运要道；处于泛珠三角"9+2"与东盟自由贸易区"10+1"的接合部。海口是海南交通咽喉要塞，承担着物流、人流的主渠道功能，加上棚户区改造，国兴大道的崛起，即将改头换面，焕然一新。在海南全岛建设自由贸易试验区和中国特色自由贸易港进程中，海口具有地理位置优势、交通枢纽优势，海口的发展具有辐射带动作用，这些都为该项目的建设提供了优越的地理优势发展环境，有利于打开更广阔的发展市场。

（二）区位及交通状况

项目所在地位置优越，交通发达，位于海口市市中心，距离海口长途汽车站5.1公里，约10分钟车程；距离美兰机场18.1公里，约28分钟车程；距离海口火车站6.2公里，约17分钟车程；距离海口市新海港码头20公里，约36分钟车程；距秀英港6.1公里，约15分钟车程。此外，项目规划地块地处市中心 CBD 区域，毗邻省委、省政府和江东新区，临近周边的省高级人民法院、省司法厅，区位优势明显。

（三）经济发展情况

2009~2019 年海口市的 GDP 显示，海口市的经济总量从 2009 年的 495.33 亿元增长到 2019 年的 1671.93 亿元，由此可知海口市近年来的经济发展保持持续增长。

通过对项目的选址从自然条件、区位交通条件、经济条件等众多方面的评估，可以看出该预选场址自然条件优越，资源丰富，基础设施不断跟进，交通便利，经济发展速度快，市场广阔。所在地是一个很好的项目建设地选址。

第四节 项目实施进度

项目按一期开发，建设周期 24 个月（2021 年 1 月初至 2022 年 12 月底）。

2021 年前，完成项目前期工作，包括项目可行性研究、项目立项审批、详规、环评、招标、勘探设计、施工手续报批等。

建设期 2021 年 1 月初至 2022 年 12 月底主要建设内容：平整及道路工程、地下室、国际涉外法律综合楼、国际律师公寓楼、绿地工程、停车位工程和项目验收等。

项目工程建设进度详见表 10-2。

表 10-2 项目建设进度一览表

序号	项 目	2020年前	2020 年				2021 年			
			第一季度	第二季度	第三季度	第四季度	第一季度	第二季度	第三季度	第四季度
一	项目前期工作									
1	前期工作									
二	施工阶段									
1	平整及道路工程									

续表

序号	项 目	2020年前	2020年				2021年			
			第一季度	第二季度	第三季度	第四季度	第一季度	第二季度	第三季度	第四季度
2	地下室									
3	国际法律服务中心大厦									
4	国际律师公寓楼									
5	国际商务配套区									
6	绿地工程									
7	停车位工程									
8	项目验收									

第五节 投资估算及资金筹措

一 投资估算依据

项目建设投资估算是指投资项目从建设前期的准备工作到项目全部建成验收为止所发生的全部投资费用估算。按照项目建设方案和建设内容，分别对项目投资内容按有关标准和实际情况逐一估算。投资估算依据如下：

《中华人民共和国国家计划委员会计价格》（计价格〔2002〕1980号）

《建设工程监理与相关服务收费管理规定》（发改价格〔2007〕670号）

《基本建设项目建设成本管理规定》（财建〔2016〕504号）

《工程建设监理与相关服务收费管理标准》（发改价格〔2007〕670号）

《工程勘察设计收费管理规定》（计价格〔2002〕10号）

《关于调整防空地下室易地建设费收费标准的通知》（琼价费管〔2010〕329号）

《海南省园林绿化与仿古建筑工程综合定额》（2013）

《海南省市政工程计价定额》（2011）

《海南省房屋建筑与装饰工程综合定额》（2017）

《海南省物价局关于降低部分招标代理服务收费标准的通知》（琼价费管〔2011〕225号）

《关于规范工程造价咨询服务收费的指导意见》（琼价协〔2016〕004号）

《海南省安装工程综合定额》（2017）

《市政工程投资估算编制办法》（建标〔2007〕164号）

《建筑工程建设项目可行性研究报告编制办法》

二 投资估算

（一）工程费用

项目工程费用，包括国际涉外法律综合楼、国际律师公寓楼、国际商务配套、地下室、公用与辅助工程及其他工程等。项目各部分施工费用按照近期价格水平进行测算。

（二）工程其他费用

根据国家有关部门对其他工程费用取费率规定计取。

项目建设管理费依据财建〔2016〕504号规定计取；工程监理费依据发改价格〔2007〕670号规定计取；勘测费依据计价格〔2002〕10号规定计取；设计费依据计价格〔2002〕10号规定计取；工程保险费依据按工程费用0.3%计；招标代理费依据琼价费管〔2011〕225号规定计取；工程量清单及招标预算控制价编制费依据琼价协〔2016〕004号规定计取；工程量清单及招标预算控制价审核费琼价协〔2016〕004号规定计取；施工阶段全过程工程造价控制服务依据琼价协〔2016〕004号规定计取；工程概算编制依据琼价协〔2016〕004号规定计取；竣工结算审核费依据琼价协〔2016〕004号规定计取；标底审核依据琼价协〔2016〕004号规定计取；场地准备费及临时设施费依据计标（85）352号规定计取；可研报告编制费依据计价格〔1999〕1283号规定计取；可研报告评估费依据计价格〔1999〕1283号规定计取；编制环境影响报告书依据琼价费管〔2011〕214号规定计取；评估环境影响报告书依据琼价费管〔2011〕214号规定计取；铝合金门窗检测费依据琼发改收费〔2004〕1301

号规定计取；建筑节能检测费依据琼建科〔2013〕104号规定计取；防雷检测费依据琼发改收费〔2007〕150号规定计取；雷击风险检测费依据琼价审批〔2009〕39号规定计取；消防检测费依据琼计价管〔2002〕424号规定计取；初步设计文件及概算评审费依据琼发改招概审〔2015〕1722号规定计取；室内空气检测费依据琼价费管〔2013〕504号规定计取；白蚁防治费依据海房字〔2006〕（2元/m^{2}计）；地质灾害危险性评估费依据发改办价格〔2006〕745号规定计取。土地费用按500万元预估。

（三）基本预备费

按工程费与工程建设其他费之和的5%计取。

（四）财务费用

财务费用＝银行贷款本金×年利率×贷款年数

银行借款3亿元，年利率4.9%，贷款两年。

综上，项目总投资估算为60102.01万元，详见表10-3。

表10-3 项目总投资估算表

序号	项目	单位	金额	占比(%)	备注
1	工程费用	万元	38758.85	64.49	
2	工程建设其他费用	万元	15681.16	26.09	
3	预备费	万元	2722.00	4.53	（工程费用+工程建设其他费用）×5%
4	财务费用	万元	2940.00	4.89	银行贷款建设期利息
	合计	万元	60102.01	100.00	

三 资金使用计划与资金筹措

（一）资金使用计划

项目建设总投资估算为60102.01万元，其中工程费用38758.85万元，工程建设其他费用15681.16万元，预备费2722.00万元，建设期财务费用2940.00万元。

（二）资金筹措

（1）自有资金：30102.01 万元

（2）银行借款：30000.00 万元

第六节　财务评估及还款计划

一　财务评估模式

本报告依据国家颁布的《建设项目经济评价方法与参数》及国家现行的财会税务制度，对项目进行财务评价。财务分析按营利性项目的模式进行，主要分析项目的收入、税金和成本费用，项目利润估算，项目盈利能力评估等，考察项目各项综合效益指标。计算期拟定为 20 年（建设期 2 年，运营期 18 年）。

二　项目收入、成本和税费测算

（一）项目收入

项目收入主要为：自营涉外法律专业服务收入、部分办公区租赁收入（70%办公区）、国际会议培训教育中心出租收入、国际商业配套租金收入、法律人才公寓长租经营收入、法律人才酒店经营收入、涉外法律人才培训收入、物业管理收入等。

（1）自营涉外法律专业服务收入：涉外法律业务 280 个/年，经营初始年完成率按 50%计算，业务均价按 23 万元/个计算。

（2）部分办公区租赁收入：28784.00m^2，经营初始年出租率按 60%计算，出租价格按 120 元/m^2 计算。

（3）国际会议培训教育中心出租收入：3598.00m^2，经营初始年出租率按 60%计算，出租价格按 140 元/m^2 计算。

（4）国际商业配套租金收入：14392.00m^2，经营初始年出租率按 60%计算，出租价格按 160 元/m^2 计算。

（5）法律人才公寓长租经营收入：120套，经营初始年入住率按60%计算，均价按3600元/套/月计算。

（6）法律人才酒店经营收入：230套，500元/间，初始年入住率按60%计算。

（7）涉外法律人才培训收入：24期/年，50万元/期。

（8）物业管理收入：46774m², 单价5元/m²。

（二）项目成本

（1）自营涉外法律专业服务成本＝对应收入×20%。

（2）法律人才公寓成本＝对应收入×28%。

（3）法律人才酒店成本＝对应收入×30%。

（4）销售费用：按总收入×3%计取。

（5）管理费用：按总收入×2%计取。

（6）财务费用：按年利率4.9%计取。

（7）员工薪酬及福利

项目职工共168人，包含高级管理人员3人，按人均工资1.8万元/月计算，管理人员10名，按人均工资0.8万元/月计算；技术/专业人员93人，按人均工资0.7万元/月计算；普通员工62人，按人均工资0.35万元/月计算，福利费及其他待遇等按工资的一定比例估算。

（8）折旧费：对固定资产计提折旧，残值率5%，按20年直线折旧。

（9）维修费用：按折旧费5%计算。

（三）项目税费

（1）增值税＝销项增值税－进项增值税

销项增值税：计税收入/（1+6%）×6%。

进项增值税：计税成本/（1+6%）×6%。

（2）房产税＝不含增值税租金×12%。

（3）城市建设维护税＝增值税×7%。

（4）教育税附加＝增值税×3%。

（5）地方教育税附加＝增值税×2%。

(6) 企业所得税=税前利润×企业所得税率为15%。

三 利润测算

税前利润=收入-经营成本-增值税及附加税。

项目缴纳企业所得税，税率按照15%计算。企业所得税=税前利润×15%。

税后利润=利润总额（年）-所得税。

四 项目盈利能力评估指标

项目盈利能力评估指标主要包括内部收益率（FIRR）、财务净现值（FNPV）、项目投资回收期、总投资收益率（ROI）等，详见表10-4。

表10-4 盈利能力评估指标分析表

序号	项目	单位	数值	计算方法
1	内部收益率（FIRR）	%	11.95	$\sum_{t=1}^{n}(CI-CO)_t(1+FIRR)^{-t}=0$
2	财务净现值（FNPV）	万元	20077.65	$FNPV=\sum_{t=1}^{n}(CI-CO)_t(1+i_c)^{-t}$
3	项目投资回收期	年	10	（累计净现金流量开始出现正值的年份-1）+（上年累计净现金流量的绝对值/当年净现金流量）
4	总投资收益率（ROI）	%	11.44	$ROI=\frac{NP}{TI}\times100\%$
5	投资利税率	%	20.19	投资利税率=$\frac{EBIT}{TI}\times100\%$
6	经营净利润率	%	34.88	经营净利润/总收入
7	经营利税率	%	41.04	经营税前利润/总收入

注：指标解释及计算方法如下文。

内部收益率（FIRR）：

财务内部收益率（FIRR）系指能使项目在计算期内净现金流量现值累计等于零时的折现率，即FIRR作为折现率使下式成立：

$$\sum_{t=1}^{n} (CI - CO)_t (1 + FIRR)^{-t} = 0$$

式中：CI 为现金流入量；CO 为现金流出量；$(CI-CO)_t$ 为第 t 年的净现金流量；n 为计算期。

财务净现值（FNPV）：

财务净现值系指按设定的折现率（一般采用基准收益率 $i_c = 8\%$）计算的项目计算期内净现金流量的现值之和，可按下式计算：

$$FNPV = \sum_{t=1}^{n} (CI - CO)_t (1 + i_c)^{-t}$$

式中：i_c 为设定的折现率（同基准收益率）。

项目投资回收期：

项目投资回收期系指以项目的净收益回收项目投资所需要的时间，一般以年为单位。项目投资回收期从项目建设开始年算起。项目投资回收期可采用下式计算：

$$Pt = T - 1 + \frac{\left|\sum_{i=1}^{T-1} (CI - CO)_i\right|}{(CI - CO)_T}$$

式中：T 为各年累计净现金流量首次为正值或零的年数。

总投资收益率（ROI）：

总投资收益率系指项目达到设计能力后正常年份的年净利润或运营期内年平均息税前利润（NP）与项目总投资（TI）的比率，总投资收益率按下式计算：

$$ROI = \frac{NP}{TI} \times 100\%$$

式中：NP 为项目正常年份的年息税前利润或运营期内年平均息税前利润；TI 为项目总投资。

投资利税率：

投资利税率系指年息税前利润与投资总额的比率。投资利税率按下式计算：

$$投资利税率 = \frac{EBIT}{TI} \times 100\%$$

五　盈亏平衡分析

盈亏平衡分析系指通过计算项目达产年的盈亏平衡点（BEP），分析项目成本与收入的平衡关系，判断项目的适应能力和抗风险能力。以营业收入水平比表示的盈亏平衡点（BEP）计算公式为：

$$BEP = \frac{固定成本}{营业收入 - 营业税金及附加 - 可变成本} \times 100\%$$

计算结果表明，只要销售额达到设计的 44.56%，项目就可保本。

六　银行贷款偿还分析

项目资金筹措

项目总投资预估：60102.01 万元。

包含：自有资金 30102.01 万元，占比 50.08%；银行贷款 52000 万元，占比 49.92%。项目贷款比例合理。

七　银行贷款还款分析

（一）贷款偿还计划

在我国现行财务制度下，贷款偿还期是指固定资产投资贷款偿还期，在国家财政规定及项目具体条件下，项目投产后可用作还款的利润、折旧以及其他收益额偿还固定资产投资贷款本息所需要的时间。

该项目计算期 20 年（含建设期 2 年），贷款期 15 年（含建设期）还清所有固定资产投资银行贷款本金及利息，即计算期第 15 年还完所有本息。建设期为计算期第一年、第二年，建设期贷款两年，每年产生利息计入建设成本。计算期第三年开始偿还本金，根据营业收益计划每年按照一定的额度偿还本金和利息。

第十章 海南（海口）国际法律服务中心项目研究

表 10-5 偿还项目银行贷款本息计划一览表

单位：万元

序号	项　目	建设期(2年)	经营期(年) 3	4	5	6	7	8	9	10	11	12	13	14	15	总计(亿元)
1	期初应还贷款余额		30000	28800	27600	26400	24000	21600	19200	16800	14400	12000	9000	6000	3000	
2	当期应计利息		1470.00	1411.20	1352.40	1293.60	1176.00	1058.40	940.80	823.20	705.60	588.00	441.00	294.00	147.00	1.17
3	当期本金偿还额		1200.00	1200.00	1200.00	2400.00	2400.00	2400.00	2400.00	2400.00	2400.00	3000.00	3000.00	3000.00	3000.00	3.00
4	当期财务费用		1470.00	1411.20	1352.40	1293.60	1176.00	1058.40	940.80	823.20	705.60	588.00	441.00	294.00	147.00	1.17
5	期末应还本息余额		28800	27600	26400	24000	21600	19200	16800	14400	12000	9000	6000	3000	0	

由表 10-5 可得：

（1）计算期第 3 年：偿还本金 1200 万元，利息 1470 万元。

（2）计算期第 4 年：偿还本金 1200 万元，利息 1411.2 万元。

（3）计算期第 5 年：偿还本金 1200 万元，利息 1352.4 万元。

（4）计算期第 6 年：偿还本金 2400 万元，利息 1293.6 万元。

（5）计算期第 7 年：偿还本金 2400 万元，利息 1176 万元。

（6）计算期第 8 年：偿还本金 2400 万元，利息 1058.4 万元。

（7）计算期第 9 年：偿还本金 2400 万元，利息 940.8 万元。

（8）计算期第 10 年：偿还本金 2400 万元，利息 823.2 万元。

（9）计算期第 11 年：偿还本金 2400 万元，利息 705.6 万元。

（10）计算期第 12 年：偿还本金 3000 万元，利息 588 万元。

（11）计算期第 13 年：偿还本金 3000 万元，利息 441 万元。

（12）计算期第 14 年：偿还本金 3000 万元，利息 294 万元。

（13）计算期第 15 年：偿还本金 3000 万元，利息 147 万元。

计算期 15 年（含建设期 2 年）还完银行贷款本息。

（二）还款能力分析

项目收入来源主要为：自营涉外法律专业服务收入、部分办公区租赁收入（70%办公区）、国际会议培训教育中心出租收入、国际商业配套租金收入、法律人才公寓长租经营收入、法律人才酒店经营收入、涉外法律人才培训收入、物业管理收入等。

项目市场分析：项目拟选地址位于海南省海口市琼山区龙昆南路、国兴大道交接处，与海航豪庭、海航总部、日月广场隔路相望，交通十分便利，是企业、人流汇集的重要区域。

同时，项目定价采用前期相对保守、后期稳步增长的策略，前期定价低于目前同业的平均价格，这样可以确保项目具有较强的市场价格竞争力，进而保证项目能稳定回款。

项目收入来源较广，各项收入稳定，经营收益率较好，具有稳定的净现金流用于银行贷款的本金和利息偿还。每期可用于银行贷款的偿还资金大于每期本金及利息的偿还计划金额。该项目的银行贷款偿还能力较优。详见表 10-6。

第十章 海南（海口）国际法律服务中心项目研究

表10-6 项目银行贷款偿还能力分析表

单位：万元

序号	项目	建设期(2年)	经营期(年)													总计(亿元)
			3	4	5	6	7	8	9	10	11	12	13	14	15	
一	本期银行贷款本息偿还额		2670	2611	2552	3694	3576	3458	3341	3223	3106	3588	3441	3294	3147	4.170
1	本金偿还计划		1200	1200	1200	2400	2400	2400	2400	2400	2400	3000	3000	3000	3000	3.000
2	银行利息偿还		1470	1411	1352	1294	1176	1058	941	823	706	588	441	294	147	1.170
二	可用于偿还的资金		5028.45	6251.33	7467.85	8700.36	9661.16	10732.22	10708.25	10684.27	10660.29	10636.32	11701.39	11671.42	11641.45	12.554
1	财务费用		1470	1411	1352	1294	1176	1058	941	823	706	588	441	294	147	1.170
2	净利润		703.61	1985.29	3260.60	4551.91	5630.31	6818.98	6912.60	7006.23	7099.85	7193.47	8405.54	8522.57	8639.60	7.673
3	固定资产折旧		2854.85	2854.85	2854.85	2854.85	2854.85	2854.85	2854.85	2854.85	2854.85	2854.85	2854.85	2854.85	2854.85	3.711
三	偿还能力分析															
1	本期偿还结余		2358.45	3640.13	4915.45	5006.76	6085.16	7273.82	7367.45	7461.07	7554.69	7048.32	8260.39	8377.42	8494.45	8.384
2	偿债备付率		188%	239%	293%	236%	270%	310%	321%	331%	343%	296%	340%	354%	370%	301%

299

由上表分析可得：项目营运期可用于偿还银行借款的资金充足，每期本期可用于偿还资金大于偿还计划的金额，说明项目偿还银行贷款的能力强。通过分析，项目的营运期银行贷款偿还能力较强，有足够的资金用于偿还银行贷款的本金与利息。

八　财务评估小结

该项目的建设符合国家宏观经济政策和产业政策，符合海南省及项目所在地发展总体规划和相关政策，从财务盈利能力分析看，总投资收益率较理想，财务内部收益率大于行业基准收益率，财务净现值大于零，表明项目具有较强的盈利能力；从清偿能力分析来看，项目具有较强的清偿能力；从财务不确定性分析看，项目具有很强的抗风险能力。因此，该项目的建设从财务层面上分析，可知项目建设具有较好的效益，对整个行业的发展具有重要的促进作用，所以从财务上看，该项目是可行的。

第七节　社会经济效益分析

一　满足当代社会涉外法律服务迫切需求，提升海南省涉外法律服务水平，对社会法治建设具有积极作用

1. 海南（海口）国际法律服务中心项目以涉外法律服务为核心主导业务，涉外法律服务水平优势突出，旨在形成涉外法律产业新标杆，提升涉外法律服务水平。海口市乃至海南省的涉外法律体系建设相对滞后，涉外法律人才储备短板明显，公共法律服务供给力度不足、质量不高，急需加强自主培育和对外引进大量的法律人才团队，满足社会多样化的法律服务需求。在此背景之下，海南（海口）国际法律服务中心项目将充分利用良好且广泛的国际关系，积极主动发挥法律行业专业力量，邀请、带动更多国外高端法律人才团队服务海南自贸港发展，提升专业服务水平，立足于打造海南涉外服务法律领域的新标杆，对于不断提升海南涉外法律服务水准具有重要的意义。

2. 该项目建设有利于开创法律服务发展新模式，构建绿色立体法律生态圈。海南（海口）国际法律服务中心项目将会跳出传统的单一化法律服务领域，开创法律服务发展新模式。项目通过融合经济、法律、金融、科技、传媒和社会各行业，将法律业务范畴扩展到旅游、教育、投资等其他服务，共同打造绿色立体法律生态圈，从更大程度上发挥法律的核心作用，推动联盟实现更深程度的融合发展，推动海南（海口）国际法律服务中心这一"硬件"建设，助力其成为海口市涉外法律服务领域的地标性建筑。项目将会开创出由单一法律服务到多元化立体商法综合服务、由国内法律领域拓展到国际的涉外法律服务的现代化新型法律服务发展模式，构建绿色立体法律生态圈，对于为海南提供全方位多保障的法律服务，推动海南省经济联动式发展具有重要的意义。

二 对于推动海南自贸港建设发展具有重要意义

随着海南自由贸易港筹建过程中法制建设的逐步完善和新型法律服务需求的不断出现，海南对更高层次法律专业机构、人才的需求也将不断增加。相较于上海和前海自贸区，海南自贸区有待出台更优化的境内外律所的合作方式。邱氏律师事务所打造的海南（海口）国际法律服务中心项目能够在加强中外律师事务所的合作、联合国内外优质涉外法律资源要素、夯实联营基础方面发挥作用，从而更好地服务于国际商事合作，能够更有效促进自贸港建设过程中国际贸易开放水平、开放层次的提高。

此外，该项目将借助海南的旅游资源优势，设立集中的法律人才培训机构，通过打造涉外法律精英创新人才孵化器，吸引外资律所和国内律所涉外部门入驻成为会员单位，集聚国内外高素质、高水平的涉外律师团队，推动中外律所开展业务联盟、联营合作等，共同建立涉外法律人才孵化基地，满足招商引资尤其是国际企业落户海南以及国内外企业经贸往来涉及的高端法律服务需求，最终打造成为海南自贸港的法治化、国际化、便利化营商环境建设的新亮点，通过打造涉外法律精英创新人才孵化器来更大程度地加强自主培育高素质精英律师团队，提升海口市涉外法律服务行业的人才核心

"软实力",搭建海南自贸港建设走向国际的新桥梁。

与此同时,该项目有能力在中国发展多元化争议解决机制之际,配合仲裁法的修改,适时引入国际知名仲裁机构和调解机构,一方面,根据国外的自贸区建设经验和商业投资习惯,以"一站式"的综合法律服务提升和保障企业(个人)投资便利性,通过法律服务保障落实海南省出台关于自贸港建设招商引资等优惠政策,尤其是确保政策落实过程中的高效顺畅以及国内法、国际法有序衔接等,充分满足国内、国际不同投资主体投资的法律保障需求,为外资企业投资海南及国内企业"走出去"发展提供全方位法律保障服务。另一方面,该项目将专门组建外籍专业律师团队,作为海南(海口)国际法律服务中心运营的核心团队,同时发挥外国律师事务所与国内同行之间的业务合作力量,为外资企业来琼投资兴业和国内企业、海南本土企业、个人开展海外业务提供多样化、专业化的涉外法律服务;为投资经营产生的矛盾纠纷,提供完备的法律服务解决方案。为海南法治化、国际化、便利化营商环境建设提供有力支撑。通过实现"一站式"综合法律服务升级,促进海南与国外双向投资稳步落地,加快推进海南自贸港建设进程。

三 对于搭建优质就业平台,推动就业创业具有重要作用

海南(海口)国际法律服务中心项目将建立起跳出传统的单一法律服务模式,构建起全方位的法律服务体系。项目将打造出一个承载能力更强、法律服务功能更加丰富的综合型法律平台集聚区,作为海南省和海口市法治建设标杆项目,用法律服务护航全产业发展领域,实现法律服务对社会经济全方位无边界渗透,以产业发展带动创业就业的发展,项目的建成将会促成更多国内外著名企业的投资与入驻,形成大量优质的就业创业平台,预计将带动新增就业人数达数千人以上,间接带动的将会更多,有助于创造大量的创业就业机会,一定程度上缓解当前的社会就业压力。此外,通过构建法律人才孵化基地,充分发挥虹吸示范效应,吸引、留住和用好人才,为"百万人才进海南"计划提供良好的创业就业平台。

四 发挥连带作用,拉动相关产业协同发展

海南(海口)国际法律服务中心项目始终坚持"全方位法律服务",为外国企业进驻海南投资兴业及国内企业和各界人士向国外投资创造便利条件。该项目还将积极探索由海南(海口)国际法律服务中心承接当地政府涉外法律专项课题项目,或担任政府促进保障投资自由的专项业务法律顾问,为政府招商引资、吸引外国企业和大项目落地提供全方位的涉外综合法律服务保障。这将会发挥以海南(海口)国际法律服务中心为核心的产业发展辐射效应,推动经济、法律、金融、科技、传媒和社会各行业的联动式发展,对当地社会经济部门所产生的连锁效应和最终影响,包括直接效应、间接效应、诱发效应和继发效应。项目的实施将使得当地经济总量相对于投入会成倍地增长。

五 税收效益明显

该项目财务内部收益率大于行业基准收益率,项目盈利能力较强,计算期内创造税费 5.183 亿元,包含增值税 1.285 亿元,房产税 1.559 亿元,城市维护建设税 0.090 亿元,教育费附加 0.039 亿元,地方教育费附加 0.026 亿元,企业所得税 2.185 亿元。随着产业链带动效应,项目间接创造的税收将更多。

第八节 研究结论

澳大利亚邱氏律师事务所(McQiu Lawyers)驻海口代表处于 2019 年 3 月 26 日经中华人民共和国司法部正式批准,成为海南省第一家外国律师驻华代表处。澳大利亚邱氏律师事务所(McQiu Lawyers)的"海南(海口)国际法律服务中心项目"在 2019 年 10 月 1 日得到沈晓明省长的批示,批准成立,并指示给予大力支持。海南省司法厅密切跟踪、积极协助推动该项目,并在每月都会向省政府汇报该项目进展情况。

项目符合《中共中央、国务院关于支持海南全面深化改革开放的指导意见》《中国（海南）自由贸易试验区总体方案》《加快推进公共法律服务体系建设的意见》《发展涉外法律服务业的意见》等政策和海南省海口市总体发展规划和产业支持的要求，打造以"涉外法律一站式综合服务中心+涉外法律国际交流与合作平台+涉外法律精英创新人才孵化器"为定位的海南（海口）国际法律服务中心项目，助推建立健全与海南自贸港建设需求相适应的涉外法律服务体系，使之成为具有国际化水准、综合型服务的涉外法律服务标杆项目。

项目为海南自贸港建设、"一带一路"建设相关的国内外企业提供优质的法律咨询服务，以"一站式"综合法律服务提升和保障国内外企业（个人）境内外投资便利性，以高质量的法律保障服务确保政策落实过程中的高效顺畅，以及将国内法、国际法有序衔接等，充分满足国内、国际不同主体的法律保障需求，助推海口建立健全与海南自贸港建设需求相适应的涉外法律服务体系，在海南自贸港建设中率先打造法治建设的领军旗舰。

以海南（海口）国际法律服务中心为依托，发挥法律专业人才优势和行业影响力，吸引更多外国律师事务所及法律专家人才深入了解并参与海南自贸港发展，推动海口成为中外法律文化交流的重要窗口。同时，牵头打造涉外法律人才的孵化基地，为中国培养大量高素质、创新性、具有国际视野的涉外法律综合型人才。

项目建设的资源供给可靠，运营理念科学合理，财务评价指标理想、社会拉动效益强、投资回报率高。项目总用地面积18033.33平方米（约27.05亩），总建筑面积82780平方米，总投资60102.01万元。项目盈利能力较强，收入来源稳定，计算期总收入35.489亿元，计算期直接为政府创造税收5.183亿元，间接拉动的经济效益及税收效益更将数倍增长。同时，该项目将显著吸引高端法律人才来此创业和就业，不断促进形成海南经济发展新动力、培育新动能。同时，对于增加当地政府的税收额度，促进政府产业布局的优化升级都有重要意义。

通过分析，海南（海口）国际法律服务中心项目属于海南自贸港重点鼓励发展的项目之一,项目投资风险较小,效益好,可以形成多方共赢的局面。同时,项目各项收入稳定,经营收益率较高,各项财务指标较好,产业带动和社会效益明显。因此,该项目建设是必要的,立项开发是可行的,建议尽早立项建设。

后　记

2018年4月13日，习近平总书记在庆祝海南建省办经济特区30周年大会上发表重要讲话，宣布支持海南逐步探索、稳步推进中国特色自由贸易港建设，揭开海南全面深化改革开放新篇章。海南切实履行主体责任，坚持蹄疾步稳的工作节奏，以强有力的风险防控确保自贸港建设始终沿着正确方向前进，实现从"顺利开局"到"蓬勃展开"到"进展明显"再到"蓬勃兴起"，"一本三基四梁八柱"战略框架深入人心，自贸港建设进入不可逆转的发展轨道。推进全面深化改革开放和自贸港建设的180多个政策文件落地实施。[①]

经过如火如荼的五年建设，海南自由贸易港新发展理念落地生根，经济转型高质量发展取得显著成效。无数经典案例涌现，专家学者们争先恐后，加大研究力度，以期从自贸港建设与先行先试中得出经验与教训，为后续健康可持续发展作出贡献。本书列举了科研团队在研究过程中的10个经典项目案例，虽然不是政府文件，也不是学术报告，然通过梳理政策文件，总结实践经验，作出理论分析，开展兼具两者特征的项目实证研究。在得到相关企业许可的情况下，将项目的论证方案及建设过程详细情况作了介绍，这是海南自由贸易港建设过程中企业实质发展的动态展示，今后会持续编写下去，不断丰富企业案例，以期为学者研究提供参考。

[①] 冯飞2023年1月13日在海南省第七届人民代表大会第一次会议上所作的《2023年海南省政府工作报告》。

— 后　记

　　本书由海南大学郑远强教授、无锡商业职业技术学院赵刘教授和海南经贸职业技术学院于澄清副教授共同完成，在编写过程中得到了海南海大源管理咨询有限公司和许多优秀专家与科研团队的指导和支持，其中部分实证研究内容是2023年海南省马克思主义理论研究和建设工程专项课题（2023HNMGC04）、海南省哲学社会科学规划项目（HNSK［JD］-22-9）和海南省自然科学基金高层次人才项目（321RC1081）阶段成果之一，在此深表谢意。

　　由于时间有限，研究及文章撰写过程中还有许多不足之处，欢迎广大读者批评指正。

作　者
2023年8月

图书在版编目（CIP）数据

海南自由贸易港经典项目实证研究 / 郑远强，于澄清，赵刘著 . --北京：社会科学文献出版社，2024.8
ISBN 978-7-5228-3056-8

Ⅰ.①海… Ⅱ.①郑…②于…③赵… Ⅲ.①自由贸易区-经济建设-研究-海南 Ⅳ.①F752.866

中国国家版本馆 CIP 数据核字（2024）第 019321 号

海南自由贸易港经典项目实证研究

著　　者 / 郑远强　于澄清　赵　刘
出 版 人 / 冀祥德
责任编辑 / 连凌云
文稿编辑 / 郭文慧
责任印制 / 王京美

出　　版 / 社会科学文献出版社·生态文明分社（010）59367143
地址：北京市北三环中路甲 29 号院华龙大厦　邮编：100029
网址：www.ssap.com.cn
发　　行 / 社会科学文献出版社（010）59367028
印　　装 / 唐山玺诚印务有限公司

规　　格 / 开　本：787mm×1092mm　1/16
印　张：19.75　字　数：303 千字
版　　次 / 2024 年 8 月第 1 版　2024 年 8 月第 1 次印刷
书　　号 / ISBN 978-7-5228-3056-8
定　　价 / 98.00 元

读者服务电话：4008918866

▲ 版权所有 翻印必究